Carl G. Amrhein　Britta Baron 主编

黄岑　柳伟 主译

建设成功的国际型大学

政府与大学关系在世界范围内的变化

华东师范大学出版社

上海市版权局著作权合同登记　图字:09 - 2015 - 208 号

译者前言

如何建设成功的国际型大学？这是中国众多大学的管理者正在探讨的一个问题。从20世纪80年代之后,中国的高等教育事业取得了突飞猛进的发展,中国大学的国际排名也不断提高。在新世纪,中国大学如何进一步提高教学和科研质量,从而让中国成为高等教育的强国,让更多中国的大学问鼎世界顶尖大学的桂冠,这是中国大学管理者正在追求的梦想。

国际比较是高等教育发展的重要途径。本书以国际比较的视角,邀请各国一线的高等教育的管理者与学者,讨论各国高等教育的政策,反思各自发展的策略,观察大学发展的趋势和挑战,共同探索成功国际大学的发展道路。本书的作者来自世界四大洲:美洲有加拿大、美国和巴西;欧洲有德国和英国;大洋洲有澳大利亚;亚洲有中国和印度。他们有大学的校长和副校长、高等教育的政府管理者、高等教育和公共管理学者、大学联合会和科研基金的管理者。他们讨论的视角宽阔,涉及的主题包括大学办学的自主性、高等教育与科研的国际化、科研事业的管理模式、政府对大学的资助政策等。

我们非常有幸能够参与这本书的翻译。两位主译都拥有教育学的博士学位,具有教育研究背景,同时有多年的高等教育国际化和跨文化的工作经历。然而,翻译的过程是最深刻的学习过程,阅读和翻译本书的过程让我们受益匪浅。本书的作者们都是世界范围内高等教育领域的真正专家,无论通过历史的梳理、理性的分析,还是大学故事的讲述,无不体现他们对大学教育的深刻观察和理解。这本书可谓全球高等教育管理的盛宴,而作为译者,我们是这顿盛宴的第一受益者。翻译的前提是深层次的阅读和理解,是对作者思想的深层次咀嚼和回味。

萨丕尔·沃尔夫的语言相对论认为,不同语言对世界作了不同的划分,不同的语言结构会导致对世界的不同认识。这也导致了语言间的翻译之难，比如，英文中有"program"一词，用得非常多，可大可小，在高等教育中可以指专业（academic program），可以指项目（international program），也可以指内容（program of the meeting），让人扑朔迷离。再如英文中的"community"一词，用得也非常多，也可大可小，大到世界（international community），小到几个人（students' learning community）。译者需要翻译的其实不仅是两种语言，还是两个世界。换句话说，不理解两种语言所代表的两个世界，就无法翻译两种语言。

而翻译家严复的"信、达、雅"为翻译提出了最高的标准，不但要准确，还要通顺、流畅。在本书的翻译过程中，我们以"信"为第一标准，尽量保证意思的准确；以"达"为第二标准，尽量保证译文句法的通顺；以"雅"为第三标准，尽量保证译文具有汉语的美感。然后，不能"雅"时，则舍"雅"求"顺"；不能"顺"时，则舍"顺"求"信"。如有不"雅"不"顺"之时，请读者见谅，但愿信息准确。

译者再努力，也只能保证语言信息的准确，不能保证每位读者获得的信息一致。建构主义的阅读观认为，读者的理解是阅读内容与以往知识体系交融的结果。我们希望读者能够从自己的工作岗位出发，各得所需，从本书中获得自己未来工作的启发，思考可能的创新之处。本书的价值不在"拿来"，而在思考和反思。

本书的翻译得到了加拿大阿尔伯塔大学教育学院、文科学院、法学院和工程学院多名博士研究生的大力支持。教育学院有 Jing Cui, Hongliang Fu, Li Mao, Lixin Luo, Xiaobing Lin, Xiaozhou Zhang 和 Yin Yin；文科学院有 Wenjuan Xie 和 Pengfei Wang；法学院有 Li Du；工程学院有 Donghai Xie。他们翻译了很多文章的第一稿。阿尔伯塔大学国际部的 Yifei Wen 做了大量文字整理和编排工作。对他们的工作我们表示诚挚的谢意。

黄岑　柳伟

加拿大阿尔伯塔大学

2015 年 5 月

目录

导入 _____ **1**

观点与模式的集合：攻玉他山、构建成功 _ 3

  Carl G. Amrhein,加拿大阿尔伯塔大学教务长与学术副校长；加拿大咨议局特别执行顾问 _ 3

全球化大学 _____ **25**

全球化大学：如何保证加拿大的大学在激烈的国际竞争中继续处于领先地位？ _ 27

  Paul Davidson,加拿大大学与学院协会（AUCC）主席 _ 27

高度全球化的世界与正在全球化的大学：加拿大和加拿大的大学是否准备好面对新的全球化环境？ _ 37

  Gilles Breton,加拿大渥太华大学公共与国际事务研究生院教授 _ 37

何为国际化：一个概念的兴起 _ 46

  Britta Baron,加拿大阿尔伯塔大学副教务长与协理副校长（国际） _ 46

在扎根区域和追求国际标准之间：一所年轻的德国大学在现代科学全球化社会中的自我定位 _ 54

  Gerhard Sagerer,德国比勒费尔德大学（Bielefeld University）校长 _ 54

全球化的过去与现在：美国大学和采纳更广阔发展视角的必要性 _ 68

  John Aubrey Douglass 美国加利福尼亚大学伯克利分校,高等教育研究中心,公共政策和高等教育高级研究；C. Judson King 和 Irwin FellER,美国加利福尼亚大学伯克利分校教授 _ 68

一段来自加拿大的小品文：英属哥伦比亚大学的故事 _ 77

  David H. Farrar,加拿大英属哥伦比亚大学（温哥华市）教务长与学术副校长 _ 77

成功的界定 ————————————————————————— **87**

量化的成功不会带来长期稳定：可变量与不变量——中国的高等教育一直也将永

远处于多样化发展 _ 89

Josef Goldberger,清华大学,外语系,德语教研室讲师 _ 89

社会主义事业与现代化：中国的大学在未来将经历成功、风险、希望与对教育传统

的复兴 _ 98

Qiang Zha,加拿大约克大学教育学院副教授 _ 98

人才培养与科学研究：通过支持海外留学与增加来华留学生数量实现中国大学的

未来发展 _ 117

Xinyu Yang,中国国家留学基金委副秘书长 _ 117

研究与知识的形成 ————————————————————— **127**

系统性新知识的生产者与解释者：未来的英国大学会是什么样？回答该问题的不

同角度 _ 129

Nigel Thrift,英国华威大学副校监与校长 _ 129

学习真知的大门：新的全球多样性大学对新知识和智慧的创造 _ 148

Jayanti S. Ravi,印度古吉拉特邦高等教育局长；印度知识联盟最高行政长官 _ 148

国际科研网络在国际大学中的角色：国际科研协作网络的出现及其对大学知名度

与影响力的作用 _ 157

Pekka Sinervo,加拿大高级研究所(CIFAR, Canadian Institute for Advanced Research),多伦

多大学教授；Denis Therien,加拿大高级研究所副总裁,麦吉尔大学教授 _ 157

求同存异:德国大学与非大学研究机构的平行存在 _ 165

    Jürgen Mlynek,德国亥姆霍兹联合会研究中心(柏林)总裁 _ 165

在高速变化的世界中守住高等教育的原则与理想:寻找角色、建设成功 _ 169

    Allan Rock,加拿大渥太华大学校长;副校监 _ 169

澳大利亚高等教育的卓越变迁:国际学生市场的变化——澳大利亚需要重新思考
如何在竞争中保持不败地位 _ 177

    Margaret Sheil,墨尔本大学教务长;Gwilym Croucher,墨尔本大学高等教育政策研究室 _ 177

治理、管理与资助   **187**

全球化背景下的大学治理:没有基础的和策略的研究,很多现在和未来的重大问
题都无法解决 _ 189

    Wilhelm Krull,大众汽车基金会(德国汉诺威)秘书长 _ 189

高等教育的激励性拨款机制:从供应导向到需求导向 _ 203

    Daniel W. Lang,加拿大多伦多大学理论和政策研究系教授 _ 203

从前与现在:巴西研究型大学的发展趋势 _ 236

    Carlos H. de Brito Cruz,"Gleb Wataghin"物理学院教授;Renato H.L. Pedrosa,巴西圣保罗州
立坎皮纳斯大学(Unicamp)科技政策系与地球科学学院副教授 _ 236

大学从未远离政府的影响:去行政化是中国高等教育发展的一项重要目标 _ 253

    Maode Lai,中国药科大学校长 _ 253

政府间怪现象之高等教育:省政府的角色、联邦政府的参与及政府间合作 _ 258

    J. Peter Meekison,阿尔伯塔大学终身教授 _ 258

展望未来 ———————————————————————— **279**

我们努力的方向在哪里:建设成功国际大学的主要评价指标 _ 281

Carl G. Amrhein,主编:加拿大阿尔伯塔大学教务长与学术副校长:加拿大会议局特别执行顾问 _ 281

感谢 _ 292

本书作者 _ 293

导入

观点与模式的集合：攻玉他山、构建成功

Carl G. Amrhein，加拿大阿尔伯塔大学教务长与学术副校长；

加拿大咨议局特别执行顾问

一所现代的科研型公立大学其实是一个十分复杂的组织机构。有些了解大学运行的企业界领袖经常感慨，跟他们的企业比起来，大学的运行机制要复杂得多。他们中的一些人甚至认为，大学是最复杂的社会组织。使一所大学正常运转的复杂之处在于民主的决策过程（或者叫做合议的治理）、学术自由，还有那些作为大学栋梁的、拥有终身教职的教授们的性格。大学还同时具有大量的本科专业、职业教育专业、研究生专业，还有学术培训项目（博士后），以及不断增长的在职职业发展专业。这使得教学和科研的关系变得十分复杂。

现在大学发展环境的一个重要变化是政府对大学的期望越来越多（从企业孵化和技术的商业转化，到网络技术在教学中的使用，再到国际化和对优质新移民的吸引）。政府对大学越来越多的期待给了大学极大的压力。这些来自政府的要求，再加上有时政府或主管部长的变更，让大学应接不暇，影响了大学组织的有效性。James G. March 曾经谈到，过多的不明确性会导致"垃圾桶式的决策"（A Primer on Decision Making：How Decisions Happen by James G. March. 1994，The Free Press，NY. Pp. 198 - 206.）。大学的学术独立是大学的本质属性，是社会发展的基础。跟美国和英国的大学相比，加拿大，还有澳大利亚、巴西、中国、德国和印度的大学，还在很大程度上依赖于政府的投入。我们如何既满足政府对大学的期待，又保留大学的学术独立呢？复杂的大学组织体系以往都还能有效运转，但随着周遭环境的飞速和繁杂的变化，杂乱的大学组织体系现在给我们制造了越来越多的困难。

在全世界,大学的发展都面临飞速变化的、富有竞争性的国际环境。对于西方国家的大学,后起的金砖五国(巴西、俄罗斯、中国、印度和南非)曾经是他们优秀教授和学生的来源地,但是现在,他们已经成长为西方大学的合作者,并同时开始成为他们的竞争对手。金砖五国开始从西方聘用教授,把更多的优秀生源留在国内接受教育,并开始在世界范围内招收国际学生。

本书的目的

本书的目的在于开始一个关于大学管理的对话和讨论。我们希望的读者群是对大学管理比较熟悉的人士,但不必是高等教育管理领域的专家。有些文章有大量引用作品,但是您不需阅读这些作品也能读懂文章的内容。文章中的术语很少。一些复杂的概念(如Dan Lang 的文章)也都会使用简单的日常语言阐述。文章还会使用脚注和尾注来提供必要的进一步信息解释。在全球化的时代,每个国家的高等教育体系都会在国际范围内和其他体系相互交融,相互影响,因而无法回避将要参与这个全球的对话和讨论。与此同时,没有一个国家的体系有能力成为世界上其他体系发展的完美模板。每个体系都可以通过国际比较从其他体系获得发展的借鉴。我们的作者都来自各个国家高等教育体系一线,熟知各个体系。我们不会对各个体系的不同作出我们的比较判断。相反,我们希望听到作者的真实声音和看法。我们希望我们的读者作出自己的比较判断,获得与我们自己大学发展相关的借鉴。

本书涉及的国家代表了加拿大大学的主要合作伙伴。这里的每个大学体系都面临着挑战,有的是内部的挑战,源于政府支持力度的减少,有的挑战来自体系外部,源于不断国际化的环境,还有的挑战是大学体系建设的挑战。

本书中包括两类文章,一类文章讨论一个具体的国家大学体系,另一类文章聚焦于每个大学体系都必须面对和解决的问题。还有的文章同时讨论两个话题。我们下面介绍的第一篇文章就是兼谈二者的文章。

全球化大学

Paul Davidson,如何保证加拿大的大学在激烈的国际竞争中继续处于领先地位?

加拿大大学与学院协会(AUCC)主席

德国和加拿大的大学体系有很多相似之处。根据两个国家的宪法,在大学核心运营资本的资助方面(员工的工资、水电暖、行政费用),联邦政府的作用很小。在这一点上,拥有类似大学体系的国家还有澳大利亚。在这三个国家中,联邦政府对大学的参与一般只通过对科研的投入、对学生的资助、对大学基础设施的投入、对特殊项目在固定时期内的投入,还有税收的抵免来体现。澳大利亚联邦政府已经开始以一些其他方式参与大学的直接投入,而加拿大的联邦政府除了上面提到的几个领域之外,没有为大学投入更多。

作为加拿大大学与学院协会的主席,Davidson 和各个大学的群体有广泛的接触,他的工作介于大学和政府之间,了解大学和政府关系的重要性。在文章中他回顾了加拿大大学体系的历史。跟其他经济合作与发展组织(OECD)国家相比,加拿大的高等教育入学率增加十分迅速,而这一成功是在各省为政的分散体系下取得的。

尽管加拿大的大学体系有历史的成功,但 Davidson 还是提醒加拿大的大学所面临的众多挑战,其中包括世界范围内对学生和学术人员的激烈竞争。作为一个依赖贸易的国家,加拿大必须保持和世界的联系。加拿大的大学一直都在为国家承担这一挑战。还有一些挑战是世界范围内所有大学所面临的共同挑战(如技术在教学中的使用)。另一些挑战是加拿大特有的挑战(如加拿大土著学生对高等教育的参与率问题)。Davidson 最后再次强调加拿大大学在建设国家和连接世界方面所起的重要所用。

Gilles Breton,加拿大和加拿大的大学是否准备好面对新的全球化环境?

加拿大渥太华大学公共与国际事务研究生院教授

Breton 首先通过一个宏观的政策视角分析大学为什么需要应对世界范围内发展环境的变化。他还提出了大学的管理层必须关注的一系列问题,以确保大学在不断国际化的环境中立于不败之地。Breton 在多个大型公立研究性大学担任过管理者,了解大学改革过程中所要面对的多方面压力。他认为,大学的改革必须自下而上,而改革的前提是教授们对大学改革必要性的认识。

Breton 强调,大学改革的成功需要大学文化中一些宏观环境的保障。首先,大学的教授们必须认识到大学在知识经济中的角色在变化。知识经济是全球经济,而在全球的知识经济中,研究的产出,尤其在 STEM(科学、技术、工程和数学)方面研究的产出,对于经济发展的成功至关重要。由于社会发展所面临的问题不断复杂化,大学的发展会受到社会问题的牵引而改变方向。大学必须调整自己的发展方向以便保持成功。大学的发展成为复杂的国际化趋势的一部分,这要求大学拥有办学的灵活性。这一灵活性在以往并不是大学发展的必须条件。Breton 阐述了大学发展环境变化的方方面面,每一个方面都对大学的发展模式提出挑战。

Breton 在最后以变化的国际视角审视了加拿大的高等教育。他提出了自己对加拿大高等教育的警告和担忧。他警告加拿大的大学还没有完全正视全球化的国际环境。他的担心是,加拿大的大学还不知道如何应对世界范围内大学都需要面临的"知识外交"的挑战。

Britta Baron,一个概念的兴起

加拿大阿尔伯塔大学副教务长与协理副校长（国际）

Baron 女士在大学的国际化领域工作多年。在来阿尔伯塔大学担任国际协理副校长之前，她是德国学术交流总署高级管理层的一员，负责国际资助项目的设立和管理。在这篇文章里，她介绍了"全球化"（globalization）和"国际化"（internationalization）两个概念使用的历史。

Baron 在文中提到，这两个词在大学文献里无处不在。现在，国际化在不同程度上成为大学发展的"综合"规划之一。国际化被认为是大学创新的来源。国际化以往是少数专家关注的范围，而现在不同层级的大学管理者和政府官员都开始关注国际化。但是我们缺少的是如何进行国际化的认识或界定。Baron 在文中提出了一个非常尖锐的问题：如果国际化是各个大学发展规划的重要部分，那么为什么很多学校里的国际项目那么脆弱无力？为了回答这一问题，Baron 区分了全球化和国际化的差别，并为大学国际化的途径提出建议。

在上一篇文章中，Breton 提出了国际化对大学发展的重要性，以及大学如何国际化。在本篇文章中，Baron 根据自己在国际化领域的多年经验，也为大学国际化的进程提出建议。大学国际化需要为学生流动提供资助，同时国际化也在大学内部为大学发展接收和派出学生的能力。Breton 和 Baron 两位作者为大学未来的国际化道路提出了一系列建议。

Gerhard Sagerer,一所年轻的德国大学在现代科学全球化社会中的自我定位

德国比勒费尔德大学校长

如果我们计算各种不同的资助来源，包括对教师和学生出国的资助，还有大学之外的

科研资助机构,德国的大学可谓世界科研经费人均最多的大学体系。这一体系包括综合大学、应用科学大学、非大学的研究机构(请看 Mlynek 的文章)、政府的部委,还有和大学关系紧密的资助机构。可谓是一个复杂的综合体。这个体系从上个世纪五十年代开始,历史悠长,介绍这一体系的文章怕是长而又长。但是我们有 Sagerer 和 Mlynek 的两篇文章,以具体的例子向我们有效地介绍了这一体系。Sagerer 的文章是对一所大学的案例分析。德国比勒费尔德大学是德国排名前 20 的大学。Mlynek 的文章以德国最大的非大学科研机构为例。德国亥姆霍兹联合会研究中心位于四大德国非大学科研机构之首。

Sagerer 在比勒费尔德大学工作多年,目前担任大学的校长。Sagerer 坚信大学创建之初时确立的办学原则,对大学的发展充满信心。在文章中,Sagerer 首先介绍了德国的大学体系,尤其是州(Länder)在对大学核心运行资本直接投入方面的重要地位。与此相比,德国联邦政府的作用有限,只局限于对特殊项目的短期(几年)投入。这种责任体系导致不同地区大学的不同财政状况。比勒费尔德大学位于 North-Rhine-Westphalia 州。该州人口多,大学体系庞大。但在过去几十年内,由于采矿和碱性金属业的滑坡,该州面临着财政压力。Sagerer 在介绍了德国复杂的高等教育和科研体系之后,具体介绍了像比勒费尔德这样的"新"学校所面临的挑战。

我们首先会了解到德国每个州在大学运行中所扮演的角色不同,这种不同也导致了大学的竞争力直接受到其所在州的影响。

接着,作者介绍了比勒费尔德大学在竞争中所作的努力。年轻的比勒费尔德大学所在的州人均收入仅处在德国平均水平,该大学想在竞争中脱颖而出是一件不容易的事。但通过整合所有可能利用的资金来源,比勒费尔德大学正不断前进。比勒费尔德大学的故事告诉我们,一所大学要想成功,必须充分利用所有当地的可能机会,并有计划地利用国际范围内的资源。

到目前为止,比勒费尔德大学的故事是个成功的故事。故事的下一阶段将是比勒费尔德大学联手比勒费尔德应用科学大学,和当地以及外地的企业构建科研伙伴关系,继续推进大学的成功。比勒费尔德大学的成功说明,一所大学必须了解自己的优势所在,充分利用所有机会,并在选择的领域内建立有效的伙伴关系。

John Aubrey Douglass, C. Judson King and Irwin Feller,
美国大学和采纳更广阔发展视角的必要性

美国加利福尼亚大学伯克利分校

从 1950 年到现在,美国高等教育在世界高等教育发展中起到了主导性的作用。比如,1980 年的拜杜法案改变了美国公共资助研究成果的所有权。这一做法被认为是国家保持竞争力的重要手段,很快被其他国家采用。美国在世界范围内吸引人才到美国大学中工作,从而造就了美国在很多领域的领先地位,尤其是计算和信息技术。

Douglass,King 和 Feller 三位作者发表过很多关于高等教育体系发展的文章。他们在这里关注的重点是美国。他们回顾了美国高等教育从 1950 年以来发展的主要趋势,包括国际化和基于高等教育的软外交,以高等教育为载体输出美国文化,增加美国在世界范围内的影响。他们也谈到了美国所面临着的、不断增加的全球高等教育竞争,其中一个原因是其他国家对美国高等教育发展模式的模仿,比如最近的中国。其他高等教育体系的增长和创新,比如博洛尼亚协议(the Bologna Agreement)的成员国,削弱了美国的统治地位。

他们分析了 1950 年后美国高等教育模式发展的三个阶段。第一阶段,高等教育是国家文化的延伸。第二阶段,美国高等教育不断探索国际化。而第三个阶段则是对美国高等教育未来的预测。尽管这篇文章分析的是美国的经验,但在不同程度上也适用于其他国家的教育体系。

最后,三位作者给美国高等教育的发展提出建议,以便让美国在不断增长的国际竞争中恢复自己曾经的世界领先地位。其中一个建议是仔细分析一下与美国构成竞争关系的其他高等教育体系的最近发展道路。

Dave Farrar,英属哥伦比亚大学的故事

加拿大温哥华市,英属哥伦比亚大学,教务长与学术副校长

　　Farrar 在加拿大最大和最成功的两个科研型大学都工作过,并任高层领导职位。目前他担任英属哥伦比亚大学的教务长和学术副校长。在文章中,他谈到了加拿大大学高层行政人员所面临的重大挑战,即如何实施大学在学术规划文件中希望实现的改革方案。很多大学都在制订发展规划,但这些文件似乎对大学的教授们没有产生任何影响。Farrar 回顾了英属哥伦比亚大学最近的发展历史,并以此展示大学在改革方面的努力。

　　英属哥伦比亚大学坐落在加拿大西海岸,国际排名上升迅速。在过去 20 年里,英属哥伦比亚大学是加拿大最成功的科研型大学之一。这些成绩是如何取得的呢? 如何才能继续保持这一发展势头? Farrar 探讨了大学校长和大学的复杂关系,认为处理和教授的关系,并让他们积极参与大学发展,需要独特的方式。根据以往的经验,Farrar 介绍了一些成功的做法。他认为,加拿大所有的大学都面临特色发展、国际化、技术在教学中的使用,以及政府资金减少等方面的压力,在这一背景下,如何成功地执行大学的学术发展规划无论对于英属哥伦比亚大学,还是加拿大全国,都至关重要。

成功的界定

Josef Goldberger,可变量与不变量——中国的高等教育一直也将永远处于多样化发展

中国北京,清华大学,外语系,德语教研室讲师

　　中国是金砖四国之一(巴西、俄罗斯、印度和中国)。毋庸置疑,中国的高等教育体系在

过去 20 年里发展迅速,也渐渐成为最具活力的大学体系。中国的高等教育体系成为很多其他体系羡慕的对象,因为中国的大学(还有整个高等教育)得到了政府巨大的资助。要理解中国政府对大学的巨额投入,我们需要知道在过去几个世纪中,中国高等教育在中国社会发展中的重要地位。

Goldberger 的文章,还有之后 Zha 和 Yang 的两篇,都是介绍中国大学体系的文章。这三篇文章可以帮助我们了解邓小平的改革开放政策实施后中国高等教育发展的当代史。中国高等教育体系庞大,并通过国际关系和学生的流动对世界范围内的其他大学产生巨大影响(请看之后 Lai 的文章)。三篇文章介绍中国是比较合理的。

Goldberger 在德国受的教育,任教于中国排名前九的中国大学(China 9),他对中国高等教育的观察来自东西方(中德)两个视角。他在文中回顾了邓小平执政中国之后中国现代研究型大学体系的发展历史。经过这一时期的发展,中国的大学衍生出三个复杂的体系:部属(国立)大学、省属大学和市属大学。Goldberger 的文章总结了中国高等教育发展的几个趋势,包括学生参加高考的变化(中国延续几个世纪的考试制度),大学数量的增加,少数私立大学的出现,还有政府投资和大学借款对大学扩张发展的推动。

Goldberger 在文中提到了 2010 年中国国内针对高等教育发展的辩论,指出中国高等教育所面临的四个挑战,同时也提到了解决这些挑战的五个出路。从文章中我们能看到作者钦佩中国高等教育发展之迅速,同时也很欣赏中国在全国范围内对高等教育成功经验的总结和对目前挑战的讨论。

Qiang Zha,预测未来:中国的大学在未来将经历成功、风险、希望与对教育传统的复兴

加拿大约克大学教育学院副教授

Zha 在文中为我们提供了一个中国高等教育的发展简史(这是他经常撰写的话题)。作者对中国的情况十分了解,同时由于在加拿大的大学工作,他也了解加拿大的情况。Zha 在

文中描述中国发展的大趋势，这些趋势影响了中国高等教育的发展。自从邓小平的政策实施以来，中国的高等教育经历了学生扩招和大学数目增长的变化。

中国政府正在努力实现中国的现代化发展，而中国的大学在政府的政策制定方面起到了重要作用。中国的大学和政府的工作关系十分紧密，尤其是中国的国家级大学（或者 985 大学）。中国最大的大学校长常常兼着政府副部长的职位。大学和政府有了这样紧密的关系，对于大学的发展意味着什么呢？Zha 讨论了这个方面的几个问题。

基于对权威主义和新自由主义的区分，Zha 讨论了学位模式与中央计划的关系。然后，他讨论了学生的质量，以及好学生对于到哪里就学的决定。中国的高考制度可以追溯到孔子时代，很多学生放弃高考，申请国外大学已经形成了一个新的趋势。

中国不同层次大学的出现（中国前 9 所，985 大学，省属大学）可以让我们更好地看到他们的政府资助情况，包括他们的债务情况。Zha 讨论了中国政府对大学的等级资助，包括债务和不动产资助情况。由于大量的投入和大学规模的飞速发展，质量的问题最终不可避免。对于这一点，Zha 讨论了大学的世界排名，并认为中国的大学还是任重道远。

考验这一新的中国大学模式成功与否的关键在于，一所"中国大学"能够平衡与政府的合作和大学的自主、国家的控制和学术质量、国际合作与满足地方的需求的多种关系，进入世界级大学的梯队，并具有与规模和投入成正比的产出指标。

在最后，Zha 对中国的高等教育作出非常积极的评价，认为中国的高等教育正在创造出一个新的、具有中国特色的大学模式。这一模式将是中国对世界高等教育的贡献。

Xinyu Yang,通过支持海外留学与增加来华留学生数量实现中国大学的未来发展

中国国家留学基金委副秘书长

Yang 是中国国家留学基金委的副秘书长。她的工作的内容一直是为中国学生在世界范围内创造教育交流的机会。她在中国国内和海外很多地方担任过很高的职位。她的第

一份海外工作就是在加拿大，为此，她对加拿大的高等教育的发展也十分了解。

跟 Lai，Zha 和 Goldberger 的文章一样，Yang 的文章也是谈中国的高等教育，具体是谈中国如何通过支持高层次人才到海外知名学府学习从而实现对未来国家领导者的培养。尽管例子是中国的，但这一集中、针对性极强的策略对于其他国家也有借鉴作用。

中国的国家留学基金委是旨在加强国际学生流动的国际机构之一，也是其中的佼佼者。留学基金委的成功影响到了很多其他国家，尤其是在培养人才和增强国家实力的这一共同目标上。

Yang 向我们介绍了中国把大学作为国家现代化引擎的一系列举措。其中一个举措希望提高博士研究生的数量和质量以便充实各个大学的教职。另外一个策略是派学生出国学习和培训，并同时增加大学的投入以保证出国留学人员在回国时大学有足够的职位、薪金和基础设施来接受他们入职。Yang 的文章构成了一个如何让不同政策协调一致的案例分析。文章也为其他国家体系如何实现快速发展提供了重要借鉴。国家留学基金委派出学生以及接收留学生归国的成功是一个非常令人振奋的故事。

研究与知识的形成

Nigel Thrift，未来的英国大学会是什么样？回答该问题的不同角度

英国华威大学副校监与校长

Thrift 无论在他自己的研究领域（人文地理），还是在大学的管理领域，都是个改革者、创新者。在他自己的研究领域，Thrift 在 20 世纪 80 年代的时候引入了量化和数字的研究方法。作为大学的管理者，他在大学很多不同级别的岗位都工作过，一直到现在的副校监。在文章中，他提到了高等教育发展所面临着的九个挑战。我发现，其他国家的高等教育体系也都或多或少地面对这九个挑战。一些体系在成长（巴西、印度和中国），另外一些体系

已经成熟和稳定(加拿大和美国),还有的体系虽然成熟,但面临着巨大的结构调整(英国和德国)。

Thrift 也在文中提到了大学迎接这九个挑战所必需的七个基石。跟上面的九个挑战一样,也许每个国家的大学体系都需要这七个基石。但一个可比较之处是,不同国家的大学体系现有的基石有哪些? 在文章的最后,Thrift 用他的七个基石为依据推断英国高等教育的未来。在结论之处,他用了一个尖锐的短语,"英国疾病",来总结英国高等教育所面临的问题,并呼吁政府从国家策略的角度,通过投入大学教育,开拓国家的未来。Thrift 提到的政府对大学发展的角色,在本书很多文章中都以不同的形式被提到。

19 世纪以来,世界范围的很多大学都在学习英国体系。有些大学模仿英国的体系,还有的大学则另辟蹊径。在世界多种高等教育体系共同发展的今天,英国的体系还是很多大学的参照对象。Thrift 对英国高等教育未来的观察为我们了解英国高等教育体系提供了很好的信息。

Jayanti Ravi,新的全球多样性大学对新知识和智慧的创造

印度古吉拉特邦高等教育局长;印度知识联盟最高行政长官

也许印度的高等教育体系比任何其他体系所面临的挑战都多。首先,印度高等教育的供求比严重失衡。由于印度多年对高等教育的投入很低,整个高等教育体系在很多方面都需要提高。还有高质量师资和员工的短缺,给大学的管理和政策执行都构成了挑战。

Ravi 负责印度古吉拉特邦的高等教育,对印度领导人所面临的挑战比较清楚。她回顾印度的高等教育史,并以此非常简单明了地介绍了印度高等教育今天的现实情况。这一历史的视角告诉我们,要理解一个大学体系,我们必须了解它的历史和文化。要改革一个大学体系,我们需要尊重它的历史和传统。尽管 Ravi 对印度高等教育的未来十分乐观(比如可以通过科技等方法满足对高等教育的需求),但她也认识到印度在提高教学水平和增强

科研实力方面所面临的财政、体制、社会和语言方面的严重问题。但她不认为,为了使对大学的投资有效,大学必须首先进行治理结构改革。

如果我们回顾一下 Thrift 提出的大学发展挑战和面对挑战的基石,我们会发现英国和印度高等教育体系的巨大不同。Ravi 为印度高等教育体系基础与其历史感到自豪。然而,她希望印度的高等教育能够以更高的速度发展。印度会在短期内有大量年轻的劳动力进入劳动力市场。她希望印度能够抓住这一机遇,并充分发挥这一机遇的潜力。

Pekka Sinervo 与 Denis Therien,国际科研协作网络的出现及其对大学知名度与影响力的作用

Pekka Sinervo,加拿大高级研究所(CIFAR, Canadian Institute for Advanced Research),多伦多大学教授;

Denis Therien,加拿大高级研究所副总裁,麦吉尔大学教授

Sinervo 与 Therien,两位都是加拿大重点大学高级学术领袖和科学家。他们两个人谈国际科研网络是再适合不过了。

Sinervo 与 Therien 两位的文章和 Mlynek 文章的话题相似。而不同的是,Mlynek 所负责的是几个研究机构的联合体,这些研究机构相互独立。Mlynek 还在研究机构和大学之间建立联系。Sinervo 与 Therien 所负责的组织没有自己的研究机构和研究者,他们的工作是创造虚拟的研究机构,在研究者之间搭建网络。

这两种不同的科研网络搭建模式可以创造出不同的效果。Sinervo 与 Therien 在文中所给的建议,用他们自己的话说,是源于 Krull 和 Breton(本书作者)的讨论。他们认为国际科研合作是一所成功的研究型大学的必要组成部分。复杂问题的解决越来越需要多学科背景构成的团队。在很多学科领域,包括人文学科,单打独斗的研究者越来越少了。学者们都在世界范围内寻找合适的合作伙伴。科研网络可以帮助科研伙伴关系的建立,并减少交流的费用。

两位作者以加拿大(包括他们自己的组织——加拿大高层研究院)为例,提供了成功的经验,包括研究者们需要怎么做才能融入一个团队。在文章的结论处,他们强调了文章的几个主题,认为"……一所大学(或研究机构)如果不参与国际的研究网络,没有大型的合作项目,就很难在国际上有自己的地位。"本书作者 Breton 会同意这一观点。

他们还提到,"如果一所大学想从无到有建立国际科研网络,他们首先需要改变大学的内部文化。他们需要创造重视国际科研合作的环境,并把它作为工作的重点,同时建立支持国际合作的体制……"对于这一点,本书作者 Krull 会同意。

Jürgen Mlynek,德国大学与非大学研究机构的平行存在

德国亥姆霍兹研究中心联合会(柏林)总裁

Mlynek 多年来一直在大学和研究机构担任重要的高层职位。之前,他是柏林洪堡大学的校长。洪堡大学是德国的顶尖大学之一。现在他是德国亥姆霍兹研究中心联合会(柏林)总裁。这些职位让他有机会观察到 1950 年之后德国的大学和研究体系发生的演变。在他的领导下,德国亥姆霍兹研究中心联合会成了世界研究和创新的领袖,和国内与世界范围内的多个大学和研究机构都建立了合作关系。

从 1950 年以来,德国建成了支持高等教育、科研与成果商业化的复杂体系。这一体系的一个主要部分就是亥姆霍兹联合会。Mlynek 的文章聚焦于德国,但他在文中也阐释了大学应如何与其他研究机构之间建立合作关系。这一点在世界的很多地方都适用。加拿大有国家研究委员会,美国有能源部国家实验室、国家卫生研究院、航天局等等,中国有国家重点试验室、中科院、社科院。大部分国家都有这样的一个双轨体系。而无论在哪个国家,大学与独立研究机构的合作都是一个挑战。

Mlynek 观察到,德国四家主要独立研究机构(马克斯·普朗克协会、亥姆霍兹联合会、莱布尼兹协会、弗劳恩霍夫协会)之间的合作都是偶然的。每个机构都形成自己独立的体

系,各自为政。大学和非大学的研究机构被看作是竞争的关系,零和博弈,此消彼长。结果是,尽管德国政府以项目的方式给与大学的资助大幅增加,对于非大学研究机构的投入更大,但很明显,政府的投入并没有换得最大的回报。从 Mlynek 的文章,我们看到德国最近正在建设各个研究部门之间的有效合作体系。

尽管总体来说,德国的科研体系是很好的,成功的,但 Mlynek 提醒说,德国的大学体系是十分"脆弱的",不得不与"财政的枯竭"作斗争。如果不改变,这一情况会威胁到高等教育、科研和商业化的整个结构。

德国的经验对于很多国家都有借鉴意义,因为大部分国家都有类似德国的科研组织的平行安排。这些平行安排同时存在于国家层面和地方层面。大学和其他涉及教育、质量标准保障和学历发放的机构在国家的高等教育和研究体系中都有十分重要的地位。为了整个体系能够健康繁荣发展,大学的资金投入必须得到充分的保障。

Alan Rock,寻找角色、建设成功

加拿大渥太华大学校长;副校监

Rock 以前是加拿大联邦政府的卫生部部长。加强加拿大公共政策的研究和制定能力一直是 Rock 非常感兴趣的一个领域。在这一篇简短的文章中,他提出,大学有责任从事公共政策研究,而且在这方面,大学的机会和地位十分独特。结合他之前在卫生部及现在在大学做校长的工作经历,Rock 强调,拉近和政府的关系不会威胁到大学的学术自由和办学自主性。他鼓励大学投入建设有组织的公共政策院系。

加拿大在高等教育和科研的公共政策领域其实十分值得研究,因为加拿大的联邦政府没有一个主管高等教育的部委。在这种情况下,没有人在联邦政府层面思考加拿大高等教育体系的建设和发展问题,无论是针对国内还是国外。和大部分经济合作和发展组织国家相比,加拿大更多地依赖各个大学来弥补这一组织的缺失。加拿大的各级政府不断通过财

政投入给大学施加产出压力。在这种情况下,高等教育政策研究的缺失问题显得更加突出。

Margaret Sheil 与 Gwilym Croucher,国际学生市场的变化——
澳大利亚需要重新思考如何在竞争中保持不败地位

Margaret Sheil,澳大利亚墨尔本大学教务长;Gwilym Croucher,墨尔本大学高等教育政策研究室

在过去几十年,澳大利亚的高等教育体系一直被认为是世界上最具有创造性和灵活性的国家体系之一。Sheil 与 Croucher 两位作者将要介绍澳大利亚大学体系的历史发展。Sheil 曾经在政府的大学科研资助管理部门工作,而现在是墨尔本大学的教务长。在过去的十年里,墨尔本大学被认为是世界上最具国际化的大学之一。两位作者概括地介绍了澳大利亚大学体系从上个世纪 80 年代后在不同方面的演变。澳大利亚的联邦政府也把高等教育管理的责任下放给各州,但同时,联邦政府通过几种不同的方式实现对大学发展的干预。在过去的 30 年里,澳大利亚的大学体系采用了很多改革措施,包括引入基于收入比例的贷款体系、国际学生人数的急剧增长和对学生不同来源国的平衡、大学发展和竞争的相对自由、国家对科研的支持,以及高等教育质量标准机构的建立。

所有以上的改革措施导致了澳大利亚高等教育体系的演变。尽管有很多成功的地方,澳大利亚的体系面临着其他西方国家高等教育体系所面临的共同挑战。这些挑战包括国际学生群体的变化和技术对人口流动性的影响。由于加拿大和澳大利亚大学体系的很多相似性,两位作者所讨论的澳大利亚体系的演变和问题,对于加拿大有很多借鉴作用。有些成功的做法我们可以模仿。有些失败的经验,我们可以尽量避免。

治理、管理与资助

Wilhelm Krull,没有基础的和策略的研究,很多现在和未来的重大问题都无法解决

大众汽车基金会(德国汉诺威)秘书长

一个单独的大学如何生存? 所有大学作为一个群体如何生存? 本书中很多其他章节都在谈一个国家大学体系的生存和兴旺问题。我们可以把国家体系想象成矩阵的纵列,把所有大学生存和发展策略想象成横列。下面我们要讨论的就是横列的大学生存策略。

Krull 在多个机构担任过高级领导职位,而这些机构都与大学和高等教育有着紧密的联系。在文章中,他提到了保证一所大学生存和发展的一系列条件,这些条件构成了紧密的一个整体。

Krull 首先提到了大学的治理。大学以往一直是由政府控制的组织,为此,对大学目标实现与否的评价标准是由内部制定的。Krull 认为,大学需要摆脱旧的治理体系,采用一个全新的治理体系。这一体系需要赋予大学足够的灵活性,以便能够及时抓住和利用大学发展的机会。在这一新体系中,大学对资金提供方的责任、内部组织结构、大学与社会、政府的关系等问题都需要重新思考。改变的目的是让大学在实现目标方面更高效,也更有效。通过提高自主性来提高效率是大学的目标。

Krull 认为,欧洲大学在获得真正自主性方面还有很长路要走。越来越令人担心的一个事实是,大学发展的很多趋势正在削弱大学的自主性。例如,现金流和频繁的应用周期导致大学愿意从事小的、低风险的项目。政府对大学的信任度降低,对大学进行非常频繁的检查和审计,这让大学疲于应付,也让研究者无法把注意力完全放在研究工作中。大学应该获得足够的资金资助、政府应该相信大学的科研产出、对大学的检查和审计偶尔进行即可,这些政府往往不愿意认可的事情,在 Krull 看来,恰恰是大学成功的关键。

基于洪堡的思想,Krull 提出了重新思考西方世界大学基本结构的三个问题。Krull 认为,西方大学有能力实现更大自主,并在基础研究与政策研究领域取得更多突破,从而帮助解决世界面临的突出问题。但同时,他认识到,西方大学体系的改变需要做大量工作,因此,并不是所有大学都能够实现。

Daniel W. Lang,从供应导向到需求导向

Daniel W. Lang,加拿大多伦多大学理论和政策研究系教授

无论是 Krull，Baron 和 Breton 谈到的大学发展策略,还是 Yang, Sinervo-Therien 和 Mlynek 探讨的国家科研能力提升,如果没有足够的资金来源以及对资金的有效管理,这些只能是空谈。在资源困乏的情况下,好的管理尤显重要。本书中有几篇文章讨论了大学运行资本的不足问题。本文讨论的是对高等教育资金投入的管理问题。

Lang 做过教授,也在一所大型大学担任过高级行政管理人员,主管大学规划和预算。在担任多伦多大学规划和预算主管的时候,他在这个加拿大最大的大学里建立了现代的预算管理体系。他的工作影响了加拿大和世界范围内的多个大学体系的预算管理改革。对于大学财务和预算问题,没有几个人会比他更有发言权。

对于公立大学来说,资源的管理取决于公共资金投入的数量和形式。在过去 20 年里,我们看到两个资金管理的两个现象,都跟刺激型资助有关。很多国家的高等教育体系,主要在北美和一些欧洲和非洲国家,都引入了基于绩效的刺激型资金投入体系,一般叫做"绩效投入"或者"刺激投入"。

虽然没有直接联系,但于此同时,很多北美的科研密集型大学都引入了刺激型的预算制度,也叫做"责任预算","责任管理","价值管理"。本书的几篇文章都提到大学所面临的复杂形势。在这种情况下,在资源管理方面使用刺激型预算十分重要。例如,Mlynek 提到,即使对于资金投入充足的德国也会面临资金和有限资源的分配问题。

尽管以上提到的两个现象名称相似,但他们在实质上是不同的,甚至是相互矛盾的。尽管名称相似,政府和大学对它们的理解是完全不同的。两者所产生的刺激也不尽相同。对所谓"绩效"的理解也是同样。对于加拿大来说,有意思的是,政府的刺激型投入与大学的刺激型预算政策同时被使用。这篇文章将向我们介绍,在共同引入刺激型投入和刺激型预算的情况下,有什么优势,有什么问题,对于其他国家可以起到一个借鉴作用。

大学的管理者应该了解不同资助模式的优势。同样,政府应该理解哪些是不正当的刺激,以及其不良结果。Lang 的文章用清晰的语言和有效的例子向我们揭示这一复杂的问题。如果读者想进一步了解这一问题,可以阅读文章提供的这一领域的重要文献。

Carlos H. de Brito Cruz 与 Renato H.L. Pedrosa,巴西研究型大学的发展趋势

Carlos H. de Brito Cruz 系"Gleb Wataghin"物理学院教授;

Renato H.L. Pedrosa 系巴西圣保罗州立坎皮纳斯大学(Unicamp)科技政策系与地球科学学院副教授

这篇文章讨论的重点是国际化在巴西研究型大学系统发展中的角色。作者在简单介绍了巴西的高等教育历史之后,用数据说明了巴西的科研型大学的发展情况。他们参照的是国际上经常采用的衡量大学学术质量的指标,包括教授的学历情况和文章的发表量。巴西的高等教育体系是一个年轻的体系,始于 20 世纪。由于国际化也是从 20 世纪开始,可以说巴西的高等教育的发展一直伴随着国际比较进行。

两位作者在文中突出提到了圣保罗地区高等教育的突出成就。我们从中可以看到巴西高等教育南北的巨大差异。在文章的结尾,作者强调了圣保罗地区大学体系的成功,还有其他地区大学赶上圣保罗地区需要做的努力。

Maode Lai,去行政化是中国高等教育发展的一项重要目标

中国药科大学校长

Lai 是一位国际知名的科学家,也是一位中国的资深学术领袖。作为中国大学的领导,他和很多西方大学都建立了合作关系,且成果显著。在本文中,我们可以了解到中国不同类型的大学。这些不同类型的大学构成了中国复杂并不断发展的大学体系。这一体系同时包括公立和私立大学,而其不同类型公立大学的拨款来自不同级别的政府。中国不同类型的大学通常以数字命名,如果 211 项目大学、985 项目大学和 2011 项目大学,其中 985 项目大学是"国家级"的大学,985 指的是 1998 年 5 月,是该项目在北京大学宣布实施的日子。

由于中国的大学体系和政府的关系紧密,大学的自主性问题经常成为大学发展问题的焦点。Lai 在文章中对该问题做了非常直接的讨论。他提到了校长的任命问题,大学的招生问题和大学的行政管理问题。Lai 和 Zha 两人都认为,真正考验中国大学体系的关键是对质量的评估。Lai 认为,"跟西方世界知名的高水平大学相比,中国的大学目前还很落后"。他相信中国大学的未来是光明的,但还有大量工作要做。

J. Peter Meekison,省政府的角色、联邦政府的参与及政府间的合作

阿尔伯塔大学终身教授

加拿大没有联邦政府的教育部来协调国家的高等教育发展。大学的财政支持和管理都是所在省政府的责任。联邦政府对大学的投入局限在科研资助、学生的国际流动、移民事务和一定的基础设施投入。有些人认为,没有联邦的教育部是加拿大高等教育的优势所在,还有人认为,这是加拿大高等教育的劣势。无论如何,基于各个省政府官员的政治观

点，这一形势短时间内不会改变。

　　针对联邦政府和省政府在高等教育管理中的不同角色，Meekison 回顾了加拿大历史上对这一问题的讨论。在他的职业生涯中，他同时在政府和大学工作过，对这一问题有深入的了解。加拿大在宪法结构上和澳大利亚与德国十分相似，因此对三个体系的比较是十分有意义的。这一比较向我们展示了国家和地方政府在权利区分方面的多重问题。Meekison 认为，在高等教育一些领域应该加强联邦政府的参与，如在支持加拿大学生出国留学和其他国际活动方面。

　　尽管本文讨论的是加拿大的情况，但对于很多有国家和地方政府（省或州）行政区分的国家都适用。政府和治理问题可以促进大学体系的发展，也可以阻碍大学体系的发展。Meekison 希望寻找促进加拿大大学体系发展的办法。这些办法也许对其他国家的大学体系也会适用。

全球化大学

全球化大学：如何保证加拿大的大学在激烈的国际竞争中继续处于领先地位？

Paul Davidson

加拿大大学与学院协会（AUCC）主席

我记得小时候曾经读到过一本关于加拿大技术发明的书。那本书很小，具有典型的加拿大式的谦逊。书的基本语气是"我们加拿大实际上对世界科学也有所贡献！"书里列举了胰岛素、婴儿麦片、拉链和机动雪橇，也就这些。今天，环视我们子女的生长环境，他们在中学就有机会在最先进的大学研究中心与顶级癌症研究者做实习与半工半读。我认为现在的加拿大与以往完全不同。我们的高等教育机构是全球的聚焦点，无论是在纳米科技、量子计算、理解人类基因组，还是电子媒体等领域，都是积极推动者。这种趋势显而易见、激动人心。然而我们是如何达到这种境界的？我们又如何保证加拿大大学在激烈的国际竞争中持续领先？

加拿大高等教育系统是世界范围内非常特别的一个体系。它是一个活跃的、类型多样的和自主性很强的公立大学系统，并在质量和招生量的两方面齐头并进。从关注批判性思维、写作能力提高、小组讨论的本科文科学院，到重塑社区的创新性城市大学，再到从世界范围内吸引研究生的大型研究性大学，这个系统提供不同选项，满足背景迥异的学生的需要。

支持发展的公共政策

加拿大高校有发展体验式学习的悠久历史，比如实习、社会服务学习，还有半工半读经历。很多人认为这些形式的体验式学习源自加拿大。加拿大连续几任政府对大学研究驱动创新、创造就业岗位、促进经济增长和繁荣的作用表示了极大认可。

在此之上,我们还有一个坚实和繁荣的学院系统,专注职业和应用型人才教育。大学和学院之间的联系也非常紧密、非常普遍。所有加拿大人都可以以自己国家高等教育系统取得的成就感到极其自豪。这项努力从第二次世界大战后开始,而在当时,只有少数人认可大学在国家建设中所扮演的角色。

正如加拿大退伍军人事务部部长在 1950 年所观察的那样,"在 1945 年军人开始复原时,很少加拿大人认识到加拿大大学所面临的紧迫和艰巨的任务。12 个月之内,许多大学不得不将其学生住宿量翻一番甚至是两番。但是加拿大的大学把这个紧急任务和棘手问题转变成巨大契机。他们转化机遇的方式塑造了今天大学的历史,其中对高等教育事业和教育体验的促进,将会在未来多年之中显现。"

目前,大学继续通过多样的方式,创造机会、造福加拿大。如果没有大学和毕业生的贡献,加拿大的今天将不可设想。大学是学习共同体,是联系体和整合器。它将学生和教员团结在一起,通过建立和政府、企业和社区的合作关系,创造出变革式的学习体验。我们的大学使得加拿大在全球知识经济背景下更具竞争力——同时把这个国家变成了更好的生存空间。

尤其是在过去几十年中,我们发现大学录取率显著增长。1980 年,只有 10% 的年轻人上大学,今天这个比例是四分之一。2000 年以来,全日制本科生注册数量上升了 50%;在研究生阶段,这一增长更加惊人,为 88%[①]。上大学并不再是精英专属,而是广大加拿大平民所能企及的事情。

从现在到 2017 年,也就是加拿大建国 150 周年时,100 万加拿大人将从大学毕业,具备发现和传播新知识的能力、拥有全球思维和批判思维,贡献国家未来的经济和社会发展。

---

① 加拿大大专院校协会估计,选自《加拿大统计数据·高等教育学生信息系统篇》。

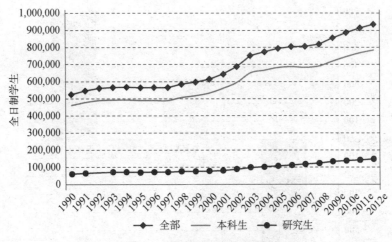

图 1 大学在对需求作出回应

来源: AUCC 估计, 选自加拿大统计数据, 高等教育学生信息系统

从人口规模来看, 我们也许是小国。但我们具有能够在国际水平上竞争的能力。现在加拿大大大学学生的毕业率比美国还高, 在大学注册的学生比美国的学生更有可能完成学位。即使全球经济不景气, 对我们大学毕业生的市场需求仍然以令人惊讶的速度增长, 对 2008 年后毕业的人的需要增长了 15%, 这一数字令人惊叹[1]。虽然青年失业现象一直令人担忧, 但是大学毕业生不太可能找不到工作; 即使他们失业, 相对于没有完成高等教育的人来说, 也会是短期的。

加拿大大学的变化也体现在教员任用趋势中。今天大学多半全职教员聘任于 2000 年之后[2]。这一现实和教授要有年龄、背景和思维模式限制的刻板传统印象相反。在 21 世纪的加拿大, 许多教员都很年轻, 有活力, 是国际化的专业人员。他们参与国际合作的可能性高一倍, 具有最强的合作潜力。国际上被引用最多的学者都认为加拿大的研究者在各自领

---

① 加拿大统计数据,《劳动力市场调查·特别要求篇》。

② 《加拿大大专院校协会估计》, 节选自《加拿大统计数据·大学篇》。

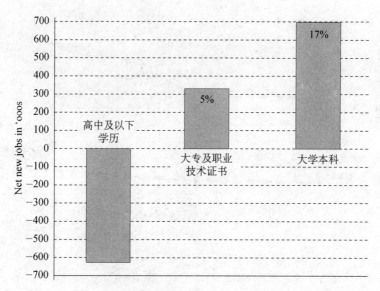

图2 2008年7月到2012年7月间,加拿大经济为大学毕业生创造出
70余万新工作

来源:加拿大统计数据,劳动力调查,2008年7月至2012年7月

域中都佼佼领先,具有原创性、影响力和研究严谨性。

加拿大的大学教职向全球的科研新秀和国际学术明星敞开。我们可以自信地向他们
保证,在加拿大,你会拥有满意的、多产的、世界一流研究职业生涯。

研究动力

我们的乐观建立在实打实的成绩之上。政府研究基金投入的大规模增长使加拿大大
学受益。1997年到2007年,来自政府研究资助机构的资助每年以高于11%的速度增长。
最近政府资助委员会获得的资金平均增长1%。这项公共投资成果突出。虽然我们可能会
对如何使用公共资金斤斤计较,但对高等教育投资所创造的价值十分显著,所取得的成果

是在 15 年前都无法想象的。现在我们具有全球竞争力,在研究质量上被很多机构列为世界前四。作为加拿大人,我们开玩笑说,加拿大人当了第四就要游行庆祝,但事实上,我们在大学研究水平上能和极强的对手比高低很不容易,例如德国、美国和英国。

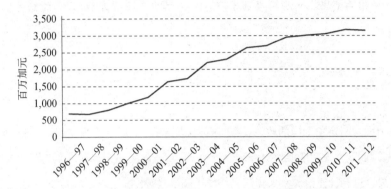

图 3　Canadian 近 15 年来加拿大大学受益于联邦政府研究基金的大量增长

来源:基金资助机构部门绩效报告,加拿大基因组计划和加拿大革新基金会年度报告

所有的这些成功,都得益于 15 年来关于大学研究的公共投资政策。投资也无疑让学生受益。积极进取的学生深知,如果上进的话,能够比历史上任何时候都更快地取得学位。通过网上教学、合作式、体验式教学和学分转换,学生以前所未有的速度完成学业。大约 50% 的加拿大大学生参与半工半读的实习学习,或者参与社会服务学习①。

过去 15 年,我们实施了一系列行之有效的创新政策,开始是加拿大创新基金会,后来是加拿大首席研究员计划、加拿大基因组计划、间接研究成本计划和加拿大研究生奖学金计划。2008 年制定了加拿大卓越研究席位计划,7 年内投入价值一千万加元支持 19 个奖项,吸引世界顶级研究者。2011 年,联邦预算又增加了 10 个卓越研究席位。最近,看到英国五位知名科学家移居加拿大,英国财政部长向加拿大的同僚发问:"加拿大到底在干什么,让我们人才如此流失?"这个项目影响深远,其影响被世界所感受。

---

① 加拿大大学调查协会,《2012 年本科毕业生调查》

这是一个发展迅速的时代。从世界各地聘用了一群卓越的学者后,我们现在必须问自己,我们需要利用这些科研实力做些什么?我们如何加强与新兴国家的国际联系?借用约翰·肯尼迪的话,历史的机遇使得我们与欧洲相连,地理的便利使得我们与美国接壤。但是,想在国际市场中更进一步增进同中国、印度、巴西等国的关系,我们需要采取不同的措施。

超越边界

加拿大大学制定了专门的政策,增进国际交流合作,并取得了明显成果;通过课堂学习和直接经验,加拿大大学毕业生对全球状况有扎实理解,能够满足雇主们对国际能力不断增长的需要。这些技能给加拿大青年人增加了竞争优势。

为了加强国际联系,我们提倡增加国际交流方面的政府投资:我们如何以更加醒目的方式,把自己推向世界舞台呢?2010年下半年,加拿大大专院校协会向印度派出了大学校长代表团一行15人。他们和印度的大学管理者与政府官员展开会晤,努力推动双方合作的开展。2012年,在加拿大总督大卫·约翰逊阁下的领导下,27位大学校长访问巴西,试图打造加拿大高等教育的品牌,推动两国研究合作、教授交换和巴西学生到加学习。与这些代表同行的还有两位联邦内阁部长、数位议员以及其他加拿大企业界和教育界的领袖。这是另一个好的做法,值得提及和宣传。

我们知道,在未来的几年内,国际化是加拿大成长和成功的关键。在全国范围内,国际留学生为当地社会和区域发展带来经济财富。一项联邦最近的调查指出,国际学生对加拿大经济的贡献每年能够达到80亿加元[①]。有些国际学生在加拿大学成后回国,成为加拿大的使者,帮助宣传加拿大。一些学生会选择留在加拿大,为加拿大劳动力市场做出贡献。

而更重要的可能是国际学生为加拿大课堂、实验室和宿舍带来的教育影响。加拿大本

---

① 库宁公司,《加拿大国际教育的经济影响——外交事务国际贸易部最终报告》修改版,2012年5月。

地学生获得了跨文化知识和技能，这是日益全球化的就业市场中的必需能力。

我们为何不能自满

在高校为自己的成绩欢欣鼓舞的同时，我们不能太自鸣得意、沾沾自喜。我们必须正视现实、认清面前的挑战。我们面临着激烈的竞争。其他国家，例如韩国、中国、日本和印度，正以更快的速度和更大的规模投资高校系统。如果我们仅仅将参照系放在目前经济停滞的美国和欧洲，就会错失 21 世纪最好的发展机遇，那就是亚洲的崛起。人们预计中国的经济发展速度将会大大超过所有的八国集团成员国，而且，根据科技论文发表数量，在接下来的十年中，中国会超越美国成为世界领袖[1]。人们预计印度也将在科研引用数量上超过八国集团，变成进行前沿研究合作的重要国家[2]。我们不能坐以待毙，满脑子想着"我们干得不错，基本上跟美国一样好，而且没有英国那么差"。对于接下来加拿大的一代来说，这种想法是远远不够的。

英属哥伦比亚大学的校长 Stephen Toope 在《政策选择》2012 年 9 月版《加强加拿大与亚洲的教育与研究联系》一文中写道，大学未来的成功需要我们锁定亚洲招生，发展关键的大学伙伴关系和合作项目。我们已经启程，并且进展顺利，加拿大大学共提供 80 余种与亚洲研究相关的项目，包括亚洲文化、文学、语言和公共政策的课程[3]。

一些国家级、非营利研究组织，比如 Mitacs，提供创新研究和培训项目，让世界顶尖学生和研究者与加拿大优秀的研究者合作。2013 年联邦政府的新投资，资助 Mitacs 输送加拿大学生到海外、积累研究经验。这项举动很重要、意义深远。

我们必须继续与公共政策制定者对话，强调国际教育的重要性。加拿大大学必须紧跟

---

① 汤森路透，《全球研究报告：新科学版图中的中国研究与合作》，2009 年 11 月。
② 汤森路透，《全球研究报告：新科学版图中的印度研究与合作》，2009 年 10 月。
③ 加拿大大专院校联合会，2012 年，《加拿大大学名录》，节选自 http://www. aucc. ca/canadian-universities/study-programs.

他们的国际合作伙伴，与社会、经济和科技的变革接轨，尽可能为更多的学生提供与时俱进的教育，培养学生创新、有意义的研究能力。

前方的挑战

加拿大大学虽然取得了些成绩，但面临着更巨大的挑战。一些挑战是世界范围内高等教育面临的共同挑战，另外一些为加拿大所独有。

当前的现实要求我们把工作的重点放在学生的学习成果、就业率、学费和学生贷款水平，以及公众对这些方面问题的认知上。这是一个工作、技能和收入紧密连接的系列问题。教育学生以便他们能够找到好工作不是大学唯一的职责，但我们的确在人力资源及开发中起着关键作用。公众关注和质疑的大学教育与现实的关联性和高学费问题，我们可以引用大量的数据来给与回应。与美国、英国模式相比，加拿大大学的学费可谓十分低廉。我们总能听到加拿大媒体抱怨学生贷款欠额的急速增长。但从数据中我们可以看到，在过去 15 年里毕业时无欠款的学生比例一直保持稳定。大约 40％的学生毕业时无欠债[①]。在负债学生中，三分之一欠款额度少于一万两千加元。但这不表示所有学生都没有严重借债问题。如果平均欠款是两万五千加元，一些人的欠款就远远高于这个数目。我们必须对这一数据进行剖析，找到解决方案。我认为数据将会表明，那些欠债最多的学生实际上来自个人回报率最高的专业，比如法学和医学。因此，个人投资/个人受益与公共投资/公共收益的平衡，是加拿大接下来要着手研究的问题。

我认为加拿大另一个重要问题是增加原著民对高等教育的参与、就学和成才比例。原著民在加拿大大学生中的比例很低。原著民大学入学率是国家平均水平的三分之一[②]。在全球招收国际学生的同时，大学同时在努力吸引、招收和支持更多原著民学生。现在加拿

---

① 加拿大大学调查协会，《2012 年本科毕业生调查》。
② 加拿大统计数据，《2006 年人口普查》。

大拥有 47 万土著民青年。我们必须保证他们拥有充足的教育机会,并成为加拿大社会的完全成员。我们不能忽视自己国家这一部分尚未开发的人才来源。

我们还必须面对大学多样化发展问题。一些人认为,加拿大应该把发展重点和资源放到一些有国际竞争力的大学身上。加拿大的大学应该追求卓越,提升全球竞争力,并打造加拿大的品牌,这一点我完全同意。但是有些人认为,加拿大的大学发展重点不突出,原因是大学的多样化工作做得不好。乍一看 A 大学和 B 大学也许具有相似的使命、目标和结构,但我认为我们必须承认实际上加拿大的大学已经有所区分。我们有研究型大学、综合性大学、本科大学和文科学院。

我们虽然有不同类型的大学,但在资助模式上却没有区别。我们也许需要通过公共政策调整,发展鼓励多层次的资助模式,并且不依赖研究水平的高低为唯一的资助标准。

对专门教学大学说"不"

考虑到现代加拿大大学面临的压力,一条公共政策建议经常被提及,那就是把研究从教学中独立出来,建立专门从事教学的大学。我认为这种观点相当局限。这只是其他国家尝试过的旧方法,相反,我们应该向当下新技术和新学习方式寻求我们问题的解决办法。我强烈反对分离研究、教学和社区服务。不同大学和院系也许对这三项使命关注程度不同,但是对于支持大学基本理念、迎接未来挑战的人来说,专门教学大学的做法是不可取的。我们可以在不完全推翻传统的情况下支持创新,并且可以最充分地发展高等教育的真正价值。

技术的适当位置

新技术的到来的确为我们创造很多机会。但是我希望技术使用的驱动力是增加教学和学习的效果,而不仅是帮助财政困难的大学降低办学成本。毫无疑问,技术能够降低成本,但是我希望这不是讨论技术的出发点。恰恰相反,我们需要考虑如何能通过技术提升和追求大学的学术使命。

我们需要思考如何运用新技术改善学生学习方式,比如我们可以通过翻转课堂模式,用技术来做讲座、用课堂时间来讨论或者亲身参与体验式学习。很多加拿大大学已经以这样的方式使用新技术,另外一些大学通过科技来增进对学生学习时机和方式的了解。

我们正在经历慕课(大规模开放网上课程)和其他教育传授模式的革命。这可能是教育发展的一个新的临界点。但是我们必须小心、明智地使用技术。在 2013 年达沃斯论坛上,很多小组讨论谈到了大学未来发展问题;很多人说把大学授课与 20 年前音乐唱片和 10 年前的纸质书相提并论:我们能够从中学到什么?我们应该清醒地认识到,大学的第一使命是教育和学生,而不仅仅是对效率的追求。有了这种清醒认识,我们才能更好地把握技术在教育中的使用。

结论

在职业生涯早期,我曾在世界上最令人绝望的难民营与难民们接触。令我感触最深的一点是,无论对于挣扎在达达布、肯尼亚的难民家庭,还是对于崛起中的超级大国,他们都面临相同的战略——投资教育。作为一个国家,我们要牢记对高等教育和研究投资会产生的强大能量。

在过去 3 年中,我在全加走访了近 80 所大学。所到之处让我对未来充满希望。虽然面临挑战,我们现在已经是全球高等教育领域中真正佼佼者,并且只会越来越好。

作为加拿大人,我们也许并不喜声张;但是如果梦想高远,我们深知自己可以超越他人的、甚至自己的期望。

今天,我们拥有优秀的人力资源、基础设施,还有和其他国家合作的愿望,尤其是和新兴国家。我们有十足的发展潜力。我们的大学环境能给广泛的学者提供回报丰厚的事业契机。我们必须认识和发挥这些优势,保证让全世界人们提到高等教育研究的领导力时,就会想到加拿大的大学。

高度全球化的世界与正在全球化的大学：加拿大和加拿大的大学是否准备好面对新的全球化环境？

Gilles Breton

加拿大渥太华大学公共与国际事务研究生院教授

　　如果说我们说大学所在的领域和空间在未来不再仅仅是本土的，同时也是国家的和世界的，那么我就想要谈谈大学为什么必须应对不断变化的全球化环境。首先，我要先把大学置于全球化世界的视野中，并解释影响大学发展的一些重要全球变化。我会主要讨论经济和政治方面的变化，并指出新的全球知识经济如何影响大学的发展。我们经历的国际政治变革，在我看来，是从国际关系到全球政治的转型。产生这一转型的具体的时间段不重要，但它对大学发展的影响是真实的。接下来，我将阐述全球性发展环境变化的第二个因素，即高等教育的全球化。这一部分会以一个简单的假设开头——"全球化是其所有参与者的行动之和"。我认为，与其把大学当做全球化过程的受害人，不如说它们本身就是这一过程的重要参与者。从这层意义上看，大学应是高等教育全球化的缔造者，不是被动接受者。最后，我将谈一谈加拿大和加拿大的大学是否准备好面对这一新的全球化发展环境的变化。

　　目前，在所有经济活动的转型中，虚拟经济、虚拟知识的出现是最重要的，因为它为我们带来了一种新型经济模式，而这种新型经济模式改变了经济活动的性质和产品成本的形成结构。在这种新型经济中，新产品的设计变得非常昂贵，而它的工业大规模生产变得很便宜。例如，软件 Microsoft Windows 的设计成本很昂贵，而它的批量生产和销售成本很低。同样的，在医药行业中，我们清楚地懂得，真正的投资是投资在新分子的研究上，而不是它的制造和大规模的生产上。

全球化的世界和大学

新型知识经济不可避免的是全球化的经济,因为不论是在电子领域,文化活动领域,还是在医药产品等领域,新产品的构想、设计都是为了迎合国际市场的需求。同时,新型知识和构想还常常需要全球合作来解决一些需要所有市场参与者共同面对的问题。与合作相伴的还有竞争,因为市场参与者们需要在同一个国际市场上对抗。

新型知识经济的发展改变了科学所扮演的角色和地位。在工业经济时代,科学只是作为外界资源介入工业产品生产的最初阶段。而在新型知识经济时代,创新和新知识、新构想成了原动力,科学活动本身正在变成发展的引擎。

大学作为新知识的生产者和培养研究者的主要机构(至少在发达国家是这样),在科学活动中扮演主要角色,因此,大学必须处理好当前新型国际化知识经济对大学产生的影响。当然,这里最主要的目标是使大学成为经济发展的参与者,并在世界经济范围内,成为国家经济竞争能力的中心载体。显然,对于大学在社会中的这种新定位是由多重因素导致的,比如大学本身寻求新的资助来源、工业界与大学在经济和商业活动上建立伙伴关系的需求、公共政策的演变,还有最后,学术领导者们对于大学为新型经济所能带来的潜在贡献的理解。

研究利益与研究参与者

大学的传统核心使命是通过教学和研究理解人类活动。在新型知识经济中,大学对经济活动的参与和大学传统的教学和研究活动相结合。这一结合会给大学的发展带来变化,包括大学核心使命的变化。在知识经济中,科研不再是局限在大学的活动。科研活动的经济利益让大学更加依赖市场的原则,更加依赖和企业界的合作。这让大学的运行更加企业化。这一变化可能威胁大学的办学自主性,即大学可能失去继续按照自己的程序运作的能力、失去自己的评价标准,还有自己的规范和治理结构。这一变化可以让大学重视应用型研究,削弱基础研究的地位。最终,这一变化会将人文科学和社会科学边缘化,因为这两种科学附带的经济价值很难被认可。

提到全球化的世界经济所经历的转型,必然要提到与之相关的政治世界。观察国际政治的传统视角是国际关系的视角。这一视角把独立的国家政府看作国际政治的主体(包括外交官、部队,还有他们的国家元首),把国际安全问题(暴力事件、战争、恐怖主义)看作国际政治的主要问题,而这些问题可以通过国家政府之间的斡旋得以解决。有分析认为,当今国际关系的主体已经扩大化、分裂化和多样化,超越了国家的界限。国际安全的问题也不断增加,包括食品安全、健康、气候,还有更明显的经济发展、人权、社会公平、教育、治理等问题。这些新的国际形势使传统的国际关系视角显得非常局限。取而代之的是全球政治的视角。正如联合国前秘书长安南所说的那样,全球政治关注的是"超越护照的问题",而这些问题的解决需要多方的参与,包括非政府组织(NGOs)、社会活动、全球性的社交网络、跨国企业,当然还有各个国家政府。

这些新的全球化挑战重新定义了国际问题、国际关系,以及国际组织与全球治理的角色。因此,我们必须把教育、新知识、研究和科学信息作为世界治理的主要因素。对气候变化的应对是一个很好的例子。科学家们通过广泛的研究活动而得到的科学信息,例如国际气候变化专门委员会进行的调研活动,对全球气候的治理构成了必要的因素。

我们今天的生活充满了不确定性和风险,而这些不确定性和风险已经不再仅仅是常见的劳动力纠纷和产业冲突(如失业、社会经济不平等)。这些不确定性和风险是由社会科技和科学发展所造成的。这将迫使我们扩大和拓宽大学研究的领域,不但要关注科学和技术问题、经济和产业发展问题,还要关注新型的公共政策,关注社会、政治和文化领域的创新。

这种新的国际政治局势对大学产生的影响很难明确判断,但至少我们知道它创造了许多新的机会:即对教育,知识和自我反思的强烈需求,而大学可以按照自己的方式响应这些需求。如果某些大学计划与政府合作,成为政府对外政策的软实力和知识外交的重要组成部分,那么他们必须重新制定自己的国际使命,树立自己的国际形象,加强生产新知识的能力。现在很多智库机构、全球的社交网络、专门的非政府组织(NGOs)和国际组织(如世界银行,经合组织,联合国教科文组织等)已经开始进行这一项工作。

高等教育和大学的全球化

全球化背景的第二个必要组成部分当然就是高等教育本身的全球化。对于高等教育的全球化,我有以下几个基本认识:

- 全球化并不处在学术界之外。学术界可以决定自己对全球化的态度,并作出选择;
- 全球化不应该被简化为经济全球化和新自由主义;
- 不存在一种单一的全球化,而是几种全球化并存。每一种全球化都有自己的动态。
- 全球化的领域由所有的全球化主体界定。

从这个角度所引发的问题是:高等教育机构的行动和政策基础是什么,大学的哪些行动和政策导致了今天全球性高等教育体系的形成?

我在大学国际化方面有13年的工作经验,依据我的经验,我可以看到不是一个,而是有四股力量在推动高等教育国际化。就像跨国公司或者大型金融机构参与全球经济一样,大学也在参与高等教育的国际化进程。很显然,大学不是高等教育全球化过程中的唯一参与者,国家,基金会,捐助者,非政府组织和其他的大学合作伙伴也推动了这一进程。然而,大学不能否认的是,他们通过日常决策和策略选择,对全球大学系统的构成和架构产生影响。运用国际化的视野作为手段,培训学生和进行科研活动,来提高大学工程的质量是一回事。将国际化简单视为招收国际学生、出口教育产品、提高大学收入的机会,则是完全不同的国际战略。这就是为什么我在谈推动教育全球化的四个力量时将不会分孰轻孰重,因为任何国际化战略必须应对各种力量之间的相互影响方式。

推动全球化的力量

推动高等教育全球化的第一个力量是高等教育的商业化。它主要包括两部分:一是教育产品的出口和销售,二是大规模国际招生。这些商业活动把高等教育作为一个可以出口的商品。国际招生活动其实在真正的市场上进行,大学在市场营销策略的使用上各自大显神通。

推定高等教育全球化的第一个力量是"合作竞争"(co-opetition),(来自单词"合作"(cooperation)与"竞争"(competition)的缩写进而创造出的一个词),主要存在于各大学开展的研究活动中。其中,竞争体现在大型的国家科研投入项目和科研卓越中心的建立(例如:德国的"卓越计划"the Excellence Initiative,法国连接大学和科研机构的 PRES 等等)。合作体现在国际科研网络的发展和国际科研团体的发展。

教学、课程和专业的国际化构成是推动高等教育全球化的第三个力量。促进学生的国际流动是该力量的中心任务。欧洲的 Erasmus Mundus 项目是促进学生流动策略的典范。以往的学生流动项目主要针对本科生,对教学质量和学历获得的影响不大。在过去的几年中,我们已经看到越来越多硕士生和博士生的流动项目。这些流动涉及学历获得的变化,出现大量联合学位、双学位、博士论文联合导师指导(cotutelle)等项目。

最后一个全球化动力是国际援助,指发达国家大学对发展中国家大学的帮扶项目。在冷战期间,该项工作是国家和大学政策的核心。

我们上面讨论了大学对构建全球高等教育体系所作出的贡献。从中我们能得出什么结论呢? 即大学的这些政策和做法对高等教育在世界上的地位有何影响呢? 为了回答这个问题,我希望分析一下以上全球化四个动力在加拿大高等教育系统所起的作用。

首先,国际合作与国际援助项目在发达国家的高校正在被边缘化。加拿大的情况呈现了这一趋势。有几个原因可以解释这一现象。一方面是大学可用资金的大幅减少,另外一方面,在大学教授的职业生涯管理上,教授参与国际援助项目不作为晋升的评价标准(晋升评价标准以科研与发表量为主)。我想补充一点,即国际援助的重要性,尤其是在需要大量资金的大型国际项目中是无可置疑的是,也没有人认为这是落伍的观点。从这个角度来看,加拿大的大学应该重新思考和规划各自国际援助活动,之所以没有这样做,可能是因为国际责任和国际道德显然不再是当今社会的主流。有些小规模的、软性的国际援助行动还在进行,如在发展中国家的道德招生,还有挪威一些大学的国际培训项目。

20 世纪 90 年代后期,学生的国际流动性增加,学生国际交换流行,从而推动了教学活动国际化的发展,欧洲 Erasmus 项目首当其冲。但是,尽管不同国家为投资这种项目都作出了努力,大学生的流动似乎,往好的说,比较稳定,往差的说,发展缓慢。2010 年加拿大只有 3% 的大学生参与了海外教育项目,美国也好不到哪儿去,只有 3.5%,欧洲稍稍高点,有 5%。但是,如果从质的角度分析这些数字,我们很快就会发现,国际学生流动活动的附加值主要被看作是学生文化和语言技能的提高,而不是训练学生在研究领域的技能。从这个角度来看,"培养世界公民"是绝大多数加拿大大学海外教育项目所追求的目标,而不是希望通过国际教育实现对教育、教学质量的提高。然而,大学在高等教育全球化中的新地位意味着国际学生流动的目标正在改变。每个小的学科领域都在经历着爆炸式发展,以至于没有任何一个大学的院系能够覆盖该学科的所有领域教学。因此,在学生的教育上,基于互补性的国际学科网络得到一个千载难逢的、质的发展机遇。我们也许无法完全把握这个机会,况且不是所有教职员工都有热情参与学生的国际流动项目(除了少数领跑者之外),因此国际教育也许不会成为一个真正教学发展的里程碑。但有一个新的趋势似乎可以改变这种状况,这一趋势便是国际联合学历或双学位项目的产生。也许这将是一个通过国际化实现提高教学质量的好机会。

目前,国际科研活动的互联合作是高等教育全球化的主要载体。伴随着竞争和合作的双重主题,国际科研合作正在加强和扩大。国际科研合作不是新事物,但在全球化高等教育体系中,科研中心地位的加强延续延长了这一趋势。新的学科等级制度更加偏向理科、应用科学和健康科学,结果导致了社会科学和人文学科的边缘化。新的科研社区在世界范围内不断整合同一领域的科学家。通过创新来提高国际经济竞争力的大环境导致了新科研活动的上马,加强了对研究者的培训。具体而言,国家政府在增加对大学科研活动的投入,国际性科研资金也在不断增长。对于大学来说,他们已经开始实施的具有吸引力和竞争力的政策,吸引了优秀人才(教授,博士后和博士研究生)。他们已经实施了国际声誉建设策略,简单地说,他们开始努力提高自己的国际排名。最后,他们开始促进国际合作,在地域上不仅有北北合作,还有北南合作。

我们的科研活动有了三重定位,首先是本地的,但更多的是国内的和国际的。我们面对的高等教育全球化是一个越来越复杂的世界。科研人员在同一领域进行国际合作,国家政府把大学科研看作国家经济竞争力的基础,而大学之间在吸引人才和合作伙伴上展开竞争。有了这些复杂的情况,我们便有了对高等教育发展的激烈讨论,如世界级大学的建设问题,还有为了提高世界排名而把科研基金集中到科学技术领域的讨论,还有哪些大学有能力在未来成为国际型的大学。

最后,我们注意到发达国家大学日益增长的商业活动,至少在英美国家,无论是教育产品的出口、卫星校园的创建,还是国际招生的升级。在快速增长的国际教育市场,这些构成了他们主要的商业活动。经合组织(OECD)估计,国际教育的市场将从 2009 年的 230 万人增长到 2025 年的 650 万人,当然,大多数的学生来自新兴国家。

全球化的动力和市场营销策略往往单一追求收入的增多。由于大学所面临的财政困难,一些人认为通过国际招生增加大学财政收入是应对大学资金不足状况的一个手段。另外一方面,优秀国际博士生的招生可以增加大学的国际声誉和吸引力,因为如果没有足够的国际留学生,那么大学就很难称自己是一流的国际大学。很多国家,包括加拿大,已经把国际招生看作是他们对外贸易的一个重要组成部分。

总而言之,大学越来越多地参与到知识经济中,并使用市场营销手段增加收入,大学科研的动机越来越多的是国际竞争力的提升。制约高等教育的全球化进程的越来越多的是经济因素,而不是教育和学术的因素,不是国际合作与互助的因素。

结论

大学正在面对新的国际环境,而这一新的国际环境带来了世界高等教育的洗牌。构成这一新环境的因素有很多。首先有大的国际组织,如世界银行所提倡的世界一流大学的模式、世界经合组织(OECD)对大学经济贡献的反思;有政府的国际项目,比如欧洲的博洛尼亚,德国、法国、英国推出的卓越计划,金砖国家、美国与澳大利亚推出的国际项目;当然还有大学自己推出的国际项目。

但是,加拿大的情况如何呢?简单地说,我们并没有很好地审视我们面对的新的全球环境,没有认识到大学在参与国际化方面的重要地位(不仅仅是经济活动的参与者),没有认识到实施加拿大综合国家战略,以及加拿大大学综合国际战略的困难,当然也没有就此制定出应对的政策。

前一段时间,更为精确的是2012年8月,加拿大国际教育战略咨询委员会提交了一份报告,题为"国际教育:加拿大未来繁荣的重要引擎"。这是一个值得关注的重要文件。它将国际教育视为加拿大未来繁荣的主要动力,是加拿大经济政策、国际贸易与创新策略、移民与外交政策的重要组成部分。更重要的是,这份报告代表了加拿大国内国际教育界人士的共识,并回应了加拿大以往国际教育工作的不足,如加拿大在国际招生方面缺乏竞争力,国际招生和海外留学项目缺乏资金支持,还有,加拿大没有一个协调国际教育活动的国家机构,类似英国的英国文化协会,或德国的德意志学术交流中心。

这篇报告中对加拿大未来国际教育的前景十分期待:加拿大必须在国际教育方面成为21世纪的领导者,以吸引最优秀的人才,并为世界市场准备公民,进而为加拿大未来的繁荣昌盛打下坚实基础。但是我们如何达到这些目标呢?可以利用哪些手段达到这一层次呢?咨询委员会报告的作者们提出了量化的目标,建议到2022年国际学生的数量增加一倍,从现在的239 131人增长到45万人;实施一个加拿大学生海外学习计划,到2022年前每年派出5万名学生出国;整合所有提供给国际硕士和博士研究生的奖学金。为了达到这些目标,委员会报告的作者们提出了常用的手段,比如更有效的宣传策略,提高资金投入,减少和简化移民手续。

我们可以看到,这份报告包括了加强国际教育的常用建议,比如学生流动、国际招聘和宣传。报告中可能包括但没有提到的内容有:对跨国教育的支持,教育技术在国际教育中的使用(基于目前对慕课问题辩论)。缺少这些内容其实没有大碍,在我看来,这些并不是必需的内容。但在阅读这份报告时,给我印象最深刻的缺憾是,除了对国际教育和加拿大国家经济,国际教育与加拿大未来繁荣的密切关系的强调,该报告的作者们没有提及加拿大大学在国际教育战略调整中的地位。而在我看来,大学才是高等教育全球化的主角。

让我来解释一下我上面的观察。该报告没有直接针对大学的任何措施,没有提到大学管理结构的改革,以便使大学有能力开发自己的国际新举措或新项目,从而提高自己在全球化的高等教育系统中的地位,比如在研究方面、教学方面、在国际学生的招收方面,或在教育产品的出口方面大学应该如何重新定位自己。我还想补充一点,在加拿大,每个人都梦想着能有一个协调高等教育的联邦委员会。在报告中的确提到了这样的一个委员会,但它只是各个部委之间的协调机构,即使有大学的位置,但其位置十分有限。

大家都已经听过关于对加拿大大学系统的分析,有观点认为其最大的优势就在于它的体系性不强,各个大学自主治理。只要加拿大大学各自的定位是服务本地的,或者服务地区的,或者是服务国家的,那么他们的存在和运行就是合理的,满足了"各自为政"的策略。

但是,在高等教育的全球化背景下,我们不敢肯定所有的加拿大大学还可以本地化、独立化和孤立化地运行,即加拿大的联邦政府制定自己的国家策略,而加拿大的大学继续在国际舞台上各自为政。我们需要通过竞争获得最好的人才,确保我们进入创造新知识的最好科研网络,还要在教学上做到最好。为了实现这些,我们需要一个国家策略。我们需要更新、协调与整合各级政府(联邦政府和省政府)和大学的政策,从而形成协调一致的国家策略。事实上,我们的主要竞争对手都已经做到了这一点了。

如果我们希望超越国界参与科研合作,来共同解决全球面对的新问题,我们也需要用同样的方式实现这一战略。知识的外交不能仅仅局限在让我们的学生通过国际学生交流项目成为加拿大的大使。知识的外交应该包括三个组成部分:服务于外交的科学、服务于科学的外交和外交中的科学。

通过对新的全球问题的研究,大学才会发现自己的位置,这让大学能够为政府提供有效信息,使大学能够帮助定义国际问题的重点,并提出全球问题的可能解决办法。在这个新的全球化的世界,世界政治是一个重要组成部分,知识外交是高校的一个新的门户,大学应该及时调整自己的国际战略,重新定义自己的社会职责。

何为国际化：一个概念的兴起

Britta Baron

加拿大阿尔伯塔大学副教务长与协理副校长（国际）

　　大学国际化作为一项快速增长中的事业，没有任何其他的大学活动能与之相提并论。在当下有关高等教育的话语中，尤其是在政策文件、愿景和使命陈述和策略计划里，"国际化"也许是最普遍的概念。大多数大学在自我分析和界定发展重点时，都明确说明国际化具有战略重要性，应该给予优先对待。世界范围内，所有对自身负责的大学都会把国际化当作首要的考量。全球大学协会（International Association of Universities）的问卷调查结果显示了这一趋势[①]。

　　"国际化"一词通常蕴含着积极意义。但是这个词语到底表明了什么，往往不甚清晰。进一步考察，我们会发现它其实含义重重、模糊不定、令人混淆。多种多样的大学活动都可以囊括在国际化的名义下：海外教育、学生的国际交流、招收外国学生、聘任外籍教员、海外校友联谊、对其他国家的研究、国际间研究合作、讲授与外国相关的课程、在国外开展合作教学活动、大学的国际伙伴关系，合作联盟和网络、世界各地的大学在课程设计、实施、认证方面的合作，以及发达地区的大学对于不发达国家和地区的大学进行的支持，帮助他们提高办学水平和研究能力。对于什么能称之为国际化，什么又不算国际化，没有唯一的定义，也没有明晰的理解。

[①] International Association of Universities：Global Surveys on Internationalization of Higher Education，Paris，2003，2005 & 2010.

国际性中的国家性

"国际化"一词的含义和寓意随着时空的不同而变化。尽管对于大多数高校而言,国际化已经跃居首要任务,在这种近乎普遍的兴起趋势中,不同国家间,甚至同一国家的不同高校之间,很少能达成对"国际化"一词含义的共识。仔细观察,我们会惊奇地发现,高校中"国际化"的概念在很大程度上取决于高校所在的国家环境。这一点似乎自相矛盾,但对于高等教育和研究中的国际化到底指什么,不同的国家有迥异的理解。不同国家对于国际化在不同的时期有不同的理解,在不同的政治经济环境下有不同的理解。即使当下全球化进程不断加速,世界各地大学对国际化的描述,异见往往要大于共识。

在美国,"国际化"往往等同于国际教育或者海外教育:大学通过提高学术和管理能力,为学生提供短期海外生活、学习和(或)工作的机会。海外教育在美国已经成了一个十分专业化的产业,大专院校拥有众多海外教育方面的专家,大学以外有众多提供海外教育服务的第三方,也有大量专门针对海外教育的研究。在这一点上,没有任何其他国家可以和美国比拟。美国在国际教育方面最有名的专业协会叫"全国国际学生事务协会"(the National Association of Foreign Students' Affairs,或 NAFSA)。在协会的名字里面似乎体现了国际学生服务的内容,但对于美国大部分国际教育从业人员来说,国际学生服务这项工作似乎不是十分重要。海外教育被看做大学的学术使命,而国际学生服务被认为是非学术的事务。

最近美国高校在提倡"全校范围内的国际化"和"综合性国际化"等概念。这种国际化取向所宣称的"综合性"大多数情况下是指参与国际化的学科领域范围和教授数量上。海外教育和课程的国际化仍然是"综合性国际化"的主要关注对象。国际研究合作、国际学生录取、国际校友工作,还有国际教育的很多其他方面,仍然是大学内部孤立的领域,而且它们在美国国际化的话语体系中扮演着边缘的角色。

和美国相比,澳大利亚的国际教育无论在专业性、组织性和研究上都不逊色于美国。

但其重点并不在海外教育,而是在招收国际学生进入澳大利亚的大专院校和相关的国际学生服务。澳大利亚有专门从事国际招生的产业机构,积累了大量国际招生方面的经验,也在国际招生和国际学生服务方面做了大量研究。在这一点上,澳大利亚是领先世界的。同澳大利亚一样,英国也十分重视国际学生的招生,同时兼顾国际研究和英国学生的海外教育。他们的国际研究和海外教育一般都是欧盟的项目,并且很少在战略上与国际学生事务相关。

在加拿大,"加拿大国际开发署(CIDA)"曾经提供大量资金资助大学参与支持发展中国家能力建设的"国际项目"。现在开发署已经解散。这些资金历史上主要由加拿大大学主管科研的副校长办公室管理。正因如此,加拿大大学总是觉得"国际化"应该是科研副校长的职责领域。多年来,加拿大的这些国际援助项目实质上成为"国际化"同义词,这一传统赋予了加拿大国际化工作特别的伦理、文化内涵,也给加拿大大学留下了国际化工作的历史关系网络。

现在,加拿大国际开发署的资金对于加拿大大学来说不再那么重要,但是,大学研究和国际援助工作之间的联系保留了下来。如今,国际援助项目有了新的方向,通常把国际合作研究作为工作的重点。20 世纪 90 年代晚期,海外教育进入加拿大国际化发展工作,魁北克省的一些高校首当其冲,尤其是拉瓦尔大学(the Universié Laval)。近十年来,加拿大大学把国际招生和跨国教育项目也纳入国际化事务。在某种程度上,和世界其他地区相比,加拿大大学在高等教育和科研领域更有效地建立了具有相对完整性和综合性的国际化路线。

"国际化"的历史

人们通常认为"国际化"有悠久的历史,也许和大学本身的历史一样悠久。中世纪晚期学者的流动通常被认为是"大学国际化"的开始。很多人认为,国际化是大学的内在属性。但这一观点值得怀疑。"国际化"的概念随着时代的变迁发生了巨大的变化,并且仍然取决于国家和地区的传统以及社会经济环境。除了一些精英私立大学之外,国家政府(中央政府或者州级/省级政府)决定了大学的性质和治理,并给大学提供资金支持。在很多情况下,政府权威部门决定了大学的课程和研究内容,并且负责任命教授和高级行政人员。在许多国家,大学的自主权近年来得到强化,国际化这一参量逐渐得到重视。但总的来说,在世界任何角落,国家政府始终对大学来说具有举足轻重的重要性。

从很大意义上,"国际化"是一个十分新的概念。其语义谱系能够追溯到比如"国际教育"(如"国际教育学院"(Institute of International Education),20 世纪 20 年代早期在纽约成立的机构)或者"学术交流"(如德国学术交流服务"German Academic Exchange Service",建立于 1925 年)。在上世纪 60 和 70 年代,类似于"国际大学合作"和"国际大学伙伴关系"等术语出现。在 70 和 80 年代"学术流动"和"国际学生流动"在大学术语中出现,最著名的是在伊拉莫斯"ERASMUS",大学学生流动的欧洲行动方案"the European Action Scheme for the Mobility of University Students"。

直到 20 世纪 80 年代,"国际化"一词才称为高等教育界的标准词汇。与此同时,"全球化"开始被使用,用于描述和解释当时世界经济、科技和社会发展的主要范式。在高等教育领域,"国际化"和"全球化"两个术语经常被交换使用。但是,Simon Marginson & Marijk van der Wende 将两者进行了区分。在他们看来,"国际化"的前提是国家边界的继续存在,国际化的目标旨在超越国界,在国家间建立个人和机构之间的联系。"全球化"则是指信息和人在全球范围内的自由流动,大学的学生、教授来源,以及影响大学财务和声誉的因素,都不局限在本国和本地区。"全球化"是大学必须面临的新现实。(Marginson and van der Wende 2009,21p)

综合性国际化建设

当下,"国际化"一词越来越多地用来指一种综合性的大学发展愿景。这样的国际化愿景不仅需要众多利益相关者和大学成员的参与,而且也意味着国际化将影响大学发展的众多方面。在全世界不同地区的大学,"全校范围内的国际化"和"综合性国际化"已经成为普遍的提法。这一现象表明从前对国际化的不同理解现在有统一的趋势。Jane Knight 对高等教育国际化的理解是"在大学层面和国家层面,将国际的视野、跨文化的视野和全球的视野融入大学的目标、功能和办学的实践"。这一理解已经被广为接受,经常用于描述全球范围内大学的"国际化"新特征。(Knight,2008,21)

很多大学制定了"国际化战略"。这些战略通常其实是在总结和分析该大学在国际化领域的众多活动和成绩。在本校教授,研究者和管理者从事的种种项目和行动中,大学对其中的重叠和交叉进行实用主义的界定。通过这样自下而上的方式,大学将自身特定的优势领域进行定义,在现有国际合作和交流模式的基础上制定未来发展的计划。

越来越多的大学使用该方法,对自身的现有国际关系提出合理化解释,目的在于以最低成本达到最大的效益。在很多情况下,大学会选择几个国家和大学作为重点的合作伙伴,并围绕这些合作伙伴建设一系列协调一致的合作项目与交流活动。以往在不同部门分别进行的国际活动,如国际校友关系、海外教育和合作研究项目等,在新的综合国际化战略中得以整合。在某些情况下,名义上的全面国际化策略也许只是对现有的做法和基础设施重贴标签,意图加强国际化在学校中的地位。

即便国家不同、大学类型不同,每个大学制定的国际化策略似乎看上去很相似。这些策略的典型要素有:课程国际化与海外教育、招收和留住国际学生,国际合作研究,国际校友活动,还有跨国项目,包括合作办学、海外学位授予和海外校园、合作伙伴和网络建设、国际联合学位和双学位,以及国际驻派机构。最近 Richard J Edelstein & John Aubrey Douglas 总结了国际化项目和活动的分类。(Edelstein and Doublas,2012)

就国际化途径而言,虽然最近有整合的趋势,但是具体到制定和实施策略上,目前为止还没有一个主导范例。尽管各个大学的国际化目标定得越来越高,使用的方法越来越复杂,操作上越来越灵活,涌现出一些好的国际化做法,但是在国际化方面还没有国际公认的黄金准则。很多大学的"综合性国际化"策略也还是试探和实验性的,新一任的大学领导一上任,这些尝试很容易便被推翻。

同时，这些尝试也不能克服和取代国家和大学历史上建立的已有模式。在似乎统一的全面国际化的说法背后，教育国际化的不同理解和做法继续存在。

对高校而言，建设原创性的大学国际化模式仍然很困难。在一个鼓励大学特色发展的时代，大学在国际化方面的愿景和规划却往往听起来十分相似。大学国际化的策略似乎还没有成为大学整体发展规划的有机部分。国际化活动仍然被理解为大学战略的一个独立的、专业的领域，是大学的"国际维度"，看上去似乎是在现有的大学使命的核心成分上，多加了一层而已。

国际化和创新

虽然世界范围内的国际化看似充满试探性，仍不稳定，但人们却经常把国际化看做大学甚至是整个高等教育系统未来发展的关键因素。大多数高校对国际化工作增加了投入。从事国际化工程和项目的合格专业人士在数量上和质量上都供不应求，因此许多国家开始专门培养国际化方面的从业人员。近年来，很多专门课程被开发出来，目的在于培训有国际化方面的专家，到大专院校从事相关工作。

全世界范围内，无论是个别学校层面还是国家、区域和省级政府层面，用于国际化活动的基金投入在增长。大多数工业化国家都在削减对高等教育的生均投入，但大学的国际化部门却在快速增长。即使在整个财政环境恶化的背景下，大学的国际化事业却得到了更大的支持。然而，毋庸置疑的是，在世界不同地区，国际化活动的增长具有不同的关注点和不同的增长幅度。

人们相信国际化会对大学的不同目标产生积极的影响，如扩大拔尖学生生源、增加收入、提高声誉、提升教育的质量、增加伦理上的可信度、加强研究绩效。这只是其中重要的几点。同样在国家层面，人们认为国际化的积极影响可以体现在以下几个方面：在现有教育政策目标下，国际化可以提高学生的学习体验；国际化可以提高学生在全球化经济中的竞争力；可以吸引勤奋、优秀的外国学生填补劳动力市场的空缺；从贸易和工业角度看，国际化可以促进创新和在新产品开发领域的竞争力;对国际贸易政策而言,国际化可以加强出口部门的绩效;从国家和国际发展的角度,国际化可以帮助欠发达地区的经济建设。国际化带来的好处不止这些。在单个学校策略的层面以及国家、省和国家间的政策层面,国际化正在产生很多积极的变化。"国际化"背后的动机既可以是学术性也可以是纯实用性的,可以是崇高的理想主义也可以是竞争取向的利己主义,可以是大学和国家层面的也可以是国家间的,如欧盟的国际项目(Knight,1997,5-19)。

"国际化"远远没有成为一种既定方法论和表述明确的策略;它代表着很多迥异的,甚至是相互冲突的目标(Egron-Pollak 2012)。但是正是这种具有开放性和流动性的概念,以及其涵盖很多不同期望和目标的能力,能够帮助解释这个概念的强大吸引力和迅速成长的魅力。

听到"国际化"一词,人们常常会联想到开放、进步和变革等概念。"国际化"因此非常紧密地和"创新"一词相连。不管是有意为之,还是更多情况下无意而为,人们把"国际化"看作大学管理改革的动力。从这层意义上看,"国际化"可能不仅仅是大学发展的目标,更是大学发展的途径,是大学创新发展的重要手段。在全球化的环境下,大学的发展面临着一系列新的挑战和机遇。"国际化战略"可以帮助大学理解全球化的两面性,全球化带来的新机遇,以及大学运行日渐复杂的环境,包括对大学发展有利的和不利的环境。"国际化"的策略让大学思考所面临的不同选择,这些选择可以让大学(或者是一个高等教育体系)在竞争日趋激烈的国际环境中调整自己的位置。

从这个角度来看,"国际化"不再是大学发展策略中孤立的一部分,相反,国际化策略应该是界定大学的使命和愿景的重要因素,是贯穿大学各项工作的综合性政策和方针。因此"国际化"并不再是那些"国际化专家"的专门领域。如果不放在宽泛的大学战略背景中考量,"国际化战略"不会真正有效。高校需要对全世界环境有透彻的理解才能有效应对。在激烈竞争的国际环境中,大学需要有优秀的国际项目管理人员来保证国际项目的成功。那么大学如何满足对国际项目管理人才的需求,不同大学会有不同的回答。

结论

总体来说，不同大学的国际战略都在界定自身的特色，因此，国际化进程将会因大学而异。人们一般认为，只有少数大学会成为世界顶级的国际化大学。即便如此，"国际化"是所有不同类型大学成功的重要手段。

参考文献

Edelstein，R. J. and Douglas，J. A. 2012. A Taxonomy of Modes of Engagement and Institutional Logics. In Research and Occasional Paper Series. Center for Studies in Higher Education，University of California，Berkeley.

Egron-Pollak，E. 2012. Higher Education Internationalization：Seeking a New Balance of Values. In Trends and Insights for International Education Leaders. NAFSA：Washington DC.

Knight，J. 2008. Higher Education in Turmoil. Sense Publishers.

Knight，J. 1997. Internationalization of Higher Education：A Conceptual Framework. In Internationalization of Higher Education in Asia Pacific Countries. Edited by Jane Knight and Hans De Wit. Amsterdam：European Association for International Education.

Marginson，S. and van der Wende，M. 2009. The New Global Landscape of Nations and Institutions；in："Higher Education to 2030，Volume 2：Globalisation"，edited by OECD，Paris 2009，p. 21f).

International Association of Universities：Global Surveys on Internationalization of Higher Education，Paris，2003，2005 and 2010.

在扎根区域和追求国际标准之间：一所年轻的德国大学在现代科学全球化社会中的自我定位

Gerhard Sagerer

德国比勒费尔德大学（Bielefeld University）校长

如果对公立大学的战略进行反思，人们会注意到大学管理受到其教育目标和文化系统的影响。以我所在的大学为例，这篇文章尝试描述年轻的德国大学如何在当今科学化、全球化社会中自我定位。首先，我将对 21 世纪初，也就是全球化时代中的德国大学系统的主要特征进行简要综述。接下来我会就当下年轻德国大学面临的竞争性环境的特征进行描述。同时，文章的关注点会放在我所在的比勒菲尔德大学所面临的问题与挑战。

我的目的并不是呈现单一的解决方案。比勒菲尔德大学正在处于大学学科和发展策略的调整过程之中。当下的目标是维持已取得的成功，同时为即将到来的挑战做准备。本文只能勾勒出应对未来几十年的公立大学发展策略。

简要的回顾

和很多英语国家不同，德国教育和大学系统以国家导向为传统。回顾诸多大学的建立，这一传统可以追溯到一个特殊时期：也就是说，很多年代久远的大学是德国政府统治者馈赠臣民的礼物。现在诸侯国不复存在，但国家仍然对教育领域拥有权威；并且在很长一段时间里，他们对大学还拥有管理权。美国的情况在一开始就不一样：很多大规模且年代久远的大学是由市民设立的，如哈佛、耶鲁和普林斯顿。它们因而和市民的利益紧密相关，跟德国的大学比起来,较少地受政府干预①。在很多情况下这对大学有战略上的优势。

在 20 世纪 60 和 70 年代,多所新大学建立起来,德国迎来了前所未有的高等教育扩张。在此之前,很多专家认为德国的高等教育体系面临很大风险。在他们看来,跟战后现代社会经济急速发展的要求相比,高等教育机构的毕业生实在是太少了。在过去的几十年里,德国大学的入学率其实有了显著性的增加:1960 年,在适龄人口中,大约有 5% 进入大学学习,但是今天这个数字增长到了 40%。相对于其他国家,这个比例仍然较低,但这并不一定是问题所在,因为这可能是应用型专业教育质量提升的结果,这些应用型的专业教育替代了大学教育。

新型高校的出现

随着高等教育的扩张,新型的大学在传统高校之外出现。首先是应用科学大学。学生完成学业的时间相对较短,重于应用、不重研究。这些新型的学校通过很长时间才获得大学的地位。一开始,他们自称为 Universität-Gesamthochschule(综合大学)。后来,经过一些结构调整,他们最终称自己为大学。除此之外,还有一些新型传统大学纷纷建立,例如 Bochum 波鸿,Dortmund 多特蒙德,Bielefeld 比勒菲尔德,还有 Konstanz 康斯坦茨大学。其中比勒菲尔德和康斯坦茨大学特别定位为改革大学,它们有较强的研究性,但还有相当的教学任务量。两所大学的一个共同重要特征是跨学科性,这一点在 20 世纪 60 年代得到了很多关注。

这些新大学发展的最重要的目标之一是尽快建立声誉,以便与历史久远的大学比肩。这一目标的实现得益于一直流行到 20 世纪 90 年代的德国主流观点,认为各类大学,尽管在学科上各有所长,但地位基本平等。很长一段时间里,未来的雇主并不十分看重求职者在

---

① 因此,社会学家和科学史专家 Rudolf Stichweh（cf. R. S., Universitäten in der Weltgesellschaft, manuscript 2009）。

哪里取得的学位。即使是现在,学生在小规模、不出名的大学里所受到的教育同在其他大学里获得的教育质量同等,他们会获得就业机会,与从历史悠久的大学毕业的学生相比,也没有差异。

走向竞争之路

科学委员会(The Science Council)是德国联邦政府和各州政府("Länder")指导大学、科学和研究的发展内容和结构的重要顾问团体。从 20 世纪 80 年代以来,科学委员会改变了对大学的政策建议,强调大学的区别发展,强调大学各自的特色发展模式。在这一背景下,"合作研究中心"(Collaborative Research Centers,简称 CRCs)制度被引进,作为实现大学区别特色发展的途径。"合作研究中心"计划由德国研究基金会(the German Research Foundation,简称 DFG)推出。德国研究基金会是德国大学的主要研究资助机构,由各大学自主管理。所谓合作研究中心其实指的是大型长期(最长达 12 年)的联合研究项目,强调跨学科研究,大学经过复杂的评估程序才能获得资助。合作研究中心的拥有对于大学的声誉来说十分重要,因此大学获得的合作研究中心越多越好。

一开始,为研究资金展开大规模竞争,对于德国大学系统来说是新颖且别扭的事。最早的时候,不是所有大学都对大规模的合作研究中心都有兴趣。而且,这种第三方的资金资助在大学内部也产生了很多矛盾,包括内部竞争加剧、参与合作项目的科学家的特权,还有大学为了实现内部平衡而不得不承担的财政压力。但是大多数大学很早就看清楚了,以合作研究中心为代表的第三方资助将会是衡量大学绩效标准的突出指标。正如比勒菲尔德大学的前校长所说的那样,吸引多少第三方资助将会成为"科学领域导游书中引领方向的恒星"。自从引进了合作研究中心制度以后,对于科研基金的竞争日渐加剧。联邦和州政府目前还在进行的"卓越计划"让大学间竞争达到顶峰。

该计划鼓励大型、卓越的跨学科的研究领域,可以是合作研究中心项目的三至四倍,并且大学作为一个整体可以提出更广泛的概念,申请大规模资金,以提升大学顶级研究领域的大学发展策略。那些迄今为止在卓越计划中连些许成功还没有取得的大学,恐怕不仅蒙受着经济问题,更遭受着形象问题的挑战。

始料未及的事态

在过去的 20 年中,国家层面的竞争已经导致了始料未及的事态。竞争使得大学将关注点放在了自身有效的和更有前景的研究领域。这就导致了各个大学出现了多样化的不同特征。而且在很多情况下,尤其对于中小型大学来说,他们不再追求成为理想中的综合性大学。同时,在大学的声誉和国际形象方面,这个进程加剧了不同级别大学间的差异。那些在某个领域比较突出的大学结成相对封闭的兴趣团体,面对这种情况,其竞争对手们开始担心,而且他们的担心不无理由。如果全体大学间的孤立隔绝达到一定水平,整个高等教育体系在所有大学校长层面形成的团结就有分崩离析的可能。在很长一段时间,人们都在讨论联邦大学这一概念,希望对一些竞争力强的德国大学增加投入,使之成为联邦大学。然而,宪法有关联邦政府对教育管辖权的限制使得对这个模式的深入讨论颇为站不住脚。

大学自主权

之前,我们提到了德国大学和政府在传统上的紧密联系。但在过去几年,我们看到了一些非常让人振奋的一些变化。州政府放松了在大学管理中的中心地位,大学具备更多的管理自主权。其中一个重要的标志是在德国几个州引进的总体性预算。在这些州的管辖区域内,大学得到州政府划拨的一整块预算,然后可以自行决定如何使用。在过去,州政府对大学支出上的每一项都要仔细地审核,大学预算中每增加一个新的教授职位都要经州议会批准。

北莱茵威斯特法利亚州(North-Rhine-Westphalia,德国最大的州)境内现在所有的大学,包括比勒菲尔德大学在内,目前可以不经政府批准而自行任命教授、引进新学科和取缔旧的学科。拥有了这样新的自由权,大学从战略高度上调整自己的学科发展。这一情况在其他国家也许已经是理所当然的事了,但是对于德国几乎是革命性的改变,而且不是所有的政客会乐于接受这一现实。但我可以很确定地说,为了应对全球化竞争中其他高校的挑战,这是不二的选择。

大学在突出发展某些科研领域与提供广泛的教学课程之间,存在矛盾。提供广泛的课程当然是吸引学生的好方法。在德国,特别是对那些希望成为教师或必须有双学位的学生来说,广泛的课程门类非常关键。另一方面,因为大学(尤其是在硕士和博士阶段)在全国范围内增加了招募优秀学生的力度,教学决定了特色形象的建立。但在德国,即使是学生流动可能性最高的时期,地方性原则仍然出人意料地发挥强大的效用。即使是对于著名的、饮誉全国的学区,最高的本科生录取比率仍然来自邻区。但在卓越计划启动时,这一情况产生了细微的变化:成功的大学发现了有更多的跨区域的甚至是海外的入学申请。

由外而内的新主题和新方向尝试

在大学发展过程中同样存在着非传统的主题,这些主题由政府提出,随后被大型科学机构欣然接受和发展。其中最重要的莫过于性别平等。虽然现在在德国大学学习的女性要多于男性,但是在学术领域取得成功的女性比例之低令人吃惊。在科学委员会和德国研究基金会,这些在法律规范下,有大学自行管理的、最大的研究资助机构,还有州级主管科教的部位,都对于这个问题越来越重视。性别平等现在是获得联邦基金以及申请德国研究基金会项目基金的重要指标之一。很多大学已经认识到平衡学术事业和家庭的基础设施建设应当成为投资的重点。

和过去相比,政府越来越希望大学的研究具有更大社会影响。和上文提到的大学自主化的发展趋势相反,对社会问题(我们也可以进一步说是人们认为与社会直接相关的问题)的关注已经在大学研究中显现出来。这尤其体现在联邦和州政府科学与教育部门直接的资金投入分配上。我们上面提到的，德国以项目为基础的跨学科研究合作，也跟这一主题相关。其他国家的政府早就明确地对研究的指导方针进行干预，例如德国媒体之前报道过加拿大关于这个问题的激烈讨论。

来自非大学机构的竞争

和自主权问题相伴而来的是竞争。科学系统的竞争愈演愈烈，而竞争对于非大学的研究机构越来越有利，对于大学越来越不利。在战前的德意志联邦共和国，很长一段时期内公共资助的研究只在大学进行，唯一的例外是 1911 年成立的威廉皇帝学会（Kaiser-Wilhelm-Society）以及接任它的马克斯普朗克学会（the Max-Planck-Society）。但是到德意志民主共和国的时候，情况则是完全相反。在那里，大学主要是教育中心，研究则是非大学研究机构的工作范围。在最近 20 年来，整个德国科学系统的研究日益转向了非大学的研究机构。

非大学机构主要由联邦政府资助，而大学则主要由州政府资助。在德国，州政府对教育负有管辖权，并且法律禁止各州政府和联邦政府就教育问题进行合作。但是我们可以预测在近期内这个方面会产生变化。州政府对大学的资助开始成问题，因为和联邦政府相比，州政府在资金上显著不足。在科学和教育领域的投入，已经显得不足。在全国范围内，研究集中在非大学研究机构的趋势也体现在新科研机构的成立上。首先，有新机构的成立，像海姆霍兹协会（The Helmholtz Association）和莱布尼茨协会（the Leibniz Association）。其次，现有机构的重要性在最近十年中得以显著加强，如弗劳恩霍夫协会（the Fraunhofer Gesellschaft）。

从大学角度看，需要特别注意的是，这些研究机构不同程度上也资助外部科学家的科研，还要求外部科学家参与他们内部的项目。

这导致了一个基本范型的转换。到目前为止，德国公共研究资金主要由德国研究基金会组织，由联邦政府和州政府资助，涵盖了包括人文学科、社会科学、自然科学、生物医学研究和工程的所有领域。跟德国研究基金会和马克斯普朗克学会不同,很多新的研究机构不涵盖所有领域,它们主要关注点主要在自然科学和技术领域。现在马克斯普朗克学会正在争取获得博士学位授予的权利,这一点让所有的大学十分关注,因为,这意味着非大学机构将获得以往大学独有的权利。对于那些具有雄心壮志、却没有兴趣教学的研究者来说,非大学机构通常比大学更有吸引力。那里资源通常更丰富,而且研究者可以免除教学任务。根据国际标准,教授要在教学上投入多达每周 9 个小时。

财政问题

如同其他许多国家一样,德国的大学正面临着巨大的财政压力。我们可以根据各州财政困难进行预测,如果这些财政问题不能被解决。如果问题持续增长,毫无疑问,德国大学的水平最终显著下降。这些问题可以被追溯到前述的 20 世纪六七十年代的快速增长时期。那时政府预测大学的注册数量(由于婴儿潮时期出生的人口)将会出现短期增长。政府想等到这个增长停止以后再采取行动。但这估计是错误的,因为想上大学的人的百分比在持续增长。然而从那以后大学的预算并没有显著增加,结果是,教授学生比每况愈下。

根据德国大学教授和讲师协会的数据(Deutscher Hochschulverband),2013 年每个教授平均指导 63 个学生。近年来对大学的资助整体逐渐下降,相反,以项目为基础的资金投入不仅在研究领域有所增加,在教学领域也有所增长。如果是对大学的追加资金或者是对大学取得成绩的奖励,这种资助模式是行得通的。但是削减度对大学的整块资助会带来诸多问题,会导致大学计划时间变得前所未有的紧张,财政的压力让大学喘不过气来,而这时正是大学战略规划和学科优化历史上最关键的时刻!大学制定基础创新的改革规划,但不敢肯定未来两三年是不是会有足够资金来保证规划的实施,那么制定规划又有什么作用呢?比如,一项教学的改革由于 2006 年学费增长封顶而化为泡影。

大学的财政问题和政客的表述形成了鲜明的对比,这些政客抓紧一切机会强调德国教育的价值。然而实际上,和同层次的经合组织国家相比,德国投入于教育的国内生产总值的份额很少。这当然就严重影响了教学的质量。大学的呼吁因而顺理成章、不可避免：我们需要更多资金投入更长的周期，并且必须先依赖州政府，因为高效的教育系统是一个州的发展的生命线。在此，我承认我支持的大学资助办法，是最近刚刚考察过但没有被采纳的办法，那就是在学生顺利毕业后，根据他们的收入联合支付。这个措施在社会接受度上是可行的，并且支付的总额远远小于英联邦和美国高校的数额。

没有足够的预算（仅仅把德国和美国或加拿大，甚至是荷兰和瑞士的高校相比），高质量的、尤其是国际的研究者和学生自然而然地会对德国大学慢慢丧失兴趣。与此同时，如果失去与研究的直接联系，大学会逐渐沦落成教育中心。在常识推断和社会利益考虑的基础上，我们不应该任其发生。很多国际上的例子在提醒我们，我们可以做得更好，我们需要不停地把这些范例展示给那些政府负责教育的人。

对比勒菲尔德大学结构的评价

在概述德国大学系统之后，我接下来会说明在这样的条件下，一所在德国的一个省成立不久的大学如何努力跻身一流研究性大学的行列。比勒菲尔德大学在这里只不过是个例子，它的很多特点是其他大学共有的。那么核心的问题是：在当下全球竞争的时代，一所大学应当发展怎样的战略应对日益增长的挑战，在一系列跨学科的研究领域提升国际知名度？

建校初衷对当下的影响

怀着明确的研究使命和对研究性教学的高质量要求，比勒菲尔德大学于 1969 年成立。它被叫作"改革大学"，主要因为它更重视科研，教授的教学工作量很少，同时注重跨学科的取向。从一开始大学并没有计划包含医学和工程科学，而是把重点放在基础研究上。今天这所大学由 13 个院系组成，学科范围涵盖了人文、自然、社会和技术科学，120 个专业、学生近 20 000 人、教职员工近 2 800 人,其中 1 700 人是研究人员。该校在德国属于中等规模的学校。

因为传统的学科内取向不再能应对复杂问题,比勒菲尔德大学在成立之后依据交叉学科性原则发展。交叉学科性指的是一系列多角度的途径,涵盖了不同的种类和强度。

"改革大学"的名称同时意味着更开放和较少官僚化的沟通文化。交叉学科性在学校建筑上体现在大学几乎把所有的院系和研究所放在同一栋大楼中,这在德国非常罕见。这座非比寻常的大楼让来自不同领域的人们齐聚一堂。在比勒菲尔德大学,学生和教学员工之间,以及研究者和学校领导管理层之间的沟通文化不断发展:目前的文化以对创新和不寻常观点的兼容并蓄著称。这种文化为立足未来决策制定打下基础,为大学取得的成绩作出了显著贡献。典型的例子有 1990 年技术学院的建立和 1994 年德国唯一一所独立于医学院的公共健康学院的成立,该大学凭借这些成绩,证明了其进军创新道路的能力。

在"卓越计划"(the Excellence Initiative)中,大学在 2007 年和 2012 年分别成功地推出了认知互动科技和比勒菲尔德历史与社会学研究生院。这些机构再次说明这所大学的研究是指向着综合性、科学性和与社会紧密相关的问题,在学科交差的边缘地带具有特别的活力。1968 年交叉学科研究中心的建立,在机构设置上传达出这个基本特征,已经成了许多欧洲高级研究中心的榜样。

在教学层面,比勒菲尔德大学同样联结具体交叉学科为特征。其基础是清晰且通透灵活的学习课程结构,使得学生整合不同元素,建立个人化学习计划。

然而在当前的社会条件下,比勒菲尔德已经不幸地迅速发展成为相对常规的大规模高校。新成立的机构完成了大学系统的膨胀,但并不能满足注册学生数量增长的需要。在 20 世纪 60 年代我们计划招收 3 500 个学生,现在已经达到了将近 20 000 人,可是配套资源并没有相应调整。即使如此,到目前为止,我们成功地秉持着成立时期的动力,在新条件下进行调整,不断地进行自我"重新创造"。

为了从事与国际事务相关的高质量研究,比勒菲尔德大学必须同时在学校内部、德国和海外的合作伙伴建立紧密的网络关系。并且它需要用其人力财力不断地支持创新研究和青年科学家。与此同时在教学质量上它建立了高标准。因此,比勒菲尔德大学面临着相互冲突的两方面的挑战:一方面要从事顶尖研究,一方面要教授数量庞大的学生。而比勒菲尔德大学与众不同之处在于其高度灵活、在不同层级之间贯穿的扁平科层文化以及明显的合作意愿。虽然困难重重,财政尤为紧缺,但是以上大学的这些特征会在接下来几十年之内帮助我们实现雄心壮志。

加强学科建设

比勒菲尔德大学是 20 世纪 80 年代第一批成功完成合作研究中心项目的德国大学之一。到目前为止,该大学已经完成了 6 个合作研究中心项目。目前仅有三个在建,我们需要完成更多。在交叉学科原则的指导下,比勒菲尔德大学在 20 世纪 90 年代取得了更大的发展,在大学处在形成时期的数年间加强和凸显出大学的典型特征。高质量的合作研究项目和中心研究单元、系统化的独立第三方资助、研究和对青年科学家的支持在下面五个领域达到了国际顶尖水平。

- 历史学和社会学理论和方法论。
- 人类发展、冲突和暴力。
- 交互智能系统。
- 分子和纳米科学。
- 理论科学。

在智能发展战略的指导下,交叉学科产生了大规模大学不能够单独完成的研究协同作用。让我们感到欣慰的是,我们已经成功地把所有的学科组整合进上述领域,从人文到社会科学和数学、自然科学以及科技。同时这也当然不意味着对上述某个单独领域的研究兴趣有所削减。顶尖的研究仍然会尽最大可能性在所有学科领域继续下去。对我们来说,成功的交叉学科研究也取决于一种革新的文化,使得来自不同学科的研究者可以共存。另一个目标是推动内部研究发展出新的程序和形式,而且尽可能让形式多样化。在大学之间的竞争日渐激烈的背景下,高校管理层需要进行更多的积极管理。这也许就要求,比如,根据绩效分配资金时具有更强的导向性。但根据比勒菲尔德的传统,只有在相应程序尽量透明和易于理解的基础之上,这项措施才能够成功。

为了在课程结构上保持足够的吸引力,我们要向学生承诺至少在本科层次上提供尽量宽泛的学科范围供以选择,同时提供跟战略研究结构相关的、具有国际知名度的硕士课程。因此我们可以得出一个结论:发展大学的形象就是在聚焦和足够宽泛的学科范围之间寻求平衡(同时我也许会补充,非大学研究机构由于只关注某些课题,因此会在这方面有不足)。

国际化

比勒菲尔德大学在近几年来努力实现系统性国际化目标。在组织层面,大学管理部门决定推行战略性国际化,从而推动了 2009 年主管国际事务与沟通的副校长办公室(Vice-rectorate)的设立。在 2010 年,比勒菲尔德大学参与了"大学国际化"评估,这一评估由德国校长会议(the German Rectors' Conference,HRK)组织,目的在于定义和发展具体的国际化战略、在机构内更牢固地执行国际化策略。在试验性阶段取得成功之后,大学受邀参加第二个阶段,就是所谓的"大学国际化"的再评估,在第一次评估项目基础上更新结果(这个过程持续到 2013 年)。

此外,2012 年大学管理层开发并且实施了国际化策略。该策略有四个主要目标。

- 研究国际化。
- 教学国际化。
- 招生国际化。
- 国际流动,尤其是在硕士和博士阶段。

这一战略纳入了大学的整体战略,这些目标的实现要通过质量保证和主流化措施的支持。大学中程战略规划的核心思想,是在五个形象领域全部建立国际化的交叉学科网络。这样一来,大学的国际研究网络也将具有交叉学科性的显著特征。

这就意味着需要在所有重要的研究领域开发战略网络、并且和海外知名大学建立合作关系。这些网络可以额外涉及不同级别的国际合作——从研究关系到教师、毕业生和在读生的交换、到硕士博士项目合作等。在中期和长期，这些网络可以用来稳定国际合作，使得比勒菲尔德大学作为一所重视研究的中等规模大学，在国际上崭露头角。在此仅仅举出两个例子：与巴黎大学（巴黎第六、第十一和萨克来大学）在实验和理论物理学合作的国际研究生院"量子场与强作用物质"，与北京大学合作的、涉及经济学、理论科学和物理科学的国际研究生院"随机指标和现实世界模型"。总体来说，我们的单位在招聘海外学者方面，承担了前所未有的责任。

国际化同时对大学的教学目标有重要影响。因此我们应该鼓励学生至少在海外交流一个学期。同时我们还有"足不出户国际化"的项目，在课程中强化了国际化维度。这也鼓励了外国学生到我们大学来——这是我们在一般情况下肩负的责任——同时，特别是通过增加一系列英语语言硕士项目，我们的课程对外国学生更有吸引力。

我们在 2009 年在教育和社会学系以及技术系推出了与国际接轨的硕士课程。现在我们致力于扩大研究取向的国际教学课程的范围，从而这些课程可以与上文中提出的形象领域紧密相连。它们最终可以支持大学在教学领域的组织形象的发展。

国际化战略的一个额外维度也在于院系得到资助、邀请国外访问教授在贝利菲尔德授课，同时也对他们在各自领域发展国际化策略提供奖励。招收外国博士生也得到高度重视。在用英语讲授的课程项目中，比勒菲尔德拥有研究生院和研究培训组的紧密网络。

性别平等、多元化和包容性

在上文提到的非经典的大学使命范围内，比勒菲尔德大学同样具有传统的优势：大学长期对妇女进行支持。比勒菲尔德是德国妇女和性别研究的先锋之一。女性教授的比例（23.5％）高于德国平均水平，虽然仍然低于国际水平，但是单独一所大学在提高平均水平方面能够做的也十分有限。毕竟，比勒菲尔德对儿童保健投入了大量的资金，大学曾多次被认定为适宜家庭的高等教育机构,赢得了备受推崇德国"总平等机会质量"(Total E-Quality)的评估。对于最优秀的科学家来说,这也是一个重要的因素。"多元化与包容性"是第二大和最近发展出的问题,现在也在更广泛的范围内进行应对。目前我们正在发展一个观念,目的在于连接已经存在的个别措施,从针对个人移民背景的学生语言课程,到我们建筑中的无障碍环境,"多元化与包容性"已经在比勒菲尔德的教师培训领域发挥了重要的作用。

本土的英雄也在发挥作用

重要的国际化目标并没有和大学扎根当地形成矛盾。地处一个虽偶被忽视,但是经济发达的区域,我们很幸运。这使我们容易找到发展潜力和战略合作伙伴,特别是能够和欧洲最大的福利机构范·博德尔施文格基金会合作,探索在跨学科研究和教学上合作的可能性。在区域经济范围内我们和大型全球性企业合作,如传媒企业贝塔斯曼和家用机器制造商美诺,同时我们也和小型高度专业化的高科技公司开展合作。他们已经在某种程度上成为合作伙伴,但我们仍在本地区看出更大的发展潜力。在 2012 年,这个地区因为备受推崇的大型集群"东威斯特法伦-利普智能技术系统"吸引了联邦资金。高科技公司、经济相关组织,大学等 174 个合作伙伴构成了该网络。这是应用研究取向的区域合作的典型例子,通过工程和信息结合,例如汽车供应行业,开发新产品。

另外一个战略合作伙伴是比勒菲尔德应用科学大学。与其合作围绕多种应用性的研究领域展开——从公共健康到生物科学。当下,一个新校区正在我们大学旁建造。应用科学大学在不久的将来就会在我们学校扎根。地缘上的临近会为机构间的协同创造额外的动力。与此同时,大学将会投建一些研究大楼,并且由于主楼太小而且需要翻新改造,学校也会投建一个新的大型建筑。这就需要在接下来的几年之中投入很多精力;在这栋建筑完成之时,新校园的建设将会耗费大约 10 亿欧元。

结论

比勒菲尔德大学代表了德国大学的一种类型：成立时间短于 50 年，中等规模、建立时以交叉学科性和研究取向为指导原则。该大学并没有涵盖所有学科，而是对不同的学科进行区别对待。本文通过重点描述某些方面，解释了德国大学系统的现状和发展。本文以比勒菲尔德大学为主要例子，阐述了主要问题和挑战，同时涵盖了对未来发展具有重要性的某些主题。本文仅仅为在发展战略计划过程中正在进行的工作，提供了一组简要介绍。

全球化的过去与现在：美国大学和采纳更广阔发展视角的必要性

John Aubrey Douglass

美国加利福尼亚大学伯克利分校，高等教育研究中心，公共政策和高等教育高级研究；

C. Judson King 和 Irwin FellER

美国加利福尼亚大学伯克利分校教授

大学和高等教育系统已经成为全球化时代难以回避的问题，其原因既有现实因素也有被理想化的因素：全球化大学本质上是一种被普遍认可和崇拜的，全面参与知识型社会的途径。特别是研究型大学，被视为一个无与伦比的新思维和艺术创新的来源，现代科学的生产者和持续来源，一个无敌的人才产生器。大学几乎是后现代世界社会经济流动的必要途径，同时也是参与全球经济必不可少的部分。因此，目前在世界大部分国家和地区都把建设、塑造、培养，并保持具有全球竞争力的研究型大学和高等教育系统作为政策制定的主要指标。本文简要介绍和分析了全球高等教育的格局变化，特别关注的是美国视角下的政策和措施的集中性、竞争性和一致性。

为什么美国的大学和学院成了各国嫉妒的主要对象？一个主要原因是美国过去获得的巨大成功。至少自20世纪初以来，美国一直是大众高等教育发展的领导者。从第二次世界大战结束开始，它已经占据了学术研究和研究生教育的全球主导地位。这两个特征结合在一起产生了特殊的比较利益。美国的学院和大学不光是高技能劳动力的重要来源，而且还是社会阶层流动的重要途径，同时也是新知识和科技创新的主要生产者。国际观察家注意到美国高等教育系统有两个特征：拥有广泛的入学渠道和大量普遍高质量的，具有一致性的私立和公立学院和大学。这一特点有效地平衡了大众和精英所能取得的成就，使得社会更加公平。例如,在过去的一个世纪里,美国在年轻人上大学和毕业的人数方面一直处于领先地位。同时,其主要研究型大学的高质量一直让世界各国羡慕不已。

全球化的过去与现在

纵观世界,局势已从根本上扭转。多年来,国际社会一直在向海洋和大陆这边的美国寻找榜样,如加州著名的公立高等教育系统和它高产的研究型大学网络构建模块。但是现在,我建议美国需要向外看,而且不能仅是为创新国内高等教育政策寻找相关信息。在这方面,我们的孤立主义倾向和对我们是唯一的超级大国从而不能从别的国家的进步中受益的心理,是一种危险的并会最终失败的政策方针。

然而,以高等教育中心化作为创建一个现代进步社会的手段,不论是作为一种理想或是一种成就,都不是美国独有的;美国不再拥有像以前一样在全球市场巨大的高等教育优势。随着时间的推移,许多国家都根据他们自己的政治和社会条件借鉴美国模式中的元素并取得了很大的进步(尽管许多评论家仍然认为太慢)。新的生产研究中心在发达国家和发展中国家中出现;大学间的国际合作越来越多;许多经合组织国家现在已经在高等教育参与和年轻人学位获得率方面超越了美国。这都是比较新的情况。

二十一世纪,在大学作为社会经济转型的代理人起到提升作用的过程中,出现了关于高等教育个人利益的新观念。这不仅帮助解释了对高等教育需求的显著上升,也帮助学生和他们的家人,合理化在学费和食宿费上有时显得过多的个人投资。在世界上的大部分地区,过上中产阶级或专业人士生活的门槛只需一个专科以上学历。但是高等教育对于公众利益可以说在未来创造经济和社会进步方面会更加重要。关注于个人和市场的新自由主义没有考虑到国家重要的宏观问题。未来与高等教育相关的公共政策,我们认为,需要继续关注大学教育对于公共而非个人利益的贡献。宏观视角也在一种比较新的前提下增强了发达和发展中国家间的竞争感。这个前提是:那些能最有效吸引人才和建立最有活力的研究中心的国家最有可能成为未来经济上的赢家。

在全球化和高效沟通的众多的副产品中，日趋增加和强大的政策移植过程是其中之一。国家政治领袖，有时是超国家实体如欧洲委员会，寻求高等教育系统政策改革和创新，而他们的学院和大学总是在不同程度上参考其他国家的进展和政策措施。面临共同挑战和在目标和解决方法上有共同语言的感觉越来越强，并且对其他国家和地区如何发展高等教育的兴趣和了解也越来越多。

在某种程度上说，政策移植的过程在高等教育中一直存在，很大一部分是因为受到殖民主义的影响。在现代社会，这个过程在其影响，来源以及与其相关的高等教育在国家竞争力和前途的重要性等方面都已十分不同。我们如何从国际对比和全球视角来破译高等教育的过去、现在和未来可能的变化呢？

第一阶段　高等教育是国家文化的延伸

大概 50 年前，许多欧洲国家和其他地区的国家走上了建设大众高等教育系统之路。他们经常求助于美国来指引方向，但是他们各自的系统还是很大程度上保留了早期学院和大学的体系——一种国家文化的延伸。比如德国，法国和英国有明显不同的系统方法和学位标准。而发展中国家的高等教育系统很大程度上受到殖民地时期的传统影响。

政策转化过程是受到限制的。它受制于每个国家自身的政治文化根源并关注于国家和地区的学生市场。除了美国和较小范围的前殖民地体系，主要是欧洲国家，多数国家基本上只在自己国家的教育系统内雇佣大学教员。大学之间和教学人员间的国际合作是十分有限的。这些合作可能在增长中的科学家和工程师团体中最为显著。

表格 1　第一阶段：50 年前影响高等教育的因素

建设大众高等教育系统的初始时期
高等教育很大程度上被视为公共利益
在引用国际高等教育模式上受限；高等教育是国家文化的延伸

（续表）

国家和区域的本科学生市场和机构声誉
国际大学教员和研究人才市场属于边缘市场
高度大学自治——有限的问责措施
政府与高等教育团体是伙伴关系
全国认证和质量审查
传统教育——采用有限的技术
大量的政府补贴
少量盈利性部门——主要在美国
开始迅速发展的科学团体
有限的全国知识共享和沟通

为了提升大众高等教育,政府倾向于与现存的高等教育机构成为合作伙伴,同时政府几乎是大学的唯一资金来源。高等教育成了公共利益,告别了它与社会政治等级制相连的精英教育的过去。此外,除了美国和后来的日本,大多数国家少有私立学院和大学——一个例外是 17 世纪晚期大量出现的天主教大学,这与前文提到的欧洲国家殖民扩张有关。

与此同时,美国作为大众高等教育先驱的独特地位强化了它的孤立主义倾向,少有学术领袖和政策制定者在高等教育改革方面着眼海外。在这第一次全球化时代,缺少国际对比视角并没有对美国产生明显的不良影响;实际上,这可能在美国建立其独特优势方面还有其益处,包括其高度多元化的高等教育系统和愿意接受世界各地的人才。

第二阶段　新全球化

二战以后,很多事都改变了。全球化经常被描述一个打开和扩展教育服务市场的过程。除了市场力量,还有宽带通信和其他领域的技术进步的影响,以及塑造了技术职业劳工需求的全球一体化经济的广泛影响。高等教育机构在寻求新的经济来源,面对竞争,并提升本地和国际声誉的同时,也进行着组织和行为模式上的变革。各种各样的趋势显示出全球化进程对高等教育的显著影响。

其结果之一就是为了创造和规范大众高等教育的计划经济模式在世界各地枯萎了。取而代之的是高等教育领域的"结构性机会市场"——基本上是集国家之力创造一个较少制约并且更加灵活的公共高等教育机构系统。比如说,在国际领域内集中和规范本科和研究生项目,尤其是在博洛尼亚协议的框架下。与其他国际学术机构和企业进行国际合作已经司空见惯。

与50年前相比,学术研究者的全球网络和市场明显增长。许多高等教育机构还从海外学生这个较新的学生来源中招募新生。为此,多数大学正在寻求采用新的教学技术来扩招和提高这种国际商业尝试的生存能力和盈利能力。在这些技术的促进下,逐渐出现了现有和新的教育提供者间的竞争环境,包括非传统和以盈利为目的的新的竞争者的崛起。在这种竞争更加激烈的全球框架下,就要考虑对国际认证流程和新的质量审查措施的需求。在这个新时代,人们已达成一个共识,那就是人口受教育程度和获得高等教育人口的增长在决定一个国家在国际社会的地位时有重大影响。这个被广泛接受的事实在全球范围内掀起了改革和重整高等教育系统的浪潮。这股浪潮不仅是要使国家系统更具有广泛的接纳性,也要提高它的质量和可靠性。

表格2　第二阶段:新全球化

在多数发达国家,高等教育系统进入成熟阶段
高等教育更多地被看作是一种个人利益
增强国际接纳力和高等教育措施、模式的集中性——高等教育作为全球化的延伸
本科生的国际和超国家市场增长以及机构声誉提高
大学教学人员和研究人才市场增长
大学自治受到削弱——追责措施增多
政府成为高等教育团体的对手

（续表）

国际认证和质量监督成为可能
改变教学方式——更多应用技术手段
政府补贴减少——提高学费，提高基金来源多样性/私有化
盈利部门增多
建立起了科学团体
全球范围的知识共享和交流

第三阶段　设想——后全球化之梦

国家高等教育系统的未来会是如何？很多全球化方面的学者认为全球化过程比工业化、城市化和世俗化三者加起来的威力还要大。一位观察家评论全球化是"一个不可阻挡的市场，国际和技术一体化过程，其规模前所未见——可以让个人，企业和国家比以往更远，更快，更深入，更便利地到达世界各地"（Friedman，2000）。相反地，一些学者和活动家并不认为全球化是一个不可阻挡的过程，而是一个关于经济自由化的、蓄意的意识形态计划，使国家、机构和个人服从于更强的市场力量。

不论全球化的来源是什么，多数全球主义学者预测它对高等教育的影响是强效和全面的。做出这个推测有两个主要并且内部相连的理由。首先，由本国政府资助的教育提供者把持的，原本基本封闭的本国市场现在开放了。这会促使高等教育部门重新配置，因此为新的提供者创造了机会。第二，新的教育提供者会有竞争优势，很大一部分是因为他们快速接受高效教育技术的能力。

这种未来主义的展望主要关注于教学服务的具体实施方式，并且推测普适的教学模式（网络课程）会取代另外一种方式（课堂教学）。成功了的话，低劳动密集型，更便宜的教学模式会将旧模式挤掉。这样一来就对很多，但不是大多数研究型大学，提出了一些可怕的暗示,那就是根据学者社团的理念去发展(而不是简单的教学服务提供者),并且要依赖于多种收入分享模式来支持整个事业。最激进的未来主义者认为,当研究事业转移到更专业化的研究机构模式后,学院和大学的砖瓦水泥世界会迅速崩塌。但是如果真是如此,研究如何促进教学?而研究者如何受到研究方面的教育?

这些推测很多是来自网络课程,全球化研究和网络社会发展的早期。现在看起来很明显,市场,社会需求和现存机构适应能力导致了一个复杂得多的改革和转化过程。许多精明的观察家对持续和可预期的市场变化是否会对同质化和集中化产生如某些人预计的那种程度的促进表示怀疑。也许这些改革力量会促使机构类型和文化相关机构更加多元化?政策制定和市场的复杂性是否已被充分意识到?

不论观点如何,在关键政策领域,从国家到机构,很明显有些做法是类似的。有些人称之为高等教育"美国化",一部分是因为偶像效应,恐怕还有一部分是将美国的优势理想化了。但我们认为这种特征描述是用词不当,很大一部分是因为最引人注目的一些高等教育改革是发生在世界其他地区。这些改革在一些关键领域如录取和财政方面提供了新的模式。现在新兴的是一种更加有机的全球政策转化环境。这并不意味着国家政策文化和其他各种可以区分国家的因素会变得不相关。中国新兴的高等教育系统不会和印度或者美国的一样。而高等教育相关的新政策转化网络会产生和促进发展目标和国家、机构的相关措施。

这种网络有不同的操作地点。它包括国家领导阶级:在高等教育招生和科研生产力方面,他们在宏观系统层面上达成一致观点,同时推动不断进化的、竞争激烈的知识经济。它还包括大学和企业领导,他们有类似的想法,分享自己的观点和经验,并且寻求合作,提高生产力和质量的模式。这个新的网络还越来越多地包括了高等教育机构的中层管理者,为了达成正在发展的国家和机构的目标,这些中层管理者们寻求有帮助的政策和措施。它还包括超国家协议的组织(主要在欧洲);国际排名的出现,吸引了立法者和机构的共同注意;相似大学间组成新的联盟,以便共同分享信息并影响国家和超国家政策制定;还有一批新期刊和其他出版物,它们的出现反映了现在对全球化和高等教育的普遍兴趣。所有这一切都预示着高等教育政策转化网络的作用范围和影响力将加速提高。在这个过程中，国家和高等教育的领导、大学教授、员工和消费者，正在曾经是大型国家甚至整个区域的知识基础范围内工作着或做着选择。

一个竞争的时代

在这个新的不断进步且竞争激烈的环境中，一个现实问题是国家公共高等教育系统是处于一种不断变化的状态。世界各地都出现了对公立研究型大学办学目的支持和看法的转变。很多国家政府试图让高等教育系统符合他们认为的长期社会经济需求。与此同时，新的超国家势力也在高等教育市场中出现，而且其措施的影响力与日俱增，包括博洛尼亚声明，欧盟委员会，服务贸易总协定的暗中影响，还有与全球化相连的宽带通信和企业国际化。

在过去 15 年间，英国进行了大规模的高等教育改革，意图扩招，支持追责措施和修改费用，其中有包含毕业后费用和国家政府新注入的资金。澳大利亚也在尝试按毕业后收入比例偿还贷款费用，以及通过亚洲学生住宿费来拓宽收入来源，以调低政府资金注入。

博洛尼亚声明在欧洲已经引发了结构性改革，特别是在德国和意大利。它带动了大学入取协议体系的发展，增加了跨国学生流动，并引导欧洲建立一个像麻省理工大学一样的技术大学。日本正在完成一个公立大学在组织和资金方面主要的系统转变。中国宣布了一项雄心勃勃的计划：创建 20 个与美国最好的大学同等水平的世界级的研究型大学。在美国，改革主要关注于如何应对公共投资对高等教育投入的降低，上升的运营成本，以及在学费提高的同时维持招生人数。另外，也有兴趣引入新的问责机制。

这些改变十分明显，但是却鲜有系统的相关分析关于在某个国家的发展变化和改革是如何从别国引进或是影响他国的，更别提他们能如何促进美国的高等教育。美国高等教育和美国政策文化在政策制定的途径上和改革的思路上都比较封闭。其他国家的变革都建立在对美国成功原因的认真观察上，但是美国还没有仔细研究过其他国家基于他们的国情是如何做的。

结论

在认识到改革工作应与独特的政治文化和各个国家的需要相联系的同时,我们认为各国的公共大学面临的挑战有很多共同点。

- 需要扩大或维持目前的招生人数并且提高毕业率。
- 政府和大众越来越多的期望大学能够服务于广大社会的需求。
- 政府投资缩减并需要新的经济模式。
- 寻找提高教学的大学管理的效率的途径。
- 更多地依赖于研究型大学作为经济发展的推动力。
- 更多地强调专业化和科技实力。
- 学术和科研人才的新市场。
- 在世界很多地方出现了更多新的以盈利为目的的竞争。
- 在科研和教学领域出现了更多与其他大学的全球性合作。

从系统和比较分析国家和研究型大学如何适应这个新的政治环境中,我们可以学到很多。确实,出于美国的利益,可能会存在一些共同的或是可转化的方法来解决像目标、资金和招生这样的问题;为了公共大学可以成功适应和转型,国家和区域的政治,文化和经济的特定案例也必须被考虑在内。定义共同和不同对研究提供广泛的政策选择是否可行是至关重要的。

参考文献

FRIEDMAN, Thomas L. 2000. The Lexus und the Olive Tree, New York. Anchor Books.

一段来自加拿大的小品文：英属哥伦比亚大学的故事

David H. Farrar

加拿大英属哥伦比亚大学教务长与学术副校长

本文从我的角度概述加拿大大学系统，阐释英属哥伦比亚大学（UBC）的地位。下述的个人观点，包含了来自我任教于本科及研究生院 32 年的经历，也包含了我任化学系本科生培养副主任和系主任、大学学生事务副教务长四年的经验，以及最近六年来担任教务长和学术副校长的所见所感。我的学术生涯在多伦多大学和英属哥伦比亚大学两所加拿大大型公共研究型大学度过，这些经历影响了我的观点。

21 世纪加拿大高等教育框架可以用一系列普遍原则来描述。在加拿大，近百分之三十的适龄人口接受高等教育[①]，百分之二十五的人口拥有大学文凭，这一比例使得加拿大民众受教育程度在世界上排名第七。加拿大大学几乎全部为公立，接受各省省政府适当资助。和其他国家相比，加拿大大学学费水平处在中低水平；低学费和政府提供的相当数额的学生补助，让高等教育向多数学业成绩合格的学生敞开大门。

政府一定量的资助和低学费水平相结合，导致加拿大大学发展成为高效组织。在加拿大，高校——从小型文理学院到国际知名的大型组织——很久以来就拥有自主权。加拿大联邦政府支持研究，但是传统上不把教学作为重点。最近联邦资助表现出重视科学和技术研究的趋势，尤其是那些看似容易切实转化为工商实业的研究。加拿大经济仍然主要以资源为主导；尽管根本上要靠教育水平高的毕业生来保证国际竞争性，加拿大产业部门在历

---

① 2006 加拿大普查，加拿大教育概览。

史上并不大力支持研究。国际1 000强企业中只有7家加拿大公司，并且过半数从事资源密集型贸易[1]。

加拿大大学本科教育质量高且非常同质化。研究生教育相对更多样，提供给研究生不同水平的资助和重要研究机会。和其他国家不同，加拿大学生明显倾向就学离家近的大学。大多数大型城市的大学种族多样性强，反映出移民潮对当地城市环境的影响。很高一部分比例的学生是自己家族首位接受高等教育的人。

在国际排名运动中，四五所加拿大大学连续名列前一百。跻身世界排名前列的加拿大大学被认为很好，但并不是出色。对这一点有很多解释；其中一个是政治原因导致高等教育公共资金并没有特别区分对待。由于被挤占，只有很微薄的公共资源用来支持研究，尤其是具有全球影响力的研究。

英属哥伦比亚大学从何而来？

加拿大英属哥伦比亚大学是其中一所拥有国际排名的研究型大学。历史不长，仅仅一百年，最初仿照上世纪美国研究型大学的学术结构成立。英属哥伦比亚大学和那些大学具有相同的特征：综合选修课程、组织庞杂、学生高度自由、研究生项目提供低成本的助教、终身教职和教授自治、高录取率以及将校际体育项目纳入课程计划的一部分[2]。

最初75年，英属哥伦比亚大学发展成一所水平高、自主和自治意识强、密切联系该省需要的地区高校。在此期间，学生主要来自英属哥伦比亚省低陆平原，开始是欧裔白人群体，后来也渐渐出现华裔移民学生。

近几十年，英属哥伦比亚大学在排名中迅速上升，跃居世界大学前四十。这项成绩是

---

[1] lobe and Mail，七月—八月，商业杂志报告. 这些企业是：巴里克黄金公司，庞巴迪公司，麦格纳集团，汤森路透集团，加拿大萨斯喀彻温钾盐公司，森科能源公司和蓝莓集团。

[2] Clayton M. Christensen and Henry J. Eyring, The Innovative University, Jossey-Bass, San Francisco, 2011.

通过保持高水平和地区支持的优良传统、再加上发挥独特环境优势取得的。

我坚信每所大学都应充分了解自身优势、角色和机遇。大学各有不同这一说法似乎过于简单明了;但是"大学应该在认识自己独特优势上进行自我区分"的推论似乎并没有得到普遍认同。加拿大高等教育领域需要提升多样性、增加特色大学。在全国范围内,我们不应该削弱本科学习环境;同时需要认识到不是所有大学要提供综合研究生课程,而且一些研究领域要集聚形成规模才能有效、吸引雄厚资金支持。

最近 30 年,在三位校长的领导下,英属哥伦比亚大学走向成功,每一位校长都巩固了前任取得的成就。大卫·斯特兰奇韦(David Strangway)①于 1985 年至 1997 年担任校长,他做了大量工作,把英属哥伦比亚大学定位为全球知名的研究型大学。白玛莎(Martha Piper)②在英属哥伦比亚大学的任期内,在全国范围内大力要求联邦政府对大学研究的资助,致力于提升学生体验。杜思齐(Stephen Toope)③是现任学校校长,他巩固了大学的科研优势和出色的学生体验,并且通过高效领导力拓展大学发展重点,在全省、全国和全球范围内囊括社区服务的职责。

在三位校长领导下,英属哥伦比亚大学变化显著,致力于发展新战略目标。斯特兰奇韦注重增加大学国际学生,以亚洲生源为中心的招生战略巩固了英属哥伦比亚大学的国际声誉、对其研究项目发生影响。在斯特兰奇韦的领导下,英属哥伦比亚大学录用卓越教员、吸引科研资助,提高了研究绩效表现。白玛莎成功游说政府增加优秀研究基金,保证了大学的研究重点。同时,白玛莎让大学更关注提升学生体验。这两大目标是英属哥伦比亚大

---

① 大卫·斯特兰奇韦是英属哥伦比亚大学第十任校长,1960 年在多伦多大学读的物理学博士学位。在来英属哥伦比亚大学之前,他在多伦多大学任职数年,曾担任地理系主任、副校长和执行校长。

② 白玛莎于 1997 年至 2006 年担任英属哥伦比亚大学校长,在密歇根大学取得学士学位,康涅狄格大学获得硕士学位,麦吉尔大学获得流行病与应用生物统计学博士学位。在加入英属哥伦比亚大学之前,白玛莎在阿尔伯塔大学担任研究和外务副校长。

③ 杜思齐自 2006 年以来担任英属哥伦比亚大学校长。作为国际法学者,杜思齐教授是皮埃尔·埃利奥特·特鲁多基金会的主席,麦吉尔大学法学院院长。他在哈佛大学取得文学学士学位,专业是历史与文学,在麦吉尔大学取得公法和民学位,在剑桥大学三一学院取得博士学位。

学新战略计划《征途 2000 年》的重要组成部分,这个计划表现出大学对战略规划持续不断的努力。在 1998 年制定规划之后,白玛莎领导英属哥伦比亚大学在 2004 年又制定了战略计划。

杜思齐领导下的现任管理团队继承了前两任校长的成就,巩固合并战略计划,使其成为实现根本变革的整体途径。当下英属哥伦比亚大学努力夯实优秀公立大学的三个基本要素:高水准研究、一流教学环境、出色社区服务。现行战略计划以"处境与前途"(Place & Promise)为名,预示了大学的发展方向。

战略规划对现代大学来说至关重要:若制定得当,可以清晰阐述大学的愿景、价值、优势以及工作重点①。战略规划让大学的资源分布决策保证对成员以及广泛公众的透明度。现代大学是个体学者和学习者的复杂集合,处在时间表上的不同位置。我把现代大学比作由无数像素构成的数字图像。如果在图像面前往后退,焦距远离单个像素,图形就会显现。最后,大学的整张图像便呈现出来。战略计划必须捕捉住这张图像,并且为未来的图像提供地图。在重视个人贡献、以共同管理模式运行的组织中,这张地图代表着共同的愿景,非常重要。

大学和企业、政府在很多方面有根本不同。现代大学具有高度复杂的结构,在近千年中保持基本特征不变。同时每所大学根据自身需要,强调不同的高等教育要素。大学的时间表取决于年度校历,关键变革需要几年、几十年来完成。大学战略计划必须体现不同重心和学术周期的重要性。

---

① 人类最根本的两个基本特征是社会属性和计划能力。计划是我们大脑最常见的活动之一;连接了我们的智能和情绪,促成我们最辉煌和最阴暗的发明创造。我们对于计划的执行和军事管理相联系,和战争一样古老。在 20 世纪 20 年代初期,哈佛大学商学院发展出哈佛政策模型,是私人企业最初的战略制定方法论之一。这个模型把"战略"定义为目标和政策的模式,决定着公司和其运营操作。战略是公共线索和隐含逻辑,将企业凝聚在一起。到 20 世纪 60 年代,战略规划变成了世界财富 500 强企业和许多规模较小的企业的标准管理工具。到 80 年代中期,战略规划变成了私营部门的支柱。在 80 年代,地方政府重点关注土地有效使用的规划,省级和联邦政府靠项目规划来支持运行。到 90 年代早期,战略规划开始在大学计划中现身。

战略规划是大学管理的新手段。在多伦多大学,我历经了三个规划:《2000年计划》、《提升眼界》和《步步高升》。《提升眼界》将大学规划绑定连年预算策略,引进大学项目评价作为决策工具——这是成功战略规划的两个重要特征。

英属哥伦比亚大学在白玛莎的领导下制定了两轮规划,基于大学根本价值,勾勒了激动人心的愿景。在我看来,它们没有在大学有效贯彻。《跋涉2000年》正确地界定了大学的需求是关注学生、创造出色学生体验;但我认为它错在关注大学排名。第二个规划《跋涉2010年》是让人深受启发的政策文本,它的成功之处在于把握住"致力于全球议题、解决社会问题的公立大学"这一大学本质。但是它的失败之处是没有与预算紧绑,因而没有在大学内得到贯彻。有趣的是,大批学者受其吸引,被规划中制定的愿景所启发:接任的校长杜思齐便是其中之一。

一项战略规划真能改进一所大学吗?我认为当然可以,但你必须了解自己的价值和方向,从而制定决策去引导资源。我认为对大学来说,成功的战略计划有几个必要因素。首先必须鼓舞人心,我的意思是它必须把焦点放在大学的积极方面,避免个人批评。它需要通过咨询程序建立,团队中的所有成员都要有机会表达自己的声音。制定所有人都满意的战略计划很难(但很关键),咨询程序因而很重要。要想成功,战略规划必须和透明度高、通俗易懂预算模型相绑定,最好是累年资金计划。成功的战略规划应该向社群内有影响力的成员赋权,这个规划就会活起来,变成整个机构计划的一部分。

我相信有效战略规划需要上述所有的要素。"教员蓝带委员会"单独制定的计划不可能成功,因为了解大学运行的人——高级学术主管、院长、学院领导、高级职员——在其中没有任何参与,而他们的参与很关键。校长或者教务长制定的鼓舞人心的文件流于失败,因为这些计划几乎不能反映大学的特征、不能影响单个部门的决策。

在杜思齐的领导下,英属哥伦比亚大学战略计划的特点发生了改变。杜思齐打造了一个组织紧密的高级执行团队,这个团队致力于完整的计划过程。该团队为大学界定了成功战略规划的要素:计划要鼓舞人心、基于咨询过程、和预算紧密相连、赋权影响大学的单独成员。

英属哥伦比亚大学当下的战略计划《处境与前途》于2010年1月1日实行。在以前计划的基础上，它包含一项愿景陈述："作为领军世界的大学之一，英属哥伦比亚大学营造卓越的学习环境，培育全球领导力，推动可持续发展的公民社会，支持杰出研究来服务英属哥伦比亚、加拿大和全世界的人民。"

这个愿景目的在于启发人心、紧抓英属哥伦比亚大学的灵魂。规划的制定采取了基于网络的交流方式，经历了高度咨询过程。大学的预算和规划绑定在一起；资源依据规划中所陈述的任务来分配。

《处境与前途》陈述了英属哥伦比亚大学6个核心价值和9个核心任务。核心价值包括：学术自由、知识增长与共享、诚信、相互尊重、平等和公众利益。9个任务可以分层三组。第一组——学生学习、卓越研究、社区参与——和公共大学的核心功能相对应。第二组——原住民参与、国际参与和可持续性——代表了大学优势领域和未来关注领域。最后一组——校友参与、优质工作环境和跨文化理解——是对我们大家、对教职员工作和学生学习的环境的承诺。

英属哥伦比亚大学的战略计划的现行状态在网站上有详细描述，具有强大生命力①。每一项大学任务都有具体的战略，在网站上不断更新；这些战略在以"中期计划"为题的部分呈现。在《处境与前途》基础之上设定的院系及其他部门的战略计划也发布在网上。随着计划的发展，旧文件会被网站存档，包含其咨询过程和时间进度。最后，大学每年就每项任务、目标和行动的具体量化目标进行报告。

英属哥伦比亚大学和加拿大高等教育去往何处

这是一个对加拿大及其他研究性大学都充满机遇的时代。我相信无论是国家还是各省范围内，加拿大还没有利用研究性大学的优势来指导决策；加拿大政府也还没有通过高

---

① 英属哥伦比亚大学规划详见 http://strategicplan. ubc. ca/.

校来建设知识主导型经济、鼓励创新、在本国丰富的自然资源基础之上进行建设。加拿大需要继续支持高等教育部门的高质量发展,通过高质量本科生课程培养高教育水平的人才塑造国家未来。如果学校之间能够同声共气和得到学生拥护,那么大学能够在争取资助上更有效果。因为加拿大高等教育缺少强大的校友慈善支持——这种支持在美国经常与校际体育项目相连——加拿大高等教育需要按需补助的财政支援项目。只有通过资金大力支持、减少对学生贷款的依赖,加拿大系统才能够向所有学业成绩合格的学生敞开。

讨论区别对待资金的必要性则要艰难许多。特别是在研究生教育和研究层面上,需要更大的区别度。尽管整个高等教育部门应该支持高质量研究,在国际知名的大学里,更需要资助研究真实成本,因为这里集聚了大规模的学者,是影响全球的高质量研究得以开展的关键。研究是最昂贵的大学活动;资金支持差别化不仅要在整个高等教育部门进行,更要在单个大学内部进行。这似乎就要求一些加拿大大学重新平衡本科生和研究生的数量。比较而言,国际排名高的大学往往拥有约2比1的本科研究生比例;加拿大研究型大学是这一数值的两倍,4比1。

加拿大大学需要满足当地劳动力市场需求、为国家经济目标做贡献、成为全球领袖。作为回应,大学需要对关注点有所取舍,找到行动的最佳平衡。财政战略应反映出大学不同的战略规划,相应地导向资源。否则,对于地广人稀的国家,我们就要稀疏分散地为每个人提供不足的资源。

英属哥伦比亚大学,已经建立了世界级的基础设施:重点分明的研究战略、改善学生体验的决心以及我们在区域、国家和全球支持公民社会和可持续发展社会的决心。我以英属哥伦比亚大学北校园这个特殊地点为例,说明大学为何要定义自身独特机遇。这个校区坐落在半岛上,两面环水,与温哥华市中心间由太平洋精神公园这一广阔沿海雨林区域相隔。没有快速公交线通行,临近区域建有世界最昂贵的房产。这一现状为我们学生和教职员工造成了巨大的住房问题。大学拥有政府增地,预留了温哥华校园百分之二十五的土地来建设"大学城"。在温哥华校园中,居住着大约一万名永久居民(一多半住户是大学教职员工及家属)和八千名学生。我们现在计划为半数学生创造足够的空间、为教职员提供价格更合理的住房。我们认识到,温哥华校区俨然成为一座小型城市,可以作为可持续发展行动的活的实验室。我们已经开始试验城市能源要求和水资源管理的可能性,向市政当局承诺了颇有挑战性的碳排放量。我们为教职员打造了租赁住宅同时正在解决教员校内置房问题。商品房地段建造的公寓和联体别墅可供租期为 99 年,以便贡献大学捐赠收入。

通过扩大本科招生、增加国际学生学习机会,英属哥伦比亚大学打造不一样的学生群体。提高国际学生规模和多样性,既扩大财政来源,又同时为全体学生提供了更丰富的精神文化体验。

尽管英属哥伦比亚大学认为自身在持续增长的强有力国际化日程中应该起领导作用,但是大学并没有充分满足这一成长空间。为了实现该目标,我们需要发展更多国际伙伴网络,更多研究交流和转化型的学生交流。必须把国际学生交换在适宜的情况下,列入本科生课程中。今后几十年,师生流动性加剧,在构建和批准合作项目、启动新聘任模式时要更灵活。迎合传统学习者的需要、为非传统学习者创造条件,都要求更大的灵活性。以开发网络课程为例,大量学生可以在家或者办公室上大学课程,师从优秀的教授,这就改变着专业发展的面貌,同时为那些不能正式入学的学生提供高等教育。

近来加拿大迫切需要围绕高等教育来营造国家身份认同。如果数所大学能够联合起来,创建强大国际网络,就能实现这一目标。在这个独特的移民国家中,大型城市以高度多样化、多元文化的人口为特征。加拿大尝试建立和平宽容的社会,需要教育程度高的民众,需要为来自各个群体和种族的学生提供教育。如果我们扩大了这条途径,大学毕业生能够助推加拿大成为在世界营造创新可持续的公民社会的领导力量。

结论

我已经谈到过,加拿大需要保证本科教育系统的质量和入学率,同时在研究生和研究层面区分大学角色。全国范围大学面临着财政紧缩的压力,同时应对联系愈加紧密的电子化世界学习环境迅速变化的挑战。在我看来,在可以预见的将来,这两种挑战仍会持续。

2008 年金融危机对加拿大大学和研究资金的影响会持续至少十年。电子技术以摧枯拉朽之势,已经彻底改变了例如印刷、音乐和电视产业领域,也会对大学影响显著。大规模在线课程(MOOC)正在提供免费大学课程,通过这一技术,可以选择网上学位和低成本证书。现代大学尽管并不像某些人所预言的即将终结,但也需经历重大变革。大学需要共享资源、协调图书馆馆藏、增加互认学分、促进联合学位培养。大学网络内学生和教员流动,会拓展本科课程、深化研究生培养水平。这样的网络也会帮助加拿大高等教育系统建立目前所匮乏的国际身份认同。我相信这些挑战需要加拿大大学通过战略来应对:这一战略要清晰界定每所机构的独特优势和机遇,并且鼓励合作,以建立全国整体系统。

成功的界定

量化的成功不会带来长期稳定：可变量与不变量——中国的高等教育一直也将永远处于多样化发展

Josef Goldberger

清华大学,外语系,德语教研室讲师

传统的中国教育体系已有数千年历史,但现代高等教育体系却是紧随西方先例,始建于 19 世纪最后十年间。总体来说,中国高等教育体系一直也将永远处于多样化发展。第一批高等教育机构建立之初呈现出多样化势头,包括公立与私立教育、宗教与非宗教教育、国内与国际教育(Hayhoe, 1996)。

中华人民共和国于 1949 年建立。建立初期,效仿苏联,呈现出集中化、国有化、大规模重组和大规模发展的特点。而当时的苏联教育体系主要照搬欧美教育模式。依照计划经济的规定,新制定的专业性较强的课程注重职业实践训练,配以一定体力劳动及马列主义课程。中苏关系破裂后,基于大学的训练与教育愈发以意识形态来解释,反智主义愈演愈烈,最终导致了文化大革命。1966 年至 1978 年间,文化生活与高等教育几乎处于完全停滞状态,大学不能提供任何教育服务(Pepper, 1996;Tsang, 2000)。

各级教育体系的正常化

高考暂停于 1966 年,恢复于 1977 年,恰逢邓小平推进改革开放政策,各级教育体系恢复正常。大家认为教育体系的改革与扩张可以促进中国的现代化现设,加快经济增长。在高等教育方面,基于苏联模式的早期改革逐渐撤销,以此引进新课程与现代高等教育,学习美国模式的趋势逐渐明显。地方大学自主权增加,私立大学的成立也变为可能。计划经济下的毕业生分配体系被取消,除此之外,高等教育开始收取学费。

定量扩张在 1999 年达到前所未有的比例(见图 1),此外,教育系统的质量发展应通过有针对性的援助措施来实现,如"211"和"985 工程"(Yu, et al., 2010,20 - 22)。

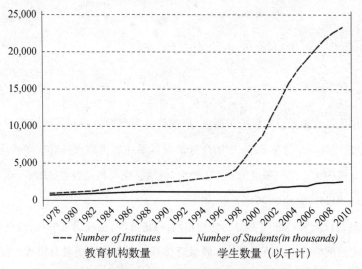

--- *Number of Institutes* —— *Number of Students(in thousands)*
　教育机构数量　　　　　学生数量（以千计）

图 1　高等教育机构与学生数量(1978—2011)

来源:MoE; 1949 - 1993 date according to Tsang, Mun C. (2000): Education and National Development in China since 1949: Oscillating Policies and Enduring Dilemmas. In: China Review 2000. S. 579 - 618 starting with 1998 data according to http://www.moe.gov.cn/.

教育系统质量的发展

"211 工程"于 1995 年实施,属于政府支持机制,旨在创造满足 21 世纪需求的现代研究型大学,以确保中国未来的经济发展。112 所高等教育院校被列入"211 工程",这些院校主要研究工程技术科学、物理科学及生物科学领域。

经过严格筛选,其中的 39 所高等院校被列入"985 工程"。985 院校是国内获得最多资助的高等教育院校,是中国最好的学府。

中国高等教育现状不禁让人们回想起其百年前伊始之时。除了公立高等教育机构,民办高等教育机构的创立也对过去几年间的改变有一定影响。国际社会也又一次对高等教育部门起到了意义深远的作用。越来越多的国际高等教育合作计划有意向为学生提供交流和科学合作机会,因此建立起大量国际研究项目,甚至在中国地界建立国外高等教育机构(如,建于 2004 年的诺丁汉大学宁波校区)。然而,中国教育部学位与研究生教育发展中心的一项评估表示,许多由国际合作建立的研究项目在质量上并没有达到预期,并且这些项目对经济收入方面的考量常常大于科研目标的作用。中国想通过更严格的管控来解决这些问题,与此同时建立新的合作关系,然后进行额外评估(Sharma,2012)。

中国当下的高等教育体系热衷于创新,但是与此同时,该体系并不稳定,结构和质量并不协调。中国学术与科研历史短暂,并不能为完备的发展提供基础。多数科学成果的诞生都依赖于前期其他国家的研究与调查,仍旧很少有仅依靠本土教育体系下的独立内部研究而获得成功。

中国教育体系

儿童在 6 岁时开始进行九年义务教育。九年义务教育通常被划分为两个阶段:六年的小学教育与三年的初中教育。由于独生子女政策,自 1996 年起,学校数量与入学人数都有了明显下降,但班级规模超过 40 名学生仍很常见。教育类别与学校等级间的过渡是由期末考试及入学考试决定的。在完成义务教育后,学生可选择进入高中学习,为专科或大学教育做准备,亦可选择职业教育学校(Stiller & Elineau,2007)。

高中教育的首要目标之一就是系统地准备大学入学考试,即高考。自 2009 年起,参加高考的学生数量下降,而中国的高等教育机构却不断扩招。2012 年全国范围内大学平均录取率为参加高考人数的 75%。然而,很少有学生能被自己的首选大学录取。一般来说,学校或学科的名声越大,所需的高考录取分数越高。专科及职业训练项目(高职专科院校)录

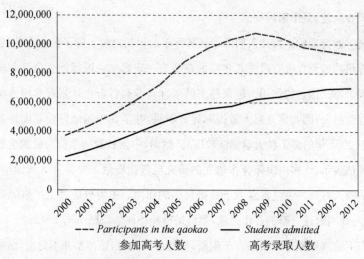

Participants in the qaokao   Students admitted
参加高考人数   高考录取人数

图 2   2000 至 2012 年参加高考人数与高等录取人数关系

取要求相对较低。

　　尽管成人继续教育是高等教育的一部分,但和普通高等教育并不相同。各种类别的继续教育(广播电视大学、夜校、成人教育机构、自考等)并不以普通高考作为入学要求,但一般来说,参加这类学习并不能获得政府认可的学历。职业专科院校颁发"职业资格证书",而不颁发学历证书。国家认可的最低学历是学士学位,本科毕业即可获得(芬兰国家教育委员会 2007 年 12ff)。

　　2011 年,中国有 2 409 所高等院校获得颁发国家认可学历的资质,培养了约两千五百万学生。其中 696 所为民办高等院校(占 28.9%)。这些民办院校建校时间不长,也没有多大名气,因此,人们认为它们并不属于公立高等教育体系,入学要求相对较低。

　　独立学院是民办高等院校的一种特殊形式,于 2000 年开始建立,旨在满足大学入学需求的不断增加。独立学院是通过民办运营商来建立公立高等教育机构,截至 2011 年,共有 309 所。独立学院以知名母校名称命名,以这种方式与其相联系,且可以颁发学士学位。但是其录取要求要低于母校,学费通常要比母校高很多倍(Yu,2010,p. 53)。

截至2011,全国共有1713所公立高等教育院校,由国家或所在省管理与筹资。也存在中央与地方共同参与的混合管理模式。除了教育部,很多其他政府部门也可组建高等教育院校。共有1120所高等教育机构(公立与民办)有权颁发学士学位,即本科学历。

共有755所院校有权颁发硕士学位,其中有481所为常规大学。这里应予以重视的是受到"211资助工程"资助的112所重点大学培养了大部分硕士及博士研究生。除了这些高等教育机构,公立研究机构也可以培养硕士和博士研究生。中国最著名的研究机构要数中国科学院(CAS)和中国社会科学院(CASS)了。

中国高等教育扩招情况概述(数据来源于教育部)

年份	教育部承认的常规院校	其中有本科生项目的院校	仅有硕士和博士研究生项目(高校/科研机构)的院校	常规院校的学生(包括职业训练项目)(以百万计)
2000	1 041	599	738(415/323)	5.9
2001	1 225	597	728(411/317)	7.6
2002	1 396	629	728(408/320)	9.5
2003	1 552	644	720(407/313)	11.7
2004	1 731	684	769(454/315)	14.2
2005	1 792	701	766(450/316)	16.6
2006	1 867	720	767(450/317)	18.5
2007	1 908	740	795(479/316)	20
2008	2 263	1 079	796(479/317)	21.5
2009	2 305	1 090	796(481/315)	22.9
2010	2 358	1 112	797(481/316)	23.9
2011	2 409	1 129	755(481/274)	24.7

自2000年以来,国家认可的高等教育院校数量增长到原来的两倍多,但是提供硕士及博士研究生课程的院校数量仅有微小的增加。然而,这些院校大量扩大招生规模,2011年

授予的硕士学位是 2000 年的八倍。总体来说，就读于常规高等院校的学生数量增长了四倍。1990 年，仅有 3.4％适龄人群受到高等教育；1998 年，该比例增长至 9.8％。截至 2010 年，26％中国青年在高等教育院校完成了学业课程（Yu/Stith/Liu/Chen，2010，66；联合国教科文组织，2012，122）。

趋势与发展

1999 至 2009 年间，中国高等教育在数量上变化巨大，而教育部门在过去几年中增长相对更加缓慢；由于人口原因，自 2009 年，基于人口因素入学申请者的数量甚至有所下降（中国教育部基础数据）。若高等教育扩张迅速亦会造成学生训练质量下降，官方调查与创新数据似乎表明了我们朝着西方工业化国家的成果迈出了一大步。如今，数量的扩张似乎促进了质量的发展。一些由中国质量加强项目（如 211 及 985 工程）资助的高等教育院校，已经在各类国际大学排名系统中跻身前百。新注册专利或学术出版物的年度总量也令人惊叹，但通过质量标准（英国皇家学会，2011）的评估，也发现了很多问题。根据中国教育政策决策者的议程，中国教育不仅仅要追上，更要反超其他国家。截至 2020 年，技术进口应降至 30％以下（国务院，2006），同年，中国将接收 50 万名留学生（Sharma，2011），因此，在不久的将来，中国不仅会成为重要的留学生输出国，也将是重要的留学生接收国。中国将通过"人才引进"来平衡持续的人才流失。有鉴于此，国家留学基金管理委员会（CSC）建立了新的奖学金项目（引进及输出），除此之外，促进国外中国人才归国的项目也建立起来。研究与教育国家投资的逐年增长不仅体现在绝对数上，也与急速增加的国民生产总值信息息相关。中国高等教育的快速发展不仅仅得到了公共资助，在大多数情况下，取而代之的是由高额银行贷款资助。那些不受国家项目资助的高等教育机构，基本承担不起新建校园建设与教学设施的费用，更不用说偿还堆积如山的债务了。中国腐败现象与裙带关系十分普遍，即便在大学里也是一样。因此，公共资助只有部分，甚至不能花费在特定目标上；在资助分配上，良好的人际关系比研究结果更为重要（对比，如，Hase-Bergen，2011）。

缺乏资深专家

中国缺乏资深专家令人叹息，但与此同时，无数应届毕业生都面临教育背景与劳动市场需求不符的窘况，因此不能找到符合其资质的工作。

2010 年进行了一场具有政治色彩的公开讨论，其公开程度令人惊讶，媒体与专家皆参与其中，讨论不仅介绍了已取得的显著成果，同时提出了当下教育体系的缺陷以及相应改革建议。其他观点中，以下方面受到了批评。

- 高等教育体系的急速扩张形成"大众高等教育"，造成了高质量学者与教师短缺，由此导致了训练及教学质量差。
- 中国高等教育机构过于单一：这些院校均遵从相同的政治预定目标，不受机构本身实际规模与资源的支配。
- 高等教育机构受到其责任政府部门的严格控制，并没有独立的决定权。官僚主义及上层决定的洪流抑制了创新研究与教学环境的形成。
- 东部沿海地区与国内其他地区、城乡间仍旧存在着极大的不平衡。

这次由政府发起的讨论制定了"国家中长期教育改革和发展规划纲要（2010—2020）"，于 2010 年 7 月被批准。在中国高等教育改革与发展方面，该文件规定应加强各教育等级的青年人才教育与训练。为此，除了加强基础设施建设，改进教学也十分必要。教育目标应是培养更加独立与创新的思维。建立顶级高等教育机构，应分为研究型与应用型两种。在招生与关键焦点领域决策方面，教育机构应更加独立于政府；这将促进全方位高等教育格局的形成。中国中西部地区在这点上严重不足，需要得到援助。该文件明确表达了加强中国高等教育国际化的愿望。文件提出如下要求。

- 应发起和推广与著名国际合作伙伴的示范项目。
- 中国高等教育和研究机构应招募更多的国际高水平人才。
- 应加强学生成果、学位证书及双学位的国际间相互认证。

- 鼓励学生和教职员工国际交流,外语(主要是英语)课程的数量应该增加。
- 加强汉语作为第二语言的宣传,尤其是通过孔子学院宣传(Hase-Bergen,2011)。

在中国教育部制定了工作重点后的几年中,"国家中长期教育改革和发展规划纲要(2010—2020)"中的建议又一次被提出。此外,还提出了广泛加强各等级教育训练质量的要求,应建立研究生教育质量评价体系,在研究领域,应支持与鼓励独创性与创新性(教育部 2012;2013)。

结论

毫无疑问,在未来几年中,中国高等教育机构面对的压力仍将不断增加,因为这些教育机构不仅将在国内进行竞争,也将参与国际竞争进而招收留学生。只有高等教育质量当下存在大量缺陷被弥补时,我们在描述中国高等教育时才可以称之为"成功"。如果质量不能持续提高,量化的成功并不会带来长期稳定。

参考文献

Brandenburg, U. and Zhu J. 2007. Higher Education in China in the light of massification and demographic change. Lessons to be learned for Germany. Arbeitspapier No. 97. Gütersloh.

Finnish National Board of Education. 2007. Higher Education in the People's Republic of China.

GATE-Germany. 2012. Bildungsmarketing in China: Erfolgreich Rekrutieren und Kooperationen Knüpfen. Ein Leitfaden für deutsche Hochschulen. Bielefeld(=Schriftenreihe Hochschulmarketing 6.

Hase-Bergen, S. 2011. China 2010—Erfolge und Reformbedarf. Berichte der Außenstellen des Deutschen Akademischen Austauschdienstes 2010. Bonn, 148 - 160.

Hayhoe, R. 1996. China's Universities, 1895 - 1995. A Century of Cultural Conflict. New York, London(= Garland Reference Library of Social Science vol. 997; Garland Studies in Higher Education. 4.)

Ministry of Education. 2012. Work Priorities for the Ministry of Education during 2012. 教育部 2012 年工作要点, Jiaoyubu 2012 nian gongzuo yaodian); retrieved 12 April, 2013, from http://www. moe. gov. cn/publicfiles/business/htmlfiles/moe/s5972/201202/129872. html.

Ministry of Education. 2013. Work Priorities for the Ministry of Education during 2013. 教育部 2013 年工作要点,Jiaoyubu 2013 nian gongzuo yaodian);retrieved 12 April,2013,from http://www. moe. edu. cn/publicfiles/business/htmlfiles/moe/A02_zcwj/201301/xxgk_147386. html.

Ministry of Education. 2010. National long-term Education Reform and Development Plan(2010 - 2020)国家中长期教育改革和发展规划纲要,Guojia zhongchangqi jiaoyu gaige he fazhan guihua wangyao);retrieved 12 April,2013,from http://www. gov. cn/jrzg/2010-07/29/content_1667143. htm.

OECD. 2012. Global Education Digest 2012. Montreal,Canada.

Pepper,S. 1996. Radicalism and Education Reform in 20th-Century China,The Search for an Ideal Development Model. Cambridge:Cambridge.

Sharma,Y. 2011. CHINA:Ambitious plans to attract foreign students. University World News. 13. 03. 2011;retrieved 12 April,2013,from http://www. universityworldnews. com/article. php? story=20110312092008324.

Sharma,Y. 2012. CHINA:Not all foreign partnerships are good quality—Top ministry official. University World News. 15. 03. 2012;retrieved 12 April,2013,from http://www. universityworldnews. com/article. php? story=20120315215016166.

Spence,J. D. 1990. The Search for Modern China. London.

State Concil. 2006. Long-term Scientific and Technological Development Plan 2006 - 2020(国家中长期科学和技术发展规划纲要,Guojia zhongchangqi kexue he jishu fazhan guihua gangyao);retrieved 12 April,2013,from http://www. gov. cn/jrzg/2006-02/09/content_183787. htm.

Stiller,F. and Elineau,C. 2007. Länderberichte Band 6. China. Bonn(=internationale-kooperation. de,Der Wegweiser für internationale Zusammenarbeit in Forschung und Bildung.)

The Royal Society. 2011. Knowledge, Networks and Nations:Global scientific collaboration in the 21st century. London.

Tsang,M. C. 2000. Education and National Development in China since 1949:Oscillating Policies and Enduring Dilemmas. China Review. 579 - 618.

Yang R. 2011. Chinese ways of thinking in the transformation of China's higher education system. In:China's Higher Education Reform and Internationalisation. Edited by Janette Ryan. Abingdon und New York. 34 - 47.

Yu K. 2010. Diversification to a degree. An exploratory study of students' experience at four higher education institutions in China. Bern. (= Europäische Hochschulschriften;Reihe XI;Pädagogik 994)

Yu K. Stith. Andrea Lynn;Liu Li and Chen Huizhong. 2010. Tertiary Education at a Glance:China. 中国高等教育概览. Shanghai.

社会主义事业与现代化：中国的大学在未来将经历成功、风险、希望与对教育传统的复兴

Qiang Zha

加拿大约克大学教育学院副教授

在过去的十年左右时间里，中国高等教育以其惊人的扩张速度让全世界为之一震。入学总人数在 1998 年至 2010 年间以每年 17％ 的速率增长（Zha 2012）。就绝对数值而言，中国高校的在校学生人数从 1998 年的 340 万（该年是最近一次高校扩招的前一年）飙升至 2010 年的 2 230 万，在 12 年间急剧增长了 6.6 倍。而同一时期内教育机构的数量由 1 022 所增长至 2 358 所，增加了 2.3 倍。图 1 展示了中国高等教育总体规模的增长。如果计入所有的注册人数，中国接受高等教育的适龄人口比率（18—22 岁年龄段）在 2002 年就已达

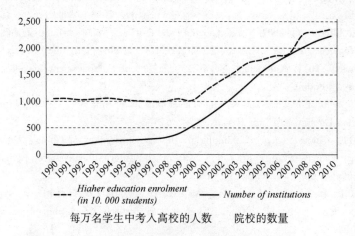

Hiaher education enrolment (in 10. 000 students) 每万名学生中考入高校的人数   **Number of institutions** 院校的数量

图 1   1990—2010 年间中国高等教育规模增长

来源：数值来自 MoE 2011

到 15%(高等教育普及的标准线),到 2010 年达到 26.5%,而这一数值在 1998 年只有 9.8%。入学率在 12 年间增长了近 17%。相比之下,美国花了 30 年才达到同样的涨幅(1911—1941)、日本 23 年(1947—1970)、欧洲多国战后 25 年的时间才完成(2003 年中国教育和人力资源问题专项调查,23;Trow 2006,245)。

2007 年,中国高等教育的注册人数超过美国成为世界第一。本文将从政策角度勾画出中国高等教育普及化的进程,探索将出现或逐渐显现的问题,并对中国高校的未来做出预测。

大步迈向高教普及:成功的案例

1996 年,中国发布的《全国教育事业九五计划和 2010 年发展规划》明确标明了高等教育入学人数增长的目标是到 2000 年使全国高校各类入学人数总数达到 650 万,届时 18—22 岁年龄段的入学率将由 1995 年的 6.5%上升至 8%。而入学总人数还会继续增长,并在 2010 年达到 950 万,毛入学率将升至 11%(MoE 1996)。仅仅两年后,中国政府提前了目标的完成时限,在其发布的《面向 21 世纪教育振兴行动计划》中将达到 11%入学率的目标时限改为 2000 年(MoE 1998)。接着,在 1999 年的《关于深化教育改革全面推进素质教育的决定》中又制定了新的 2010 年发展目标,指出相关年龄段人口接受各类高等教育的比率应该达到 15%(中国国务院 1999)。这一目标的制定表明中国政府在高等教育普及的目标制定上经过了深思熟虑,因为国际上公认的高等教育普及的标准线正是 15%(Trow 1973)。

随着增长的加速,15%入学率的目标时限又在《教育发展十五规划》中提前到 2005 年(MoE 2001),而事实上,这一目标在 2002 年就已经实现了。中国也因此在其提出这一大致目标 6 年后就完成了高等教育的普及。这在世界高等教育史上都是前所未有的。如果将非正式和私立机构中的学生人数也同样计入统计数据,那么中国的高校学生总人数在 2010 年时就已达到 3 110 万,远远超过了美国(2009 年 2 040 万)和印度(2011 年 1 700 万)(UGC2012;美国人口调查局 2012)。相较于 1977 年高考刚刚恢复时只有 4.8%的升学率,到 2010 年已经有 69.6％的高中毕业生可以进入大学和学院学习。图 2 所展示的正是这一显著的发展,即中国高等教育从精英教育到大众教育的过程。图中展示出了 1999 年高考参加率和入学率的飙升,以及之后各年的稳定走高。现在高中毕业生中的绝大部分都可以进入到高等教育阶段继续深造和学习,而这在以前则是极少数人才能享受的特权。

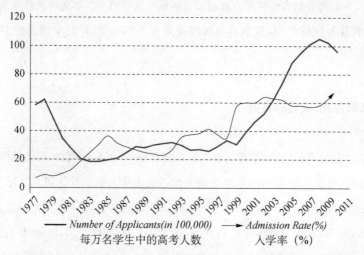

Number of Applicants(in 100,000) ⟶ *Admission Rate(%)*
每万名学生中的高考人数　　　　入学率（%）

图 2　1977—2010 年间中国高考参加人数和录取率的变化图
来源:数据来自中国教育在线(http://gaokao.eol.cn/baogao_11480/20110428/t20110428_608004_1.shtml)

1999 年见证了中国在高校入学人数上的大跨越,从此前一年的 108 万激增至 159 万,年度增长率达到了 47.2％(Kang 2000)。这种急速扩张一直持续到 2004 年,全国各类高校入学人数达到了 2 000 万,这一数值是 1998 年在校人数 360 万的 4.5 倍。2004 年后中国高校入学人数仍在增长,但是增长速度相对变缓。在这一扩张期内,15％入学率这一目标的完成时限不断提前,从最早的 2010 年提前到 2005 年,并在 2002 年基本完成。2010 年 7 月官方发布的《国家中长期教育改革和发展规划纲要(2010—2020)》(或称 2020 蓝皮书)承诺将在本世纪的第二个十年结束时使中国高等教育入学率提升到 40％(中国国务院 2010)。如今,中国的高教体系不仅在入学人数上大大超过了世界其他国家,而且在为国家输送能够直接推进经济增长的理工科学生方面也表现优异,如图 3 所示。在这一过程中,大多数中国高校都大量借助银行贷款来扩充基础建设,而且,大多数都会建设新校区以容纳人数急剧增长的在校学生。其结果是,很多大学都严重负债,且在偿还贷款方面压力巨大。自 2010 年起,中国政府逐步介入,在极短时间内利用公共资金为那些深陷经济困扰的高校解决麻烦(Zha 2011)。如今这些大学非但无债一身轻,而且拥有了全新的基础设施和配套设施。

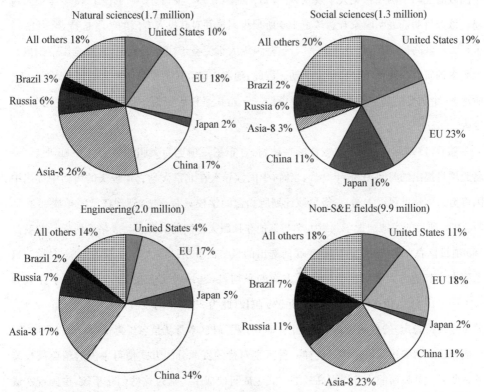

Asia-8 = India, Indonesia, Malaysia, Philippines, Singapore, South Korea, Taiwan, Thailand; EU = European Union

SOURCES: Organisation for Economic Co-operation and Development, Education Online database, http://www.oecd.org/education; and national statistical offices.

图 3 2008 年部分国家和地区大学本科学位分布图

来源:国家科学委员会,2012,0—7页

成功的界定

权力主义和新自由主义进程

　　高等教育的扩招常常会牺牲教育质量,尤其是入学人数激增的早期阶段。虽然中国对此并无防备,但中国政府却提出了一个大胆且独特的应对办法。从上世纪 90 年中期开始,中国政府上马了两项精英大学规划,即"211"工程和"985"项目。211 工程于 1995 年正式启动。该项目明确表明国家有意认定 100 所顶级高校并对其投入专门的经济扶持,努力在 21世纪将这些高校提升到"世界水平"。这些顶级大学受益于额外的资源,并在全国范围内开展更多的研究生教育项目和研究活动。因此,随着中国高等教育扩张进程的展开,如表格 1所示,一个明显的趋势是强化并集中资源——尤其是科研资源——投入到部分精英大学中去。

　　随后,1998 年的《21 世纪教育振兴计划》宣布了一项更为大胆的举措,即 985 项目(命名此项目提出的时间 1998 年 5 月,当时,中国领导人在北京大学百年校庆的讲话中提出中国将努力创建世界级大学)。最早该计划所涵盖的学校只有 9 所,到现在已经扩展到了 39所。985 项目的实施加大了顶级大学与其他非顶级大学间的资源差。表格 2 所展示的就是985 项目核心大学(指的是 1999 年底前选出的最早的 9 所 985 大学。)、其他 985 大学、211工程大学和地方大学间在机构收入方面的平均差,这一对比值在 2006 年达到了惊人的45∶26∶10∶4。值得注意的是,37 所 985 院校(此为 2006 年的数值,2007 年已增至 39 所,并至今维持稳定)的科研经费又比 68 所 211 工程高校(本身就是名校集合)和 588 所地方院校的科研经费多出 4 倍还多。这样一种区别对待的资源分配方式使得中国的精英高校能够不断扩大其科研能力并以更高效的方式生成科研成果。通过这些强化手段,中国现在成为每年度科学与工程类科研成果论文发表量仅次于美国的第二大国。较之 10 年前靠后的排名,这是一个巨大的进步。(国家科学委员会 2012,5—34)

表格 1

主要资源	211 工程高校所占比重（%）
博士在校生人数	86.0
硕士在校生人数	69.1
本科及以下在校生人数	18.3
具有博士学位的教工比例	19.2
科研资金	70.1
国家重点实验室	100.0
国家重点教学项目	83.6
注册专利数	72.8

表格 2

收入来源	985 核心大学（9 所）		其他 985 项目高校（28 所）		211 工程高校（68 所）		地方高校（588 所）	
	总量	%	总量	%	总量	%	总量	%
1. 专款收入	9 017.2	49.4	16 289.6	50.5	15 292.0	49.2	47 614.9	43.1
1.1　财政拨款	8 370.9	45.9	15 087.8	46.7	13 513.3	43.5	43 516.4	39.4
1.1.1　业务	4 776.6	26.2	10 620.5	32.9	10 769.4	34.7	38 031.3	34.4
1.1.2　科研	2 720.6	14.9	3 523.2	10.9	1 640.0	5.3	1 529.0	1.4
1.1.3　特殊用途	873.7	4.8	944.1	2.9	1 104.0	3.6	3 956.1	3.6
1.2　基建	590.2	3.2	1 201.8	3.7	1 758.7	5.7	3 535.7	3.2
1.3　税收转移	56.1	0.3	0	0.0	20.0	0.1	562.8	0.5
2. 非专款收入	9 240.5	50.6	15 995.0	49.5	15 768.6	50.8	62 959.3	56.9
2.1　业务收入	6 690.0	36.6	12 936.3	40.1	12 540.0	40.4	53 939.6	48.8
2.1.1　学杂费	2 610.3	14.3	6 819.0	21.1	8 393.0	27.0	41 850.1	37.9

（续表）

收入来源	985 核心大学（9 所）		其他 985 项目高校（28 所）		211 工程高校（68 所）		地方高校（588 所）	
	总量	%	总量	%	总量	%	总量	%
2.1.2 其他业务收入	4 079.6	22.3	6 117.3	19.0	4 147.0	13.4	12 089.5	10.9
2.2 服务与产品销售	186.0	1.0	413.1	1.3	560.2	1.8	11 843.4	1.1
2.3 捐款	649.2	3.6	268.1	0.8	177.0	0.6	794.4	0.7
2.4 其他来源	1 715.3	9.0	2 377.5	7.4	2 491.4	8.0	7 041.0	6.4
总数	18 257.7	100	32 284.6	100	31 060.6	100	110 574.2	100
平均数	**2 028.6**		**1 153.0**		**456.8**		**188.1**	

需要说明的是，从 1997 年的 136 万到 2005 年的 163 万，全国精英院校的就读人数增长几乎是象征性的；而相比之下地方院校的招生增长则是极其剧烈的——同期内从 179 万增长到 1 189 万（Ma 2009）。正是通过这种方式中国才构建起、并保持了世界上最大的高等教育体系，同时在全球范围内培植数十个教育机构。中国虽然取得了"成功"，却赔上了高校间业务状况的平等和学生的学习体验。公共资源持续不断地集中到精英院校。同时随着高校扩张的开展，地方高校和国家级高校间（包括 211 院校和 985 院校）在每个学生的培养费用上的差额也明显拉大，从 1997 年的 1 432 元增加到 2006 年的 8 196 元，增长了 4.7 倍，（Bao and Liu 2009, 10）[①]地方院校依赖学生缴纳的费用来支撑学校的运作和支出预算。从表格 2 中就已经可以看出院校的状况和其对学生所缴纳费用的依赖度之间的负相关关系。就学杂费在其总收入中所占比例一项而言，地方院校比 985 核心高校高出 24 个百分点。换句话说，现在大多数中国大学生都需要支付相对更高的费用以获取受教育的机会，而得到

[①] 此数值由 1978 年物价指数核算而来。如果按照定值核算，这一差额在 2011 年达到了惊人的 23 023 元人民币（经济部，MoE, 2012）。

的教育在质量上却差很多①。

北京共识意味着国家的核心角色

按理说,这样的策略更可能在一个像中国这样的权力社会中实施生效,而且作为传统中国文化的遗存,中国一直存在着强烈的知识精英文化。在相当大程度上知识精英共享着新自由主义价值观,这或许解释了为什么新自由主义能够在现今中国这个仍然标称社会主义的国家里高歌一片的原因。中国的发展模式,现称为"北京共识",为国家塑造了一个核心角色(这与倡导市场友好政策的"华盛顿共识"正相反)。Williamson(2012)称"北京共识"的特点包括了增量改革(或称渐进主义)、创新与实验、国家资本主义和权利主义。从更加正面的角度来说,张(2011)指出了中国发展模式相较于西方模式的一个核心特点,就是一个强有力的国家政府②。与西方模式中"软弱的政府"形成对比的是,中国国家政府时常表现出其强势的意愿,"理应是世界上最有效的权力机构"(Zhang 2011,93)。最起码"强有力的国家政府"这一说法也可以在高等教育领域中找到踪迹。大多数中国高校都是政府的左膀右臂,从事教育和科研工作,助力经济和社会发展。就这一点来说,国家当然会积极支持高等教育发展,尤其是对那些可以产出国家所需的知识产品的学校和学者。

然而,强力国家政府也是把双刃剑。强力政府资助下的高等教育受国家控制,因为高校在国家发展事务中占有重要地位。在中国,尽管现在市场经济已经就位,但国家对教育

---

① 截至 2010 年,地方院校占全国院校总数的 93.4%,在校人数占中国大学生总人数的 91.3%,而国家级精英院校的相应比例为 6.6% 和 8.7%(MoE, 2011)。同时,研究表明,国家级精英院校的毕业生比他们同级的地方院校毕业生在平均收入上高出 28%。

② 如果"北京共识"的重要组成成分包括以下几点:基于实践的论证(中国更愿意先从实验区和小规模试验计划开始,然后逐渐推广成功的经验)、增量改革("摸着石头过河"),稳定优先(邓小平提出了"稳定是第一位的"原则是指导改革政策形成和实施的不二法则),以及提高人民生活水平的首要性(改革必须将人民群众的实际利益放在第一位,而不是为了民主而民主)。

的控制仍十分显著。国家控制的范围,从 1950 年代到 1990 年代早期主要集中于组织流程上,现在已经渗透入知识生产过程,引发此后果的是,国家控制往往受到某种国家意志,或说管理主义的驱动,并遵循某种技术原理展开①。说得更明白一点就是,知识生产不再出于学者的个人兴趣,转而变成了为实现百年中国复兴之梦而付出的举国之力的一部分。在这一过程中,那些经证实确能为国家发展产出更有价值、更有用的知识成果的学校和学者其地位也会被提升。而且,虽然中国似乎在高等教育领域灌输过人本主义意识形态,但对高校的政治控制也从未缺失过。Haghoe(1989)提出中国有一种知识系统服从于政治秩序的传统。她说在中国的现代政治制度中充斥着"系统的课堂知识以及应用这些知识来实现政治控制的目的"(27—28)。在始于 1980 年代中期的中国改革开始之初,Haghoe(1989)就发现中国的领导方式"对这一改革在政治权力结构上的潜在含义仍矛盾不定"(57)。现在的情形也大体如此。在中国,基本上有两种意识形态都在试图驾驭高教的发展:一种是政治争论,一种是人本主义。就意识形态而言,中国高教现有两项任务需要完成:既要培养"社会主义接班人",又要培养中国现代化的"建设者"(高等教育法规,第 4 条)。

中国的混合模式能带领高校走多远?

人们很自然地会问中国的混合模式(政治上的权利主义加经济上的自由化)会将中国高教引向何方,以及如何引领高教发展等方面的问题。按理说,开放的社会更愿意看到学术自由和高校自主,反过来说,这两者对于知识的创造和创新都是必须且极其重要的条件。中国模式或许在更新升级设备和基建方面比较有效,但是却不利于推进社会开放。政治上

---

① 近来,国家控制似乎在逐渐加强,其手段是各种政府主导的评估活动。在这类活动中,政府组织并下达各种检查任务来评估、细查在其管辖之内的各个高等院校所做的所有工作。这里活动的范围包括从本科专业教学评估到反腐评估、从学费审计到校内安全检查在内的各个领域。高等院校则为满足这些检查评估而费神劬劳。这种做法可以被视为在高教领域内的一种试错法。就此而言,中国高等院校虽然基于实验之上有一定程度的自治权,但政府仍密切关注和监控学校的一举一动。一旦出错,政府随时可以介入并恢复控制。

的权利主义或许适合中国的现状,尤其在经济发展和社会稳定方面,但它却抑制、而非助力创新和创造力的发展。

当中国仍在为 1999—2009 十年间自然科学与工程类科研论文发表量每年 16.8% 的增速欢欣鼓舞、并为自己成为第二大论文发表国高兴的时候,2000—2010 十年间中国所占的论文引用量份额却明显大幅下降了(国家科学委员会 2012)。根据时代高等教育世界大学排名这一主要的世界顶尖大学排行榜(由汤森路透统计),中国高校也陷入了这种迟滞状态之中。这一排名根据各高校所发表成果在全球范围内被研究者引用的次数计分来衡量各高校的科研影响力。总体上,中国大学的引用量得分低于位处同一区域、并同样使用非英语语言写作的日韩高校[①]。本章附录通过对比进入 2011—2012 年度 THE 世界大学排名的加拿大大学和中国大学的引用量计分,进一步说明了这一点。

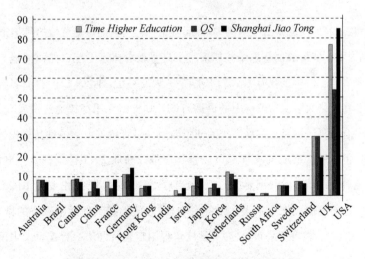

图 4　中国高校在三大全球排名体系中的位置

来源:世界大学学术排名(上海交通大学 2012),QS 世界大学排名(2012/2013),THE 世界大学排名(2012—2013)

[①] 这一结论基于 2011—2012 年度被列入 THE 世界高校排名前 200 位之内的中日韩大学的引用量计分。

除了为创建世界级大学所做的巨大投入外,中国在世界高等教育图景中的位置同样并非特别。图 4 中对比了三大全球高校排名的最新结果。由上海交通大学统计的世界大学学术排名、QS 世界大学排名和 THE 世界大学排名。在图中显示了表现最出色的国家和金砖五国进入全球前 200 名的大学数量。尽管中国在金砖五国中是领跑者,却远远落后于横扫三大排名体系的美英两大超级势力。中国也落后于其他各大高教体系,比如加拿大、法国、德国、荷兰、瑞典和瑞士,以及日本和韩国。这些数据都未曾根据各国的相对(人口)规模而做过任何调整。如果真的按照相对比例将数据正常化,中国的排名状况可能会变得更差。

扩展创新能力

或许最难回答的问题来自中国国内,提问者是一位著名的广受尊敬的科学家钱学森①:为什么中国大学不能形成创新思维? 如果一个高等教育体系不能自然而然地产生创新思维,那就彻底失败了。中国政府 2012 年实施了一项新举措,即 2011 计划(命名自中国领导人 2011 年春在清华大学百年校庆上的讲话);该计划支持中国高校通过激发和助力(主要指经济资助)合作科研项目来扩展高校的创新能力。尽管精英大学依仗其最先进的科研基建占尽先机,但这一次所有的大学都可以参与竞争以获取 2011 计划资金。更重要的是,《国家中长期教育改革和发展纲要(2010—2020)》(2020 蓝皮书)提出要在中国实验建立现代大学模式,这一想法应该会扩大大学的自主权,并使教授管理学术事务的做法制度化。2012 年下半年,中国教育部公布了《高等学校章程制定暂行办法》,旨在帮助中国高校辨明其管辖和自治范围。

---

① 钱学森(1911 年 12 月 11 日—2009 年 10 月 31 日),在西方其姓名拼写为 Hsue-Shen Tsien. 1930 年代就读于麻省理工学院和加州理工学院。他曾是美国最顶尖的火箭科学家之一,并因此声名卓著,还是加州理工喷气动力实验室的创建者之一。1955 年回到中国之后,在中国的导弹和空间项目上做出了卓越的贡献。

有待复兴的深厚教育传统

除了制度化安排上作出的努力外，正如在 2020 蓝皮书和高校章程制定暂行办法等政策文件中显示的那样，其他一些方面的努力也应该值得注意。其一就是大力加强通才教育或是普通教育，并颁布了通才教育课程设置以推进学生"对学科宽度的理解，加强学生的批判思维能力，成为全面发展的、有文化的公民"(Bourke et al. 2009,221)。从 1990 年代后期起，通才教育的提法作为有可能解决中国高等教育创新不足问题的一个应对办法就已经浮出水面了。

过去的十年见证了中国高校不断增加通才教育、重组和拓宽学科设置的努力。通才教育的提法对中国高校的领导者越来越有吸引力，因为它可以与强调人文教育的儒家知识传统相连通。的确，马克斯韦伯也曾指出"1200 年来……文学教育在中国已经成为社会地位的绝对衡量标准；它发展得比文艺复兴的人文主义以及后世的德国都要精专得多。"(Ringer 2004,226)

这种关联性的拥趸者因此声称通才教育意味着学习过往，而不是借鉴西方，并为中国高校的这些实践起了一个中国名字"通识教育"用以区别于西方的概念(Gao 1994；Zhu 2005；Hu 2009；Zhang 2012)。值得注意的是，中国高校中的许多通才教育单位都给自己取名为"书院"，刻意要与中国历史上的书院或说儒家教育传统中的古典学术社群扯上关系。书院在唐宋时期广泛出现，是与科举取仕系统相对应的另一套体系，是一个强调人文教育的知识传统，是包容不同思想流派的一种独立的社会思潮。与科举取仕体系的实用主义相对，书院更注重个性发展。

书院教育因其内在价值而备受重视，而且它倾向于"在学习中发掘深层内涵，而非注重表面文章"。"学习的目的是为了把自己培养成为一个睿智、创新、独立、自主，更重要的是，可靠的人。"(Lee 1996,34)。它的学习机制声称"求知与思考是一体不分的"(Lee 1996,35)，强调学习过程中的"博学、审问、慎思、明辨"(中庸，XX. 19)。李弘祺(2000)指出了书院与中国皇廷集权的斗争方式，并坚称书院有种平衡功能。

儒家式的知识权威

　　另一个值得注意的现象是儒家式的知识权威,这一身份往往能将较高的社会地位、特别的威望和巨大的权利附加到那些出色的学者身上。这很大程度上根源于儒家传统中对圣人权威的推崇,而在儒家文化背景下,每个人都可以通过坚韧的学习和修身养性成为圣人。这种知识权威明显与西方背景下的学术自由不同,但它以某种方式提供了比学术自由更大的弹性和权利。而这些学者通常会利用其地位和权利为其所在机构带来更大的弹性空间和不合规定的自主发展。

　　比如朱九思,武汉华中科技大学荣休校长。他在华科跻身顶尖中国高校的过程中至关重要。在文革后期他就已经制定了学校的发展前景。在他的设想中,最基本的一项就是拓宽工程学科设置,突破当时苏联模式下单一的工程类高校设置模式,引进包括哲学、科技新闻、高等教育与科学基础等基本上是当时只有综合类大学才允许开设的学科。另一项内容是在那个科研与高校分离(依旧是苏联模式)的时代,想尽办法寻找资金扶植强势学科的科研项目。在他看来科研应该引导教学,而且能够使教学更具活力。这些措施在当年远远超前于政府的思维,而且朱九思的领导方式发展成为打开文革结束后中国高校新远景的极为有效的学术实践。(Hayhoe 2006;Hayhoe and Liu 2010;Hayhoe and Li 2011)

　　另一例子是朱清时,合肥中国科技大学前校长。他坚决反对扩招,而且支持功能分化,即像中科大这样的精英高校的核心任务是提升质量,而不是扩大数量(Zha and Li 2011)。2008年当他从中科大校长的位置上退下来的时候,他成为新成立的深圳南方科技大学的领导者,而这所大学现在一般被看做是中国教育创新探索的先锋。和中国其他一般的实践不同,这所大学不再由中央政府或地方权威指定大学校长,而是由一个校务委员会负责政策制定。

　　南方科大的校董会有权检查并批准学校的管理、经济报告和发展计划。自从其2010年建立以来,它就一直在为争取招生和全面管理的自治权而努力。早在2011年该校就因录取了首批45名参加南方科大自主招生考试而非每年6月的全国高考的学生而登上各大媒体的头条。如果这些学生不被教育权威认可，它甚至还想要为他们颁发自己的文凭，那么也就会因此打破高校学位由国务院（中国中央政府）颁发的规定。

这两位领导者在国家政策不支持的情况下都动用了自己的知识权威和个人影响来为他们的大学闯出一条独立发展之路。他们两个刚好都姓朱，他们的追求都可以归结为"内圣外王"的儒家学术典范，或者"修身齐家治国平天下"的儒家原则。这两条都出现在有关高级阶段学习的儒家经典《大学》中。通常，儒家学者的自我定位都是求知、培德、治国兼集一身的。涂伟明（2005，220）指出"孔子的追随者都是有所为的知识分子"。正因此，他们更愿意出于善意的目的而充分使用他们的知识权威。在中国除了亟须将高校自治和学术自由制度化以外，儒家传统似乎有望成为大学发展的中国模式，而且有趣的是，它也将是为世界高校大家庭做出的独特贡献，因为在世界大学圈中人们逐渐发现制度化安排变得越来越虚弱已经不能阻止大学陷入"国家或是企业经济"的掌控，并因此"失去其自治权和学术自由"（Perkin 2006，161）。

结论

中国在过去十年间以其大步迈入高等教育普及阶段这一不可思议的成就而令世界震惊，这种速度如果不是中国政府的决策和投入是不可能实现的。当下中国政府的高等教育体系在规模上符合其经济发展状况（世界第二大）。但是事实证明强力的政府资助是把双刃剑，它会抑制（有时甚至扼杀）高等教育的创新和创造力。而中国高等教育体制现阶段的目标是推进中国社会发展并将其提升为以知识为基础的经济体。

就此而言，中国的高等教育机构面临着一个隐约可见的危机。这一危机出现的线索之一就是越来越多的中国高中毕业生选择不再参加高考，而是直接到国外读大学，其中有很多都成为其所在院校最优秀的学生之一（Zha 2012）。2010年这样的学生人数达到了创纪录的21万（南方都市报，2010年7月14日）。

中国高校似乎在完成官方任务和追求自身学术目标之间进退两难。它们在面对强力国家政府和其干预手段时往往显得极易受伤。直到最近,它们已经适应了跟着政府的领导走,而政府领导的程序和方法往往又具有实用主义和功利主义色彩。要避免这一危机,绝大部分还要依赖中国高校所处的政治和社会环境的改变,而这些因素又大多超出大学的掌控。这种危机感也就因此加大了。然而中国的高等教育有其自身潜力可以借用其无尽丰富的儒家教育和知识传统孕育出一种高校发展的中国模式。愿这一中国模式尽早出现,它将是中国为世界大学社区做出的又一主要贡献。

附录 高校科研影响力:中国与加拿大的对比

中国高校	引用计分	加拿大大学	引用计分
北京大学(49)	51.0	多伦多大学(19)	86.5
清华大学(71)	37.4	英属哥伦比亚大学(22)	85.2
中国科技大学(192)	73.6	麦吉尔大学(28)	77.1
复旦大学(226—250)	42.9	麦克马斯特大学(65)	85.5
南京大学(251—275)	42.3	阿尔伯塔大学(100)	51.7
中山大学(276—300)	50.5	蒙特利尔大学(104)	48.7
上海交通大学(301—350)	19.1	皇后大学(173)	49.3
浙江大学(301—350)	23.0	维多利亚大学(177)	79.2
哈尔滨工业大学(351—400)	21.0	渥太华大学(185)	54.8
武汉大学(351—400)	25.3	滑铁卢大学(201—225)	32.5
		西安大略大学(201—225)	38.5
		卡尔加里大学(226—250)	39.7
		卡尔顿大学(226—250)	61.6
		达尔豪斯大学(226—250)	43.0
		西门菲莎大学(226—250)	53.0
		圭尔夫大学(276—300)	38.6
		约克大学(276—300)	41.2
		曼尼托巴大学(301—350)	27.7
平均得分	**38.6**		**55.2**

参考文献

Bao, W. and Liu, Y. 2009. Gongping shi jiao xia de zhongguo gaodeng jiaoyu ziyuan peizhi quyu jian chayi de shi zheng yanjiu [An empirical study on regional variations of higher education resource distribution through equity lens], Beida jiaoyu jingji yanjiu [Economics of Education Research (Beida)],7:1.

Bourke, B., Nathaniel J. B., and Horton, C. C. 2009. Approaches to the Core Curriculum: An Exploratory Analysis of Top Liberal Arts and Doctoral-Granting Institutions. Journal of Higher Education, 58:4:219 - 240.

Confucius and Mencius. 1966. The Four Books: Confucian Analects, the Great Learning, the Doctrine of the Mean, and the Works of Mencius. Trans. James Legge. New York: Paragon Book Reprint Corp.

Department of Finance, MoE. 2012. 2011 zhongguo jiaoyu jingfei tongji nian jian [China educational finance statistical yearbook]. Beijing: China Statistics Press.

Gao, M. 1994. Chuantong zhongguo tong shi jiaoyu de lilun] [General Education Thoughts in Traditional China]. Tong shi jiaoyu jikan [General Education Quarterly], 1:4:67 - 75.

Guo, X. 2003. Cong daxue gongneng leiji fenbu guilü kan gaodeng jiaoyu zhongdian jianshe [Practice of "key-point" construction in higher education from the perspective of the cumulative distribution rule of university function]. Zhongguo gaodeng jiaoyu [China Higher Education], 24:19.

Hayhoe, R. 2006. "Zhu Jiusi—A Visionary University Leader." In R. Hayhoe, Portraits of Influential Chinese Educators (pp. 109 - 143). Hong Kong: Comparative Education Research Centre, University of Hong Kong and Dordrecht: Springer.

Hayhoe, R. and Li, J. 2011. "Huazhong University of Science and Technology—A Microcosm of New China's Higher Education." In R. Hayhoe, J. Li, J. Lin and Q. Zha, Portraits of 21st Century Chinese Universities: In the Move to Mass Higher Education (pp. 307 - 343). Hong Kong: Comparative Education Research Centre, The University of Hong Kong &. Dordrecht: Springer.

Hayhoe, R. and Liu, J. 2010. "China's Universities, Cross-Border Education and the Dialogue among Civilizations." In David Chapman, William Cummings and Gerard Postiglione (eds.), Border Crossing in East Asian Higher Education (pp. 77 - 102). Hong Kong: Comparative Education Research, University of Hong Kong and Dordrecht: Springer.

Hu, L. 2009. Rujia tong shi jiaoyu sixiang de chuantong liubian yu xiandai chanshi [The

Confucian Idea of General Education: Evolution of Its Traditions and Its Modern Interpretations]. Qinghuadaxue jiaoyu yanjiu [Tsinghua Journal of Education], 30:1:34 - 37.

Lee, T. H. C. 2000. Education in Traditional China: A History. Leiden, Boston, Koln: Brill.

Lee, W. O. 1996. "The Cultural Context for Chinese Learners: Conceptions of Learning in the Confucian Tradition." In The Chinese Learner: Cultural, Psychological and Contextual Influences. Edited by David A. Watkins and John B. Biggs. Hong Kong: Comparative Education Research Centre, University of Hong Kong.

Ma, L. 2009. "Zhidu baozhang xia de gaodeng xuexiao wei difang fazhan fuwu [Higher education institutions provide services for local development under institutional safeguard]." In W. Fan and D. Watson (eds.), Gaodeng jiaoyu zhili de guojia zhengce [National policy of higher education governance] (pp. 279 - 284). Beijing, China: Higher Education Press.

Ministry of Education of China (MoE). 1996. Quanguo jiaoyu shiye jiuwu jihua he 2010 nian fazhan guihua [The Ninth Five-Year Plan and Plan for Educational Development by 2010]. Retrieved November 12, 2007 from http://www. moe. edu. cn/edoas/website18/level3. jsp? tablename=208&infoid=3335.

Ministry of Education of China (MoE). 1998. Mianxiang 21 shiji jiaoyu zhengxing, xingdong jihua [Program of Educational Revitalization for the Twenty-first Century]. In MoE (ed.), Zhongguo jiaoyu nianjian (China education yearbook) 1999, (pp. 107 - 116). Beijing, China: Renmin jiaoyu chubanshe [People's Education Press].

Ministry of Education of China (MoE). 2002. Quan guo jiaoyu shiye di shi ge wu nian jihua [The Tenth Five-Year Plan for Educational Development]. Retrieved January 8,2012 from http:// www. edu. cn/20020807/3063570. shtml.

Ministry of Education, China (MoE). 2011. Zhongguo jiaoyu tongji nianjian [Chinese education statistical yearbook]. Beijing: People's Education Press.

National Science Board. 2012. Science and Engineering Indicators 2012. Arlington VA: National Science Foundation.

Perkin, H. 2006. "History of Universities." In J. F. Forest and P. G. Altbach (eds.), International Handbook of Higher Education. Springer International Handbooks of Education. Edited by J. F. Forest and P. G. Altbach. (Volume 18, pp. 159 - 205). Dordrecht, Netherlands: Springer.

Ringer, F. K. 2004. Max Weber: an intellectual biography. Chicago: University of Chicago Press.

Southern Metropolis Weekly (14 July 2010). You tong liuxue chao. Bai wan kao sheng qi kao liu xue [A trend of studying abroad by young kids. A million entrants chose to leave National Higher Education Examination behind and attend foreign universities]. Southern Metropolis

Weekly, 26(2010). Retrieved April 5,2013 from http://past. nbweekly. com/Print/Article/ 10732_0. shtml.

State Council of China. 1999. Guanyu shenhua jiaoyu gaige, quanmian tuijin suzhi jiaoyu de jueding (The decision on deepening educational reform and pressing ahead quality education in an all-around way). Retrieved November 12, 2007 from http://www. moe. edu. cn/edoas/ website18/level3. jsp? tablename=208&infoid=3314.

State Council of China. 2010. Guojia zhong chang qi jiaoyu gaige he fazhan guihua gangyao (2010 - 2020) [National Outline for Medium and Long Term Educational Reform and Development (2010 - 2020)]. Retrieved August 7, 2011 from http://www. gov. cn/jrzg/2010-07/29/ content_1667143. htm.

Task Force on Issues of Education and Human Resources in China. 2003. Cong renkou daguo mai xiang renli ziyuan qiangguo [Stride from a country of tremendous population to one of profound human resources], Beijing, China: Higher Education Press.

Trow, M. A. 1973. Problems in the Transition from Elite to Mass Higher Education, Berkeley, California: Carnegie Commission on Higher Education.

Trow, M. A. 2006. "Reflections on the Transition from Elite to Mass to Universal Access: Forms and Phases of Higher Education in Modern Societies since WWII. " In, International Handbook of Higher Education. Edited by J. J. F. Forest and P. G. Altbach (pp. 243 - 280). Dordrecht, The Netherlands: Springer.

Tu, W. 2005. Intellectuals in a World Made of Knowledge. Canadian Journal of Sociology, 30:2, 219 - 226.

U. S. Census Bureau. 2012. The 2012 Statistical Abstract (Education: Higher Education: Institutions and Enrollment). Retrieved March 31, 2013 from http://www. census. gov/ compendia/statab/2012/tables/12s0278. pdf.

Williamson, J. 2012. Is the "Beijing Consensus" Now Dominant? Asia Policy, Number 13,1 - 16.

University Grants Commission, India (UGC). 2012. Higher Education in India at a Glance. New Delhi, India: UGC.

Zha, Q. 2011. "China's Helping Hand to Indebted Universities: the Good, the Bad, and the Ugly". The Chronicle of Higher Education. WorldWise: Commentary from globetrotting thinkers, posted on 12/51/2011 at http://chronicle. com/blogs/worldwise/chinas-helping- hand-to -indebted-universities-the-good-the-bad-and-the-ugly/28930.

Zha, Q. 2012. The Study-Abroad Fever among Chinese Students. International Higher Education, Number 69 (Fall 2012), 15 - 17.

Zha, Q. and Li, J. 2011. "The University of Science and Technology of China (UTSC): Can the

CalTech Model Take Root in China?" In R. Hayhoe, J. Li, J. Lin and Q. Zha, Portraits of 21st Century Chinese Universities: In the Move to Mass Higher Education (pp. 271 – 306). Hong Kong: Comparative Education Research Centre, The University of Hong Kong & Dordrecht: Springer.

Zhang, D. 2012. Tongshi Education Reform in a Chinese University: Knowledge, Values, and Organizational Changes. Comparative Education Review, 56 (3), 394 – 420.

Zhang, W. 2011. The China Wave. Rise of a Civilizational State. Hackensack, NJ: World Century Publishing.

Zhu, Q. 2005. Fudan xueyuan: Tuichong tongshi de xiandai shuyuan] [Fudan College: A Modern Shuyuan Upholding the Flag of Tong shi]. Nanfang zhoumo [Southern Weekend], October 13.

人才培养与科学研究：通过支持海外留学与增加来华留学生数量实现中国大学的未来发展

Xinyu Yang

中国国家留学基金委副秘书长

中国政府在 2010 年制定了"国家中长期教育改革和发展纲要（2010—2020）"。在这份文件中，明确制定了各级教育到 2020 年所要达到的目标。在高等教育部分，教育质量是关键，在提高高等教育整体质量的一些项目和举措中，国际合作被认为是一个重要的途径。中国和国际研究机构之间的政策交流、学生和教工的往来、研究合作、机构和项目的合作得到极大的鼓励。

过去三十年，中国高等教育已经取得了重大成就。2012 年，获得高等教育的学生数量达到 31 600 000，比 2000 年增加了 75%。高等教育总的入学率从 2002 年的 15% 增加到 2012 年的 26.9%。越来越多的中国年轻人有机会接受高等教育。到 2010 年，100 000 人当中就有 8 930 人接受高等教育，比 2000 年增加了 59%。通过三十年的发展，公民受教育时间从 1978 年的 3.5 年增加到 2010 年的 9.5 年。每年有 6 百万大学毕业生加入到劳动力市场。中国正从一个人口大国转变成一个有丰富人力资源的国家。

中国高等教育的发展和挑战

随着"211 工程"，"985 工程"等大批国家项目和举措的实施，整体的教学和研究质量，以及中国高等教育机构提供社会和经济发展的能力都得到了极大的提高。根据中国教育部提交给国务院的一份报告，中国的大学承担了主要的国家科研项目的 60%，其中就包括

"863 计划"(国家高技术研究发展计划)和"973 计划"(国家重点基础研究发展计划)。80％
的研究项目由中国国家自然科学基金会资助。三大国家科学基金项目的获奖者有一半来
自大学。超过 40％中国科学院和中国工程院院士是大学的毕业生。中国的研究学者所发
布的研究论文数量在世界上排名第二,2011 年论文被引用次数排名第 7。过去 20 年,从事
教学和研究的教师数量以及中国高等教育机构的整体环境都得到了极大的改善。由于多
年不懈的努力,2012 年的教育预算达到了 200 亿人民币,历史性地达到 GDP 的 4％,其中
20％的教育经费用在高等教育上。

从 2001 年到 2011 年,相关政策的制定使得农村和偏远地区,以及中国西部地区的学生
有机会接受高等教育。助学贷款系统使得这些学生有能力支付学费。过去几十年,高等教
育机构通过提供大批高校毕业生为中国社会和经济发展做出了巨大的贡献。

在更加全球化的世界所面临的巨大挑战

尽管最近一些年取得了巨大的进步,但中国高等教育对于应对更加全球化的世界以及
人民和国家对发展的期望,仍面临巨大的挑战。中国高等教育面临的挑战包括:

- 机会均等:由于教育资源的不平衡分布和不同的发展水平,不同地区的学生无法享
  有同等接受高等教育的机会。

- 就业压力:每年 6 百万的毕业生给就业市场带来巨大的压力。这反映出一个事实,
  高等教育机构为学生所提供的教育并没有让学生掌握一些必要的技能,而这些技能
  恰恰能让学生更有竞争力。

- 传统的师生关系模式:传统的以教师为主的授课方式是对知识的吸收成为接受高等
  教育的主要方式。因此学生缺乏批判性思维训练,同时也不鼓励学生挑战权威。

- 与政府的关系:政府是主要的财政来源,处理好与政府的关系,应对社会期望,使得
  坚持学术自由和大学自治成为一种挑战。

支持中国大学发展的国家战略

1995 年,中国国务院审批通过了"211 工程",该项目专注于发展 100 所大学,并帮助发展大量学科从而迎接 21 世纪的挑战。该项目的目标是使中国高等教育更具有竞争力,并满足社会和经济快速发展的需要。大量的中央和地方政府为参与该项目的 121 所高校提供资金。经过 18 年的发展,教学与研究的基础设施、能力和质量都大大提高。在某些领域的研究甚至得到国际认可。

1998 年,时任国家主席的江泽民在北京大学百年校庆上的演讲指出,中国需要建设一大批世界级的大学从而达到现代化的发展目标。1999 年,国务院批准了"985 工程",该项目目标是是实现建立世界级大学的国家战略。最开始该项目只支持两所大学,接着发展为 9 所(这是 C9 的来历),然后又增加到目前的 39 所。这 39 所高校受到中央和省级政府的重点资助,项目的重点主要集中在体制和机制改革,人力资源开发,构建研究平台和基地,创造发展与国际合作的适当环境。

在中国 1 075 所高等院校中,这 39 所"985 工程"学校培养了 50％的博士生以及发表了每年 60％的优秀博士论文。同时,这些高校拥有 50％的国家重点实验室,20％的国家工程研究中心,65％的人文社会科学研究中心。这些高校吸引了 80％的长江学者(一个招聘全球资深学者领导重大科研的项目)。超过 50％的"973 计划"的首席科学家和"国家杰出青年科学家奖"获奖者来自大学教授。这 39 所高校获得的主要研究项目有 50％来自国家自然科学基金的资助。

基于这两个国家级项目的成功,一个新的项目又由教育部发起,旨在鼓励创新——"大学合作创新项目",也被称为"2011 计划"。该项目旨在鼓励大学与国内外同行,工业部门以及地方政府共同努力,建立创新联盟应对地方和全球性挑战。一共有四种形式的合作创新中心:合作创新前沿科学研究中心,合作创新前沿社会科学研究中心,合作创新区域发展中心和合作创新产业发展中心。目的是为了建立世界级的创新基地,从而能使学生得到培训,同时能在全球范围内研究问题。这些创新中心的主要资助来源是中央政府和企业。资金是针对个人而不是设施和基础设施。"2011 计划"对所有大学开放。创新中心每年组织一次评审,这对于展示协同合作所取得的成果十分重要。

另外还有其他一些政策和国家项目,例如"千人计划","长江学者","归国留学人员研究基金","百人计划","国家优秀年轻科学家基金"以及很多其他一些省级的项目吸引了海外的中国学者加入到国家社会和经济发展中来。

对于中国中西部大学的支持也同样做出了一些努力。2012 年,中央政府发起"中西部高等教育振兴计划"以扶持 24 个省和自治区的 100 所高校(大约是该地区 1/4 的高校)。这些大学主要是教学型大学,拥有 65% 的中国大学生。该项目的目的是最大限度地提高教师和教学质量,这也是中央政府首次支持当地大学发展。中央政府为此投入 10 亿元人民币,同时省级政府也保证投入同等数额的资金。

国家海外留学资助的发展

中央政府的海外留学项目的发起来自前国家领导人邓小平 1978 年所做出的决策,当时中国刚刚实现开放政策。在被孤立和落后世界几十年之后,派出青年学生到海外留学是学习先进知识技术以求发展和建立与国际社会联系的一条捷径。政府决定每年派遣 3 000 名学生和学者到更发达的国家学习。由于没有任何国际机构知道中国学生的质量或者通过考试来评估,因此他们没有足够的信心来接受中国学生,1978 年末,只有 52 名来自中国高校从事科学和工程的老师被选中并送往美国的大学深造——这是在中美建交之前。从那以后国家海外留学项目一共资助了 170 000 名学生和学者。归国之后,这些留学人员为中国社会和经济的快速发展做出了巨大贡献。北京大学在一份关于国家支持海外留学项目的作用的报告中指出了他们的贡献。

● 培养了有能力与国际社会交流的新一代学术领导者。80% 的中国科学院和中国工程院院士,以及 90% 的国家重点实验室的学术带头人都有过海外留学经历。

- 培养了大量有国际视野和领导能力的大学和研究机构的带头人。75 所教育部直属大学的校长和院长中 82% 有海外经历,同时中国科学院研究所有 70% 的人是海外留学归国人员。

- 大大提升了教学水平和质量,在课程开发方面,教材和教学方法也得到改善。

- 几乎所有领域的研究质量都得到大大提高。

- 建立国际合作网络。

- 促进社会发展和进步(归国留学人员在建立现代金融体系,法律体系和社会福利方面发挥了重要作用)。

- 建立高科技企业和引进外资。

- 促进中国和世界之间的相互了解。

虽然有一些留学人员仍然在海外,但他们中的许多人在中国和其他国家之间的合作方面扮演着独特的角色。

面对一个更加全球化的世界,所有中国的大学都选择了国际合作作为未来发展的重要途径。中国大学希望同他们的国际伙伴在教学、研究、学位课程以及教师培训方面进行合作。很多中国大学将海外学习和研究经历作为学术晋升的标准。

为了支持中国大学国际化,中国国家留学基金委员会(CSC)重新制定海外留学项目。学生和教师是 CSC 制定海外留学项目主要针对的人群。为支持教师发展,CSC 建立了以下项目。

- 高级研究学者项目:支持高级学者进行国际协作。

- 访问学者项目:支持大学教师进一步深造或合作研究。

- 年轻教师访问学者项目:支持年轻教师(45 岁以下)到海外学习或研究。

- 博士后项目:支持中国大学的博士生到海外进行博士后研究项目。

- 博士生海外留学项目(每年 6 000 人):为大学准备未来的教师。

这些项目受到中国大学和教师的好评。一些大学也提供大量资源与 CSC 合作公共资助他们的教师到海外获取研究经验。这些教师要求有到海外学习或研究的清晰的计划,并期望能遵守其出访学校的教学活动,同时能为其学校带来变化。

通过这些教师,中国大学与国际院校建立起很多联系,同时,具体的合作项目也建立起来了。

中国政府大力支持青年学生到海外学习,过去的几年里,政府在这方面的拨款不断增加。针对学生的项目分为不同等级。

- 本科生海外留学项目:支持中国大学与国际合作院校间的学生交换和学分转换。
- 硕士生项目:支持重点领域的硕士生以及中外大学联合培养/双学位的硕士生。
- 博士生海外留学项目:正如上面说述,同时也支持国内的博士生教育。

从 2007 年到 2012 年,共有 30 764 名学生通过研究生项目送到海外学习,其中 13 135 名是博士生,17 629 名是联合培养博士生。CSC 在 2010 年底进行过一项调查,结果令人振奋。到 2010 年,有 70％的学生都被世界最著名的大学录取;这些学生共发表了 19 000 篇学术论文,其中有 40 篇发表在顶级的学术期刊,例如:自然,科学或细胞杂志。中国和国际机构共签署了超过 400 份关于培养博士研究生的备忘录。74％的归国学生进入大学或研究机构。他们获取的知识和经验一定会对他们未来的职业和他们的学生产生影响。

CSC 与中国和国际院校紧密合作

在上述基金项目的框架下,CSC 与中国和国际院校紧密合作来支持他们现有的合作。例如:北京大学与乔治亚理工学院在工程领域相互合作进行联合培养博士研究生项目。在这个项目的前提下,中国和美国的学生同时是两所大学的注册学生,与两所大学的教授共同合作。学生的研究工作被两所大学相同领域的教师设计和指导。每个学生在每所大学学习两年,当他们完成学业时,他们将同时获得两个学校的学位证书。CSC 资助中国学生在乔治亚理工学院两年的学习,美国学生在北京大学的学习费用则由北京大学和乔治亚理工学院共同支付。

清华大学和匹兹堡大学合作的 8 年博士/医学博士项目共同培养医药研究人员。前三年学生会在清华大学学习基础课程,然后第四和第五年他们会被送到匹兹堡大学进行相关的研究,最后三年,他们将在中国进行临床实习。CSC同意资助这些学生在匹兹堡大学两年学习的费用。

华东师范大学与法国高等师范大学在6个领域(化学,生物,物理,哲学,历史,社会学)的双博士项目合作已经有12年了。课程是联合设计的并由两个国家的教授授课。这是一个6年制的硕博连读项目。这个项目前两年是在华东师范大学(硕士阶段),然后两年是在法国高等师范大学,接着一年在华东师范大学,随后一年在法国高等师范大学。参加该项目的学生都是经过仔细挑选,从而在华东师范大学进行前两年的硕士阶段学习,然后再进入双博士阶段。在两年的硕士学习阶段结束后会有一个非常严格的评估。没有获得继续进行双博士项目资格的学生将从华东师范大学获得硕士学位,而且可以申请华东师范大学的博士项目。对于每一个被选中进入双博士项目的学生来说,两个学校的教授将在他们赴法学习前为他们制定好学习计划。该项目的学生是两所高校的注册学生,并同时接受两个国家教授的指导。在四年的博士项目中,学生将在两所大学学习同样长的时间,然后完成他们的学业。

当完成毕业答辩后,得到双方教授以及第三方同行教授的认可,他们将同时获得两个学校的博士学位。在过去的十年,CSC资助了该项目95名学生中的74名来完成他们在法国的学习。超过80位法国教授在华东师范大学授课,同时有超过20位华东师范大学的教授在法国高等师范大学授课。没有这样一个项目,两所高校的联系不会这么紧密。在这个项目下,学生发表了很多高水平的论文,同时该项目共培养了54名博士毕业生,其中12名成为华东师范大学的教师并开始在该项目中授课。由于如此紧密的合作,两所高校合作建立起了一些研究实验室。双方都从合作中获取巨大的利益。

CSC同样也支持一些中德合资/双学位项目,这些项目在中德两国很多高校中进行,如清华大学与亚琛工业大学,武汉大学与慕尼黑工业大学,北京外国语大学和哥廷根大学。很多中国与德国、法国、英国的合作项目都受到了来自CSC的资助,从而帮助学生和教师获得海外留学的机会。一些为提高中国大学管理员能力而进行的特别的海外培训项目也得到了 CSC 与其国际合作伙伴（如加拿大的阿尔伯塔大学）的支持。

CSC 相信它为学生和老师出国留学所提供的支持将促进中国与国际同行合作。更重要的是，由于这种合作，中国大学的学术质量得到了国际同行的认可。只有通过开放和国际合作才能给中国大学的人才培养和科学研究带来改变，两者对未来发展都至关重要。

结论

中国发展的目标是到 2020 年实现小康社会。去年，中央就国家发展战略发布了三份文件："国家中长期科学和技术发展规划纲要（2006—2020）"；"国家中长期教育改革和发展规划纲要（2010—2020 年）"；"国家中长期人才发展规划纲要（2010—2020 年）"。中国大学正背负着前所未有的责任，具体包括培养能为国家发展做贡献以及在科研方面取得成果的人才。大学正面临着自身发展以及应对社会期望的挑战。无论大学选择哪一条作为他们未来发展的路，人力资源都将是成功的关键。

中国政府正在制定新的一系列计划，希望到 2015 年将海外留学人员的数量增加到 40 000（2012 年是 30 000）。奖学金项目是对人的一种投资，其必将为中国大学的未来发展做出贡献。2015 年，对于来中国学习的国际学生的奖学金项目人数将增加到 50 000，从而吸引更多的国际学生，同时这也鼓励中国大学在国际教育中成为主角。

参考文献

Chen X. 2003. Costs and Returns: A study on the Efficiency of Government-Sponsored Overseas Education since 1978. Education Science Press.

Yang X. 2008. National Policy Goals: PRC Government Activities Supporting US-China Exchange. Global Education Research Reports: Report One. Institute of International Education.

Yuan G. Challenges of Chinese Higher Education, www.moe.edu.cn

Report on the Progress of International Cooperation in Education. www. moe. edu. cn

National Medium and Long Term Plan for Science and Technology Development (2006 – 2020).

The Outline for Medium to Long Term Education Reform and Development (2010 – 2020).

National Medium and Long Term Plan for Human Resource Development (2010 – 2020).

研究与知识的形成

系统性新知识的生产者与解释者：未来的英国大学会是什么样？回答该问题的不同角度

Nigel Thrift

英国华威大学副校监与校长

未来的英国大学会是什么样？本文将从不同角度进行解答。

未来几年，英国高等教育的发展将面临重重困难。为此，近年来"英国公共政策研究所(IPPR)未来高等教育委员会"试图提出一个政策性的指导框架，本文即在此研究基础上产生。英国高等教育正面临政府财政削减与国际竞争加剧的双重威胁，该委员会的报告试图设计一条新的道路，让英国高等教育部门在接下来的资源匮乏的四五年里依然保持发展势头，同时也对未来的发展提供保证。与该报告不同的是，本文讨论的时间段更长些，包含的主体主要有以下几点：1963 年罗宾斯报告及其之后的发展、变幻莫测的当前形势、对大学反思的必要性、国际化，以及，最后一个关键点是，本文认为，应逐步培养一种观念，即大学决定未来，大学是任何国家发展的关键组成部分①。

IPPR 报告发表于 2013 年，其中不可避免地提到了当代英国高等教育之父——罗宾斯勋爵五十年前发表的报告。但罗宾斯的时代已经过去了，今天的高等教育已发生了深刻的变化。只针对精英的小众体系已消失不见，取而代之的是一个服务于大众、由无数高等教育机构组成的教育体系。我们有必要对这些变化进行更具体的反思，不仅因为其涉及范围之广，更因为它们折射出半世纪以来英国高等教育的变化之快。这些变化主要概括为以下九点。

---

① 更多有关高等教育编年史的信息可参见我的博客，网址：http://chronicle.com/blogs/worldwise.

九大变化——重新定义大学宗旨的必要性

　　第一个也是最显著的变化是高等教育规模的变化。1962—1963 年间,英国的国内外学生一共仅有 21 万 6 千人,而 2011 年学生数量达到 1963 年的 10 倍。虽然人口增长也是原因之一,但这对英国而言仍然是一个巨大的飞跃。人口增长进而还造成新学校的增加和老学校的扩建。大学逐渐成了日常生活的一部分,而此时重新定义高等教育的精神和宗旨也是必然趋势。随着高等教育规模的扩大,学生的组成也有所变化,尤其是女性已经成为学生人群的主要部分。高等院校的"大众化",使得现在的高等院校全然不同于上一代人记忆中的高等院校。

　　接着是第二个变化。以前的教育体系多由政府资助,现在则变得更加多样化,它由多个"大学"、些许私立院校和多个继续教育学院组成。其中,"大学"的含义变得太过宽泛,主要指能授予官方认可学位的、有特定管理模式的、至少有 1 000 名学生的教育机构;私立院校的数量有增长的趋势;继续教育学院的教育水平逐渐达到本科水平。据最新数据显示,在英国,英国高等教育基金管理委员会(HEFCE)为 128 家高等教育院校和 187 家继续教育学院提供了资金支持。现在,对高等教育的资助经费来源变得更加多样化,绝非仅限于HEFCE 或类似政府机构。留学生、工业、技术转让和创业公司、科学园区、欧盟、信托基金、捐赠基金——这些都是高等教育资金来源的渠道,而且多数情况下,来自这些渠道的资金所占院校资金的比例是相当可观的。随着各院校越来越多地开始探索适合自身的模式,高等教育发展的分化也变得越来越明显。

　　第三个变化是随着大学规模的扩大,大学的管理形式也变得更为普遍。这种发展并非没有先例。例如,美国高等院校的教务长办公室(这种叫法在英国高等院校也越来越普遍)的成立很大程度上是为了满足经营更大组织的需要。把高等院校想象成一个充满学生和老师的教会来运营是完全不现实的,即便是诸如牛津和剑桥这样的高等院校,虽然他们的院系和部门之间的联系依然松散,但随着规模的扩大,这类高校也不得不进行集中化管理。

然而，集中管理无疑会给内部关系带来一些紧张。

大学行政管理机构膨胀，行政管理队伍远远大于以前，加上领导机构权力的增强以及兼任教师的增多，这使得现在的大学变得更加企业化。我们没有必要将大学行政管理人员描述为感染学术团体的瘟疫，将非专业的领导机构视为公司傀儡，抑或将所有兼任教师视为需要关心的受害者，也没有必要担心大学的精神气质正在改变，或担心这种改变让大学变得名不副实①。但这些发展的主要原因②也具有深层意义，并对大学的管理结构提出新的要求。其一是高校规模的扩大增加了其复杂性；其二是各种各样的社会人群都认为他们也有权参与大学的决策：就此，学校必须安排适当人员进行必要的应对。其三，政府和私营机构都想对大学的做事范围与社会影响进行指挥和审查，手段包括年度政策制定、立法强制命令，或者通过政府和大学排名机构对大学信息索取。同样的，这些问题需要校方安排适当人员解决。

第四个变化是政府审查变得越发苛刻。政府的资金支持不断下降，但政府的规则却越来越多。政府的要求越来越繁冗，学校被困在一个监管网里，应付各种机构的检查与核对。

第五个变化是私营机构越来越多地参与到高等教育事务之中。从外包到私营教育公司到管理的咨询，私营机构无不涉及。虽然世界各地私营机构的参与程度各不相同，但私营机构零参与的高等教育体系越来越少。在法国，10%的学生接受私立大学提供的教育。同时，大多数国家的大学对公共财政的依赖性越来越小。一个典型例子就是美国常青藤大学联盟的学校，这些学校所受社会捐赠数额巨大，还有很多美国州立大学几乎未从当地州政府得到任何财政支持。在英国也有类似的情况。据2009年10月的最新数据显示，英国大学平均57.3%的收入来自政府，但这个平均数并未体现各大学之间的差异，其中部分大

---

① 关于最近大学发展的抱怨似乎大多数来自精英群体，因为他们的工作条件和再生产能力受到了威胁，而这在历史上并不鲜见。我们有必要认识到，一般说来大众没有自我指导性的工作，没有学术假期，因此这些抱怨多数是出于利己主义的考虑。比如，就大众而言，英国的大学学者就是在六七年时间里发表4篇像样的学术论文，同时有很长时间甚至好几年时间不上班做研究，而对于大众而言这根本就不算是多大的负担，因此质疑大学学者是否符合这个标准看起来也并非太过庸俗。

② 正如很多学术评论家所言，这并不仅仅是一种内部的官僚动态。

学得到的公共资金支持越来越少。

第六个变化是技术使用的增加。大学逐渐成为新信息和通信技术的落脚地。一方面，在企业利益和管理顾问的影响下，大学将逐渐成为信息的电子供应商。面对面的教学方式逐渐被在线学习取代。从 20 世纪 90 年代因特网迅速发展的时期开始，一类全新的管理题材书籍开始关注这一基于信息技术学习的新型文化（如，Thomas & Seely Brown，2011）。另一方面是基于内部原因，由于大学内部本身需要借助新技术推动自身发展（Taylor 2010）。不管出于何种原因，随着大规模在线公开课程（MOOCs）似乎每个月都有新的课程上线，快速变化的步伐虽未呈"破竹之势"（Barber 2013），但肯定也会继续向前迈进。

第七个变化是国际环境的变化。20 世纪 60 年代的时候英国仅有 10% 的外国留学生，如今外国留学生的人数已经超过了 40 万人（尽管颁布了新的签证规定，但预测外国留学生人数依旧会继续增长），而这些留学生绝对是英国大学经济稳定的一个重要原因，他们也对英国国家经济做出了重大贡献①。除此以外，英国大学已经走向世界。有些大学在国外有校区，或是与国外大学联合办学。2009 年 10 月是第一个标志性学年，在这一学年，在英国之外攻读英国学位的外国学生数量第一次超过了来英国国内学习的外国学生的人数，而且这一趋势很可能会进一步增强。也就是说，无论是基于世界各地的学生数量，还是不断扩大的海外教学，英国大多数大学现在已经完全国际化，并且会有更多大学不断加入。

第八个变化是大学成为知识经济不可或缺的一部分。尽管有人对过分宣扬知识经济威力的言论持怀疑态度，但作为推动知识经济发展动力的大学，大学研究以及大学培养的有技能的学生是塑造经济形态重要的一部分。大学不再站在经济领域外研究经济，而是凭自身实力扮演其中的一个经济角色。首先，大学的研究能力是现在经济强国知识和创新供应链中关键的一环，尤其是随着企业不断退出研发领域，高端知识和创新的产生逐渐集中在大学。因此大学成为国家和区域经济集体智慧发端的沃土，对提高这些经济体的吸收能

---

① 其中一个重大的影响就是留学生的校外开销巨大，据 2007 年 8 月统计数据显示，这笔开销高达 23 亿英镑（见 Universities UK（2011））。

力至关重要。另外,大学还是多数国家人力资本计划的核心内容(Goldin & Katz 2008)。他们所培养的拥有高等教育学历的大学生,加强了经济竞争力,引领经济技术革新,促进了具备高技术水平的劳动力数量的增长,直接提高了劳动生产率。换言之,大学生是高端劳动力,他们需要创新力来激发创新和提高生产率。

大学是拥有实际经济力量的参与者

大学成为当代资本主义发展的基本动力,从此不可逆转地踏入经济领域,是拥有实际经济力量的参与者。大学是投资——教育——创新这一模式中关键的一环。在经济衰退时期,大学更应在促进经济增长、增加经济潜力等方面发挥其动力作用。

第九个变化是高等教育凭借自身能力已经成为一个产业。在英国经济领域中,高等教育是一个关键部分,而且做得很成功,规模与印刷、出版、法律行业相当,超过医药、航空航天和广告行业等。这些数据虽然是老生常谈,但依然令人印象深刻。据 2007 年 8 月的统计数据显示,英国高等教育部门年收入为 234 亿英镑,出口总收益为 53 亿英镑,大学生占了超过 1% 的英国劳动人口总数。就其广泛的经济影响而言,高等教育部门的产值为 590 亿英镑(Universities UK 2011)。

现在来谈谈当前。表面上英国高等教育看起来非常成功,事实上背后却岌岌可危。首先,现在它正经历着又一个震荡期,部分原因是由于政府开支的削减,这段时期可称为市场国有化时期。政府的初衷是以市场的名义让高等教育更具竞争力,让高等教育扎根市场,通过竞争进一步提高生产率。通过模拟市场运作,让学生扮演消费者的角色,准入私营成分来普遍提高竞争水平。然而,这种市场模拟并非毫无风险。如果体系效率已经达到了一定高度,还继续提高效率的做法无异于杀鸡取卵。这种说法并非空穴来风,比如最近有一项研究将英国高等教育系统的"产出"排在世界第二位,但在"资源"投入方面排世界第二十七位(Universitas21 2012)。另一个更普通的证据是,众所周知,英国对高等教育的投入所占 GDP 的比例极低,2007 年,英国对高等教育的投入占 GDP 的 0.69%,德国是 0.91%、美国是 0.98％、法国是 1.21％(Universities UK2011)。

其次，如前所述，英国大学正日益成为一种"安全网"，专门负责解决其他行业的棘手问题。英国大学肩负着越来越多的任务，承担这些任务通常需要大量的交叉投入来支撑——这些不断增长的其他任务还会严重影响到大学的核心活动——教育与科研，进而影响其国际排名。在罗宾斯的时代，大学具有以下四大主要功能：提供必要的符合劳动力市场的技能；增强学生"一般的心智能力"；通过研究促进学习；以及致力于"共同文化与共同公民标准的传播"①。除此之外，现在的大学还需要承担以下职责：成为城市与区域经济的中心节点，扮演经济增长的主要动力场所；倡导社会公平；用科研"影响"社会发展；成为全球性问题的解决者；进入国际网络和组织，等等。在这些任务之上，大学仍须承担服务公众的职能，即罗宾斯所强调的那些。

最终结果是英国大学的全球竞争力可能在正当其需要支持的时候受到阻碍。即使英国高等教育已经在全球高等教育领域连续称霸 30 多年，但是，需要一再强调的是，英美在全球高等教育上处于绝对支配地位的时代已经一去不复返了。英国的大学花小钱办大事，但总会存在一个临界点，到那时就只能花小钱办小事。如果达到了这一临界点，作为英国近年来获得的寥寥无几的经济成功典范之一的英国高等教育可能会被破坏——而且可能是不可逆转的。

对大学的反思

这些事件表明，我们应该对高等教育进行反思。过去几年是英国高等教育体系发展的

---

① 《迪林报告》后期重新定义的一套标准为"激励个人以及使个人具备开发他们一生中最高潜在水平的能力，如此他们才能增长智力、具备工作所需的能力、有效地为社会做贡献并实现个人成就"，"为了自身增长知识和理解，培养他们将知识应用于经济和社会效益的能力"，"满足地方、区域和国家水平的适应性强、可持续的、以知识为基础的经济发展需求"，以及"在塑造一个民主、文明和包容的社会上发挥主要作用"(全国委员会关于高等教育的调查，1997)。

一个艰难期,因为政府改革旨在增强大学的市场潜力,例如提高大学本科学费、试图将本科生招生打造成自由市场、增加私营教育机构等。虽然,不得不说高等教育体系在学费和相关问题上合理巧妙地应对了政府政策,并且还保持了相当良好的态势,但是,无论是对于自由市场的拥趸者,还是公共事业的支持者,现在的结果都是不尽如人意的。

一方面,市场拥趸者失望是因为,政府允许更多私立大学进入教育领域,并将学生资助从学校转移至学生身上,以此创建一个初期市场机制,创造一个所谓的核心—边缘模型,增加了高分成绩学生的流动性,但这样充其量只是创建了一个准市场而已,它并未减轻政府干预对大学的影响(Glen 2013)。另一方面,公共事业的支持者也感到恼火是因为,教育体系变得更加趋向一个商业体系,并且政府拟定要削减财政支持——而且是直到最近才部分生效的财政削减政策。

不论事实情况如何,我们都可以从中获得经验,而这一经验不仅仅适用于英国本土,具有普遍性。像其他大学一样,英国大学通常在国家政策制订方面几乎没有任何地位。当然造成这种状况的原因是多方面的,但纵观全局,主要还是因为英国大学本身根本就不知道自己想要什么,言下之意也就是这些大学除了有一些学术自由之类的大而化之的要求(当然这也是很重要的)之外,就不再去争取其他的了。因此,他们将大把的时间都花在与政府提案的博弈上,寻求的是各种短期利益。

在世界其他地区也普遍存在这种情况。如果高等教育的出路并不仅仅是变成某些人喜闻乐见的"提供高等教育的公司"(Holmwood 2011,15),那么未来高等教育将会可能会呈现何种态势(讽刺的是,市面上有关教育领域的书籍相当之多),还没有人对此对此做出思考。确实也存在极少数关注大学和高等教育未来的书,但这些书往往浅尝辄止,给出的解决方案也通常是用在哪里都适合的信息技术、市场竞争、美、审美标准、"大学"(像是一种信仰)之类的万金油,过于泛泛而谈。

普遍的是,目前一些对大学未来的思考总是带有负面色彩,好像在沉湎于高等教育过去的辉煌,从而对现状进行批判(例如:Collini 2012;Docherty 2011;Holmwood 2011;McGettigan 2013)。这种看似对大学虔诚的思考氛围无法掩盖一个事实,那就是他们极少谈及未来的大学应该成为什么样子①。他们是提出问题的巨人，却是给出对策的矮子。硬要说对策的话，迄今为止他们的策略只有一个，那就是说一大堆老生常谈的原理，却拒绝一切讨论余地。回到大学的未来这个话题：如果出现了一些不利变化，他们就归咎为政府的问题、市场的问题或大学领导班子软弱，而且在进行谴责的时候语气相当愤怒。这种反应不能也明显站不住脚。因为，它忽略了一个事实，那就是我们目前所知的大学是大学发展历史中的一种形式而已（Clark 2009）。例如，我们一些基本研究方式，如研讨会、专业期刊论文以及学术专著，都是由德国发明并输出的，而且它们刚出现的时候也饱受批评。又如，1869 到 1870 年间，整个美国常春藤盟校仅有七名住校研究生。事实是，历史上大学曾以其他各种形式存在，而我们却对我们目前的模式一致默认与维护，好像它就是大学存在的唯一形式。我们完全可以对讲座、学术研讨会、学历这些大学的学术组织形式进行改革，条件是，这些改革不会质疑大学存在的基本意义。当然，对大学存在意义的讨论也是应该进行的。看看高等教育体系在过去 50 年的变化之快我们就可以知道，变化是可能的。

未来的八个基石

如无意外的话，在未来这种变化仍将持续，因此，我们最好先明确英国大学未来的八个主要基石。其中每一个基石都具有特别重要的作用。

---

① 但我们仍然可以接触到指责现代大学为"象牙塔"（Shapin, 2010）的这类资料。为什么？因为典型的关于高等教育的这类感叹几乎都只关注艺术与人文，这两方面被看作是构成了现代大学的灵魂，也是良好公民的关键所在（c. f. Nussbaum, 2010）。但是，尽管这一人文主义观点毫无疑问具备优点，尤其是这一观点关注大学作为促进那些理解理性争论与主观臆断之间区别的良好公民的一种手段，且这种观点是基于一个特定的现实，且这一现实与大学关系并不大，但却能引导一种积极的怀旧主义。例如，很容易证明现代大学活动对艺术与人文的关注是极为缺乏的。自从 20 世纪 50 年代以来，科学与医学在大学研究中占主导地位。与之崛起相关的是一大批人员、设备和资助机构组成的基础设施，这类机构就像制造科研的机器。因此，艺术与人文方面现今在所雇员工数量中只占 13%，甚至是像英国罗素大学集团这样生产精英的大学也是如此。与此相反的是，在教学中，职业学位越来越占主导地位，尤其是在商业学位方面。

第一，大学应继续作为无私的知识生产者这一角色存在。现在，许多企业与部门纷纷从基础研究领域内撤出。不幸的是，他们把投入科研看作费用，而不是投资。大学正成为世界上唯一的致力于系统性新知识产出及其阐释的机构。因此，作为系统性知识的唯一方舟，大学肩负重任。大学承担对世界共同面临的紧迫难题的解决，从新型疾病到全球变暖。这些问题的解决要求大学之间的合作。几十年以来，大学一直在诸如艾滋病治疗与气候变化之类的问题上进行国际性合作。随着问题影响范围的增大，进行合作的要求变得日益紧迫。针对这一要求，许多英国大学对内，启动与全球重大问题有关的项目，将上述研究课题进行跨学科的整合；对外，与海外大学进行合作，利用其研究资源。然而，即使是像牛津和剑桥这样的名校，也很难有足够的资源，独立解决上面提到的全球问题。这说明大学之间应进一步深化合作。关于这一点，我将在下文阐述。

第二，大学应继续作为有良知的培养者这一角色存在，培养有质疑精神的知情公民。人们在他们人生的成长阶段里，聚集于大学，在安全与自由的氛围下，讨论他们之间的差异，尽量做到求同存异。大学就是这样一种奉行启蒙主义价值观的场所。大学自诞生起就肩负着这一使命，但是时下人们总觉得，大学在这方面发挥的作用越来越少，影响面也越来越狭小。也许问题中最重要的一点是，大学应确保自己传授与传播的不仅仅是各种技能，还有某些价值观，这也是大学最初创立时的目标之一。是否能确保该目标的实现，这取决于学生们在受教育的同时，还能向彼此传播自己的观点：来自不同文化与信仰背景的人们之间的互动会产生一种效应，使融合后的产物远胜过各个部分单独加起来之和。一流的大学能做到这点。它们拒绝仅仅是命令式教学与按部就班的上课（Delbanco 2012）。它们尝试通过潜移默化的手段，以达到自己的教育目的。这里有许多此类典型案例，包括志愿者活动、创业计划及雄心更大的国际性活动，目的是为了扶贫济困。其中许多活动是由学生们自己发起的。

第三，大学应继续作为公共产品提供者这一角色存在。然而，要说清这个听起来无关痛痒的词，可真不是件容易的事。我们先从公共产品的经济学意义说起，这里能找到数不清的相关文献，所以很难对"公共产品"进行经济学方面的定义。一个经验的事实是，通常情况下,高等教育是一种有限供应的产品,因此并不是所有想得到它的人都有机会享受高等教育。原则上,这里并没有高等教育不能由私人提供的经济学理由。比如,纽约大学宣称自己是"提供公共产品的私立大学"。那么这里有一个问题,我们公共产品提供给哪一类公众? 如肯尼迪(2011)所说,要用通俗易懂,且有说服力的措辞说清大学资源为什么只应向特定公众开放是很难的。相反,一些人会认为这是在间接地将大学政治化。并没有明确的方法可以确定一所大学应服务于哪一类公众,尽管大学的服务的确越来越集中于某一部分人。不过大家都很清楚,为了不负其名,大学应通过某类公共利益的考验,服务于各种群体:大学由不同的人群运营,也向不同的人群服务。上述人群应包括:职员、学生、校友、捐赠者、公司、政府、本地与国际团体。同时,大学必须在上述所有人群的需求之间取得平衡①。

第四,大学必须继续在促进社会阶层流动方面作出贡献。不论它们喜欢与否,大学始终被视为精英的聚集地。大学通过各种限制性入学考试、测试、定级测验及其他方式来筛选、考察与判断精英学生。所有这些考察都基于精英统治的原则,确保以各种方式挑选精英。然而,大学又始终面临着民主原则的压力。这个压力来自下面两个因素:一是出于对拓宽受高等教育机会的,这是普遍且完全合理的要求;二是来自一个事实,即大学的运营取决于公众以各种方式对它们的支持,即使对教育提供支持的人不能直接从高等教育中获益②。一直以来,拓宽受教育机会都是大学面对的关键挑战。这方面已取得一定进步。然而,很多报告仍指出,在许多英国大学招生时,社会不平等现象仍然严重,大学把这种不平等归咎于其他社会原因。大学也不能说这是中小学体系出的问题,是他们造成的教育权的不平等,而大学无力做出实质性的改变。当然只是说出来是不够的。特别是,其中以大学

---

① 然而此刻,过去一度能达成扩大共治目的的统治形式现在却有了变化。往好里说,是变得不再纯粹,往坏里说,则是完全让人困惑。更确切地说,他们仅在极少情况下,让各位赞助者对彼此畅所欲言。而教职员工则逐渐觉得幻灭,他们感到远离对大学机构的控制。但是许多与大学有关的其他公众有着相似的感受。无疑,有必要推出一种新的大学共治模式。

② 直到现在,他们仍经常在困难时得到回报性的资助。资助的原因包括传授了民主思想,似乎没有大学,这个概念将是不可想象的(Nussbaum, 2010)。

招生的地域不平等现象尤为严重,即大学所在地的学生入学机会多。地域不平等现象亟须得到调整。

第五,大学必须是经济增长机制不可分割的一部分。目前,大学被公认为重要的经济参与者。在国家急欲推动经济增长的情况下,大学应最大限度地发挥其经济效用。这意味着保护且随时增加对基础研究的投资,同时也意味着加强对应用研究领域的重视,并把它作为基础研究经费得到保证的条件。扩大应用研究规模的方式有很多种,从衍生新公司、通过国家工业中心授权生产和技术转让之类的基本方法,到向中小型企业提供一般商业建议等。

第六,大学必须更加顺应跨地区的潮流。过去,大学资源通常集中于特定地域——毕竟,大学往往是以某一地点命名的。在大学的多区域办学方面,我们需要进行更多尝试。这意味着我们必须思考大学作为交流场所的实质是什么。在这个场所里,国际化可以发挥积极作用,而不是仅仅被视为在不同大学中为加强自身竞争力的一种手段。至于研究,它可能不再是仅与某个大学有关的事情。来自不同大学机构的研究人员之间的联系很可能比同一大学机构中研究人员之间的交流合作还要频繁。"大学"成为全球范围内运转的交流合作系统,其合作内容包括从共引研究到对科技展的民族志调查的各种形式的分析①。学生方面的情况也在奋起直追,原因不仅包括大学越来越多地招收国际学生。这些学生已有了一次出国留学的体验,以后就有再次出国留学的更多倾向。在未来十年内,学生在攻读学位期间,由原来所处的大学转到另一个地方进行学习会变成司空见惯的事情。大学正在通过上述变化使"国际公民"的概念步入现实。在这些情况下,大学的空间界限在哪里?大学有必要真的设立空间界限吗?

第七,大学不仅需要加强竞争力,还需要提高合作能力。这意味着,我们有必要尝试新的"大学"模式。在新的模式里,大学较之以往成为更具合作性的主体。当然,大学学者会

---

① 根据爱思维尔公司的研究,大多数高被引论文的作者都有着国际性的学术背景。当然,这一观察结论的难点在其因果性的论证上。

与其他大学的学者进行合作,所以至少原则上合作不应该是个难题。但在现实中,合作似乎仍然要细加斟酌。有以下几个原因:首先是文化。每所大学的文化大相径庭。在过去数十年间,甚至是数百年间,每所大学都形成了不同的文化。其次是势利心理。大学非常关注自己的相对表现,并认为难以与较低层次的大学进行合作。最后是财务因素。大学往往担心合作是否能盈利。此外,合作也可能带来重大财务危机,尤其是在初期阶段。

但是近年来,一些组织(如英国研究理事会和 HEFCE)日益开展合作项目或投入特定的巨额款项来促进这些项目的发展,这激励了许多大学开展更深层次的合作,显然这类合作还会进一步发展。

关于学校合并,有很多成功先例,尤其在伦敦,但合并通常需要大量资金投入,因此在艰难时期很难实现。但大学联盟则不一样。联盟方式不必局限在某个地区,也不必局限于不同类型大学之间的合作,也可能是海内外联盟。采用哪种方式并不重要,重要的是鼓励试验,因为只有多试验才能了解什么样的联盟能够起到预期的作用。

第八,大学生资助体系需要与人们的期望紧密相连。费用问题不仅只是投入额外金额的问题,还存在更多利害攸关的问题。政治家目前面临的一个主要问题就是,如何协调和中产阶级的合作关系。中产阶级现在正困惑于全球化带来的风险与机遇。现代福利国家倾向于让国家的资源惠及社会各界,即使各界所获利益会有所差异。但随着这些资源数量的缩减,越来越多被压榨的中产阶级可能逐渐中断他们与政府的合作。高等教育现在就面临这样的问题。通过与学生和家长的谈话得知,征收九千英镑的学费会使中产阶级认为,短期内增加学费就是在更广范围内中产阶级撤销对大学支持的征兆。对入学机会平等问题的极端反应也是对大学支持减少的标志。这是一个心理上的转变,它意味着中产阶级对高等教育越来越不满,因为大学被视为一个对他们不利的改革的前兆。就大学而言,人们可能逐渐减少大学作为公共福利的作用,而更多通过使用资源和实现的目标来判断它们的好坏,所以评判结果可能会更加苛刻。

这类问题就如何规定学费给出了一定建议。至少他们建议政府仍需要对高等教育积极投入资金,直到除牛津和剑桥以外的大学都能得到非政府捐赠,使他们可以按需设置奖学金,无需考虑资金的短缺。学生需要看到,社会对他们教育的投资是对国家未来的一种投资。而目前,学生们看到的只是把投资到国家未来的公共财产变成了他们的个人所得。这种认识反映了人们对教育投入价值的理解,一种不健康、不持久的理解。

但是也存在另一个相关的问题。英国大学处于一个全球化的世界中,所以英国的学生绝不仅限于选择自己国家的大学。只要他们愿意,他们可以选择国外的大学。虽然目前只有很少的英国人选择国外的大学,但是出国就学的学生数量正在快速增长。例如,在2010—2011年度有9 000名学生在美国学习,而且他们中的许多人都获得了丰厚的奖学金。换句话说,学生,尤其是那些富裕的学生可能会选择去英国高等教育体系外的学校学习,而这在过去几乎是不可能的。但就目前形势而言,这类学生会越来越多。

全球化下的英国大学

我们继续谈一下全球背景下的国际化问题。显然,英国高等教育目前就是一个国际性的活动。但是人们可能没有意识到的是,英国高等教育面临着越来越多的国际竞争。

但是,美国大学正在以一定速度向海外扩张。澳大利亚大学的发展也非常快,并且他们对国际化十分热衷。加拿大大学正致力于实现在十年之内国际学生翻一番的目标,并且已经吸引了越来越多的国际学生。与此同时,中国大学也在以惊人的速度扩张,并且为了使其更有竞争力,中国政府已制定了一项明确的政策,即将其研究资源集中于顶尖大学。中国大学正努力实现到2020年国际学生达到五十万的目标,其中已经有一所大学宣布计划在马来西亚设立分校,而另一所大学计划在伦敦设立分校。

诸如马来西亚和新加坡这样的东南亚国家也有类似的发展。一般来说,许多亚洲国家正在通过吸引海外知名高校的方式来迅速提高他们的声誉。许多欧洲国家也采用了类似的策略,如用英语教学并且集中研究资源;法国和丹麦通过明确的政策合并高校;德国则采取了新的竞争力制度。一些中东国家连同阿布扎比和卡塔尔等的几个国家也允许在本国设立海外高校。预计印度和巴西等其他国家也将很快陆续开始大幅度扩张他们的海外实力。

以上这些情况导致的最终结果就是,英国大学所在的舞台变得越来越拥挤,竞争也变得越来越激烈,难怪英国的国际学生数量增长缓慢,雪上加霜的是,英国政府前一段时间对学生签证缩紧引起海外负面报道(目前这一状况正在改变)。值得注意的是,只有英国和澳大利亚将国内生产总值极小一部分投入高校,并通过教育出口和其他收入获得了大量回报。其他国家的大学都是依靠政府资金(除了美国用的是捐赠资金之外)在国内和海外扩张,而英国大学却必须在没有同等政府资金的支持下与竞争伙伴展开竞争。

除了资金不足,政府对国际学生签证的控制,英国大学还面临着其他阻碍。政府资金的分配也限制着每所大学所能实现的目标。研究经费就是一个恰当的例子。英国大学已经有了很多年相对稳定的研究预算,在十年承诺中政府也连续增加了研究经费,还有后来的研究"围栏"保护了研究委员会预算和质量相关的研究经费(QR)。再加上惠康信托资金的支持,以及近期从欧洲研究委员会获得的研究基金,以及其他欧洲研究项目基金,使得现在英国主要研究大学从欧洲获得了 13％到 23％的研究经费。但是政府的研究资金仍然在减少,甚至还会更少,因此,随着竞争变得更加激烈,英国大学重大国际研究的竞争力会下降。

很多研究型大学资金不足

在竞争日趋激烈的当今社会,很明显,英国不得不面对一个事实,即英国国内有的许多研究型大学由于运营规模小,正面临资金不足、无法保持世界竞争力的问题。规模对于大学很重要。在《泰晤士高等教育》(THE)评选的世界大学前 100 强中几乎没有哪一所大学的资金周转量少于 8 亿英镑。学校规模与其是否能够在全球取得成功紧密相关,但很多英国大学的资金周转量不到 8 亿英镑。

在这种情况下,需要制定政策,像很多其他国家一样,将小规模的研究密集型大学合并。实际上,这就意味着所有英国研究密集型大学①,除了牛津大学、剑桥大学、曼切斯特大学、伦敦大学学院、伦敦国王学院以外,都有必要进行合并。这似乎是危言耸听,但值得注意的是学校合并已经迈出了第一步,研究密集型大学的区域联盟已经开始了。正如我们上面说的,英国大学正不断地合并,尤其是在伦敦地区的大学。

为了更好地发展,在管理方面,大学需要自治,不能也不应该被牵着鼻子走。但是,政府是否有可能出台激励合并的措施,为合并或更加专业化的大学提供专项资金支持呢?这是有许多先例的,包括 HEFCE 的特别基金,还有研究委员会要求共享设备的政策。这种原则扩展使用到其他设备,甚至整所学院和系。苏格兰学校已经开始实行了,一些英国大学在某些学生人数少的专业上进行的合作也在最近急剧增长。换句话说,从区域联盟到国内大学间的合作,再到真正的融合,需要一步步来。这些逐渐的步骤可以在没有大的波动情况下,实现规模的扩大和竞争力的增强。

还有一个选择,就是鼓励跨国界合并,使英国大学通过与国外的大学合并来扩大规模。理论上,大学没有理由不能成为跨国性的组织;而实际上,合并的道路相当艰难。将来英国大学很可能会一个接一个地与其他学校结成联盟②。仅仅签署交换生协议是远远不够的。成为跨国大学有许多优势,师生可以在不同地区工作,增加就业机会,培养世界公民;更重要的是,能够开辟新的研究经费来源渠道。

作为国家工程项目的英国大学

然而,谈到国际化,可能目前英国最需要的就是让所有英国公民树立国家工程的意识。在这里我并不是指全体英国公民都拥有一个一模一样的英国梦,这不可能也没必要;而是指英国人要树立一种意识,明白为确保国家未来的繁荣需要做什么,应该怎么做。目前世

---

① 显然,不包括像伦敦政治经济学院(LSE)这样的小型专业性学校。
② 如有名的莫纳什-华威大学联盟。

界上发达国家的公民都有这种本能直觉,知道如何去做,为了在全球经济文化中保持这种文化制度上的中心地位,这种习惯得以扩散。更重要的是他们意识到长期投资的必要性,长期投资反过来意味着要着重投资人力资本。要做到这点对于英国来说是一个相当大的挑战,英国主要是食利经济,主要特点是金融中心发达,国内制造业薄弱,劳动力市场高度开放自由,公共投资和私人投资水平低,这些必然导致研发创新水平相对薄弱。

需要建立相应的体制机制,引导英国公民将投资集中在对国家未来发展至关重要的地方,推动国家走上创新型发展道路,比如对高等教育的长期投资。总而言之,所有方式中,投资高等教育是投资国家未来的主要方式。高等教育恰恰提供了一系列未来产品:受过良好教育有创新精神的劳动力、研发和创新以及社会文化资产,而社会文化资产正是一种对未来产业形态的形成产生重要影响的意识。也就是说,总之这是为未来构筑能力。

需要更注重对未来产品投资的原因还有两个。其一就是英国将经历一场经济学术语之战,导致的必然结果就是,卷入这场战争的年轻人有责任为争取他们应得的补偿而战,即使不是现在,这场战争总会在将来的某天爆发。很多对高等教育的大型投资都是在这种情况下产生的,比如美国《1945 年后军人安置法案》,还有一战二战后以 R. H. Tawney 为代表的作家对高等教育改革的思考(Steele & Taylor 2008)。

其二是人口代际矛盾的凸显。可以说,现代英国人口代际的平衡关系已经被破坏。"我们知道,在西方发达国家,战后婴儿潮中出生的那一批人已经老龄化,这批老龄化人口数量将达到一个新的高度,他们没有工作,他们掌握的相当一部分的资源得不到利用。由于快速的环境变化,现在让这批人去避免或者适应变化的环境的成本是相当高的。我们也应该看到,当前国债大幅增长,而国债是需要用税收去偿还的。可想而知,下一代人并没有理由会像我们想象的那样轻松"(Willetts 2010,142)。为了在某种程度上保证上一代与下一代之间的平等,就需要采取措施,通过投资未来产品建立联系未来的桥梁。

如何解决以上提到的这三个迫在眉睫的问题? 很明显,要从改变经济结构开始。过于短视的英国经济已经是一个老生常谈的问题了,这种经济短期主义需要改变,尤其是要将英国企业短期投资方式变成长期投资战略(Cox 2013)。英国基础设施建设几近荒废,这个问题要引起重视。还需提高英国劳动力水平尤其是中层劳动力水平。但是,尽管这些观点大家都知道而且也接受,但真正在为了实现未来的国家工程而需要做一些改变,实施这些想法时候却困难重重。

建立新的体制机制迫在眉睫

造成国家如今这种状况的原因是多方面的,其中一点原因就是资金运行是建立在短期政治周期基础上的。因此亟须建立一种节约型的体制机制来进行长期性投资。

世界上越来越多的政府将主权财富基金用作节约管理这类资源的手段,包括教育。首例这类主权基金于 19 世纪末后半叶出现在得克萨斯州,当时是用来为公立教育提供资金支持的:永久学校基金成立于 1854 年,最初是用于中小学教育;紧接着永久大学基金成立于 1876 年,用于大学教育。另外有些政府的某些基金并不完全是用于教育,例如澳大利亚未来基金,其中一部分基金也会用于研发创新,然而这笔基金经常会被政客们突然另作他用。

若关于英国主权财富基金的想法有点超前了,但或许还有其他办法,其中一个办法就是规范国民核算,使投资产品可视化,然后承诺每年按照一定的比例逐渐加大这类产品的投资,提高其占国民支出的比例。

结论

当代"英国疾病"的根源在于对未来投资的匮乏。现有的体制机制不足以推动国家步入一个更好的未来,在这个现有的孱弱的体制机制中国家除了苟延残喘,就只能无所作为了。英国对未来的投入长久以来处于不足的状态,重蹈覆辙是非常危险的。如果英国高等教育想要成为英国甚至是世界上一股强大的力量,那么我们需要对现有的体制机制做出一些改变,倡导一种截然不同的发展方式。

参考文献

Biagoli，M. 2009. "Postdisciplinary liaisons：science studies and the humanities" Critical Inquiry，35，816 - 833.

Clark，W. 2009. Academic Charisma and the Origins of the Research University. Chicago，University of Chicago Press.

Committee on Higher Education. 1963. Higher education：Report of the Committee appointed by the Prime Minister under the Chairmanship of Lord Robbins 1961 - 63，Cmnd. 2154，London，HMSO.

Cox，G. 2013. Overcoming Short-Termism in British Business. London，Labour Party.

Delbanco，A. 2012. College. What It Was，Is，and Should Be. Princeton，Princeton University Press.

Docherty，T. 2011. For the University. Democracy and the Future of the Institution. London，Bloomsbury.

Glen，J. 2013. Completing the Reform. Freeing the Universities. Free Enterprise Group.

Goldin，C.，Katz，L. F. 2008. The Race Between Education and Technology. Cambridge，Mass.，Harvard University Press.

Holmwood，J.（ed.）2011. A Manifesto for the Public University. London，Bloomsbury Academic.

James，W. 18/2010. 'The Ph. D. octopus' in Richardson，R.（ed.）（2010）The Heart of William James. Cambridge，Mass.，Harvard University Press.

Kennedy，M. 2011. 'Cultural formations of the public university. Globalization，diversity，and the State at the University of Michigan' in Rhoten，D.，Calhoun，C.（eds）Knowledge Matters. The Public Mission of the Research University. New York，Columbia University Press，457 - 500.

McGettigan，A. 2013. The Great University Gamble. Money，Markets and the Future of Higher Education. London，Pluto Press.

Menand，L. 2011. 'What is college good for?' The New Yorker，June 6th，74 - 79.

Mirowski，P. 2011. Science-Mart. Privatizing American Science. Cambridge，Mass.，Harvard University Press.

National Committee of Inquiry into Higher Education. 1997. Higher Education in the Learning Society. London，HMSO.

Nussbaum，M. 2010. Not for Profit. Why Democracy Needs the Humanities. Princeton，

Princeton University Press.

Steele，T. , Taylor，R. 2008. 'R H Tawney and the reform of the Universities'，History of Education，37,1 - 22.

Taylor，M. C. 2010. Crisis on Campus. A Bold Plan for Reforming Our Universities and Colleges. New York，Knopf.

Universitas 21. 2012. U21 Ranking of National Higher Education Systems 2012. Melbourne，University of Melbourne.

Universities UK 2011. The Impact of Universities on the UK Economy. London.

Watson，D. 2007. Whatever Happened to the Dearing Report? UK Higher Education 1997 - 2007. London，Institute of Education.

Willetts，D. 2009. The Pinch. How the Baby Boomers Took Their Children's Future—and Why they Should Give it Back. London，Atlantic Books.

学习真知的大门:新的全球多样性大学对新知识和智慧的创造

Jayanti S. Ravi

印度古吉拉特邦高等教育局长;印度知识联盟最高行政长官

通往认识真理的大门

我经常会考虑一个问题:用什么来区分高等教育和其他阶段教育,如小学,中学或职业教育。牛津字典将高等教育定义为"在大学或类似教育机构里的教育,特别强调学位水平"。也许高等教育并不仅仅是有助于职业发展或是获取技能和能力的工具(虽然它应该具备这些功能以至于能让我们的知识工具盒更加丰富),更重要的是,高等教育也是对世界和个人为什么产生关系以及怎么产生关系的探索和追求——个人如何和谐地将他/她自己与世界联系在一起? 事实上,大学是一个"世界城",在里面的每一个人都成为一个世界。我们的思维从自己的小空间释放出来并不断扩展至像天空一样广阔,甚至大到像宇宙一样无穷。高等教育是一扇通往认识真理的大门,就像奥义书所说的"Tat twam asi"——你就是那样。这是一个信号,它说明每个人都必须期望从高等教育中得到收获。

印度出现大学教育可以追溯到几百年以前。那烂陀,塔卡斯腊,Vikramshila 以及 Vallabhi 这些都是最早的大学,而且都是非常好的学习的地方。他们吸引了众多国内外学者,包括西藏,中国,希腊,伊朗以及中亚。现代大学建立于 1857 年。在英属印度,他们是一种形式上的移植,他们的建立主要是为了适应殖民国家的需求。这些大学的出现或多或少与几近消失的本土教育体系有关,很多学者如 Dharampal 称之为美丽的树。

这些现代大学的最初目的从研究和学习转变为对从属关系的关注,对授予学位的考试以及附属学院的规章制度这些行政活动上。他们的目标是建立一个能够马上为东印度公司工作的毕业生体系,从而服务和满足殖民政府的有限的需求。当时的殖民政府执行严格的控制,不给大学任何自治的权利。尽管印度教育改革家们做出过一些孤立的努力,但这种演变基本上定义了几乎所有印度的现代大学的本质和特征。

全新的教育理念

在印度自由运动时期,一些教育改革家和社会改革家们创办了一些拥有全新教育理念的大学。例如,Mahatma Gandhi 创办了 Vidyapeeth, Kashi Vidyapeeth 和 Jamia Milia Islamia 大学。Rabindranath Tagore 创办的 Viswa Bharati 大学融合了世界不同文化。但是这些教育机构非常少,而且随着时间的推移,他们也要么逐渐孤立,要么失去了他们的特色。1947 年印度独立时,主流大学仍然受着约束,保持受管制的特性。从 1857 年到 1947 年,大学的数量从 3 所增加至 19 所。这个数字现在已经增加到 634,相比于独立前每年增加 0.17 所或每 6 年增加一所大学,独立后的增长速度是几乎每年增加 10 所。同样的,专科学院的数量从 1857 年的 27 所增加至独立时的 500,而这个数字到 2012 年已经达到 33 000.

技术和专业课程有着更显著的增长,而且今天的印度有世界上最多的教育机构。印度毕业生的数量仅次于美国和中国。这一数量上的膨胀不仅满足了国内的人力资源需求,而且也对全球人才市场做出了重要的贡献。但是在毛入学率上,印度只有 15%,远远低于发达国家,同时也低于大多数发展中国家的平均水平。为了实现 2020 年超过 30% 的目标,高等教育的机构数量仍然有巨大的缺口。

独立后的印度多年来一直面临着三个挑战:招生率,优秀率和公平性。这些都是国家在决定未来全球大学的结构的重要因素。

如上所述,招生率是印度面临的重大挑战。公平性也是一个需要特别关注的问题。在农村与城市,富人和穷人以及所谓的上层种姓和下层阶级之间总会出现不公平的现象。虽然有研究通过比较不同学科、种姓以及阶层在印度城市中所占的总人数表明存在不公平和歧视的现象，但这些研究是否真的证明不公正的存在仍存在争议。Marc Galanter 在他的经典分析公平竞争的著作"Law and the Backward Classes in India"中指出三种资源使得考试具有竞争性从而达到择优录取的目的：(a)经济资源（学前教育、培训材料、从工作中获得的自由等等）；(b)社会和文化资源（人际关系、自信心、指导和建议、各种信息等等）；(c)内在能力和努力工作。这些因素相互组合使人们获得优秀的生源。通过各种计划和反歧视活动，政府多年来试图解决不公平和招生问题已经取得了一些成功。

困扰高等教育的主要问题

在高校的优秀程度方面，从国家评估与鉴定委员会获取的数据显示超过 600 所大学中仅有 175 所以及超过 30 000 所专科学院中仅有 5 100 所具有认证资格。这些具有认证资格的高校中只有不到 70 所大学以及 600 所专科学院被列为 A 级。同样的，在各种著名的世界大学排名中（这些排名在高等教育体系已很普遍），只有少数大学如印度技术学院的克勒格布尔校区，金奈校区和孟买校区排在全球前 500 名。如果使用其他指标来衡量高校的优秀程度，如科研产出或就业能力，结果也并不令人满意。

困扰高等教育的主要问题，尤其是对印度的大学来说，主要体现在过时的和僵化的课程，大量的空置的教师职位，在职业精神和能力上教师质量差，对学生的流动缺乏系统的管理者，几乎没有文化研究，少量且糟糕的研究工作，一个有缺陷的和僵化的考试制度，教与学的方法很差，低水平的学生的技能发展导致就业能力低下，特权阶级的主导地位，教育服务的供给不足和管理不善以及管理上存在问题。这些问题以及缺乏问责制给印度高等教育与科研的质量造成了巨大的影响，尽管采取同样的计算印度高等教育部门的薪水是金砖国家中最高的（根据购买力换算），并且在世界上都能排在前 10。

有趣的是，问题不仅在于资源，更在于管理的缺失。一个有缺陷的管理结构是印度的大学非常关注的事。各种大学的法规（设置了大学的功能并由国会或州议会颁布）让社会更大程度上的参与大学的管理。这种民主化导致政府或总理提名的团体和当地的民选机构像大学参议院。这种方式日益导致混乱并不断侵蚀国立大学的管理质量。其他一些独立的大学机构如学术委员会拥有大量的代表如教师和相关负责人。教师数量的激增是由于对高等教育质量提高这一渴望的无限增强。可悲的是这样做的结果是导致教师质量的减弱。大学生和教师的增加影响了决策的实质性和大学的风格,极大地政治化了校园氛围以及使学术标准变得不再严格。

具有民族特征的全球化教育

虽然传统州立大学被这些问题困扰,但是一些大学的学术精英的管理模式和自治机构所提供的具有民族特征的全球化教育却完全不同,例如印度理工学院,印度管理学院和印度科技学院。由著名院士或行业领导者如主席所倡导的紧凑的管理委员会所导致的文化多元化有助于知识创造与创新。

竞争激烈的入学考试让这些优秀的国立大学吸引了整个国家(99%)的优秀学生。而从这些高校所毕业的学生也是顶尖的人才,跟一般学校的毕业生完全不在一个档次。如此激烈的竞争也会产生一个不好的后果——如此高的淘汰率就像是对成千上万的努力学习和充满美好愿望的学生一记狠狠的耳光,这是非常严重的事情。这些被淘汰的学生随后进入所谓的二类或三类的教育机构学习。这种现象是一种民族资源的浪费,简直就是民族的耻辱。

回到顶级高校的管理模式中来:主体框架非常小并且保留了高质量的管理人员(通过有力的择优选取的方式产生机构负责人以及其他机构)。这将赋予领导者们更大的自主权和责任,从而使管理更有成效。除非在大部分私立大学中解决管理问题,否则让他们具有全球竞争力几乎是不可能的。

这些大学的高级管理人员关注或者认识到这些问题的影响吗?我认为答案是肯定的——他们有做出改变的愿望。一年多以前,我清楚地记得联盟部长专门在新德里主持了国家高等教育部长会议。

他强烈呼吁与会者应该重视学生流动率,学分转换以及评估学生的学习成果,这些与会者包括国家主要监管机构和大多数印度高等教育的利益相关者。尽管各级政府都对这些问题表示出了关注和担忧,但从本质上改变高等教育机构和改革领导的思维方式仍是一项巨大的挑战。

走向全球化竞争

然而对于印度高等教育体系来说这似乎是一条唯一有希望走向全球化竞争的路。这些手段例如已经在一些印度大学实行选学分体系必须要得到加强并严格执行,从而完全释放出学生的能力,使他们彻底从填鸭式的学习方式变为具有创新性,从模仿到创造。将阅读与研究,实习,教学奖学金以及扩展工作作为选修课程的一部分,将大大增强学生的参与性。

像 Gujarat 等一些州,已经出现了一些相互合作、共同组建的跨州大学。这为学生营造了一个可供选择的学术环境,让学生们可以体验和感受不同专科院校、大学、研究中心,以及该地区工业和社区项目提供的多元化和专业化。

同样的,开放式教育资源(OERs)和大型开放式网络课程(MOOCs)所产生的巨大的可能性是另一个非常有前途的发展。在 Delhi 和 Gujarat 的一些院校的案例中,学校努力营造一个综合性的大学,从而使学生在不同的学校分享他们的知识。这种从不同大学选择在线或离线课程学习,然后整合到一起获取学分的方式将会变得越来越普遍。

在线学习和开放式教育资源

通过在线学习和开放式教育资源(OERs)所产生的开放式教育模式无异于一场革命,它将解决高等教育面临的诸多挑战。

例如,国家技术促进学习项目(NPTEL)就是世界上最大的开放式学习资源之一。该项目提供 260 门课程,这些课程是由印度理工学院 Madras 校区,以及其他 7 所印度理工学院和印度科技学院联合提供——这是都是国内公认的优秀研究型院校。这一想法通过对公众开放这些珍贵的资源从而重新调整和补充教师资源的匮乏。各方都在共同努力使开放式教育资源的理念得到更多的认同,同时让这些资源能够满足国家工程院校的需要,从而使更多的学生受益。国家技术促进学习项目(NPTEL)通过对整个 Gujarat 州的调查,对这一体系的效果明显得到了积极地回应。超过 90％的学生和教师表示 NPTEL 使知识集中化,使教师的能力更强,课程和讲授更好,从而能帮助学生走向成功。

在线工作,如采用按照需求进行在线考试的方式对成果进行标准化测量的领先举措将会很受欢迎。除了借助 OERs,在线人力资源如教师以及让高年级学生作为导师也可以使受益学生遍布全国。这些努力能显著增强教育在课程和研究两方面的能力。

培养和促进文化的研究

教师数量和质量的缺乏这一严重的问题必须通过不同手段加以解决。虽然印度的大学教师享受很高的薪水,但他们从未真正投身于教学当中,他们只对那些优秀的学生感兴趣。随着那些最优秀的人才选择了工学,医学,科技,制药等专业课程,那些中下等水平的学生只能选择纯科学和艺术类的课程。基于此,那些非常平庸和低于平均水平的学校给教学提出了一个值得认真思考的问题。所有这些因素削弱了教学质量,反过来是学生质量变差。由于缺乏富有激情和有职业精神的教师,这样的恶性循环将不断持续直到学生由于不满他们的教师和教学而成为一名教师,这种情况才能得到改变。这种事情正在被印度各级高校加以解决。Gujarat 州的印度教师教育学院就对此做出了努力,他们致力于塑造具有职业精神和献身精神的教师,这些教师能够培养和指导学生朝着优秀的方面努力。它不是通过培养学生的智力和记忆力水平来实现,而是通过一种涵盖体育、德育、美育、智育和精神层面的全面教育来实现。这种全面的教育,帮助学生和教师自然地成长,并认识到他/她的全部潜能。

由于师资力量的匮乏,以及大学所存在的弊端,使得高校老师无法应付教学和考试。从而导致了科研力量的薄弱,而这正是当今世界发展的基础。

为了培养和促进文化研究,必须采取一系列措施。印度如果想要有良好的学术氛围,必须具备一些条件,其中包括各种资源,基础设施,实验器材,一流的设备,体制改革,以及最重要的一点——人力资源。同样重要的还有想法转变所带来的巨大挑战,即促进高校之间,大学的部门与院系之间以及各个学校之间的相互联系,从而加强跨学科和多学科研究并开启产学互动。总之,如果印度想在未来几十年发展成为一个知识型社会,就必须同心协力,精心致力于构建知识型社会所需要的框架和结构。

在国家所最为关注的就业问题上,规划和实施正处于各个不同的阶段当中。这些包括所做出的一些努力,如建立国家职业教育资格框架以及一些成功的举措如 SCOPE 在 Gujarat 做的一些工作——通过与剑桥大学合作,为 360 000 多人了提供英语能力认证。这对于国家的第十二个五年计划有极大地推动,同时通过跨学科和部门间的相互合作从而解决了广泛关注的就业问题。

为教育机构营造一种独特的文化

印度有很多独特的文化特征,这些特征决定了从现在到 2020 年高等教育部门的一些决策和发展进程。印度有一半的人口年龄处于 1 到 25 岁之间,到 2020 年,印度将成为全球人口最年轻的国家。64% 的人口属于正在工作的群体,这是个不折不扣的人口统计学算式。除此之外,还有一大批具有技术的高龄人群,这些人虽然已经退休,但仍然很健康,愿意而且能够在各种经济部门做出重要贡献。他们的知识、经验能够成熟处理和主动对待工作中的各种规则和职责,这些让我们将他们看作是教育领域的常青树。这群人当中有很多人已经具备了在国内大学或高等教育机构的丰富教育经验。值得一提的是在印度的很多地方都有技术部门。例如,印度理工学院 Gandhinagar 校区在其机构中有 80 名员工,其中有 16 名是已经退休或是高龄员工(占 20%)。这些高龄员工对年轻员工能力的培养做出了巨大贡献,并形成了一种独特的企业文化。

同样的,一年又一年,印度社会呈现出一种健康的并且成熟的民主化。它强大的司法体制和传媒,可能还包括成熟的民众,通常会在每五年的民主化进程中制造出不可预知的惊喜。他们通过电子投票产生出不同的结果,年轻人和老人,棕色皮肤和黑色皮肤的人,高雅的和粗俗的人,通过投票机进行着伟大的点击。我们可以将他们定义为另外一个群体——民主化群体——这是印度的骄傲。

考虑到印度是一个不同语言、团体、文化、宗教信仰以及宗族的意识综合体,我认为多样化群体是另一个印度可以借助的强大力量。这些因素的相互结合,当我们解决了高等教育的选拔体制,我们将看到这些群体的综合体。对年轻人来说,他们将参与人生中第一次多样性选举。

当我们凝视教育的水晶球,可以看到我们对全球大学所做出的贡献,特别是在当前环境下,我们可以清楚地看到国际化和全球化并不是不存在不同体系的冲击和影响。正如我们所说的,最大的影响是不同文明的冲突,而这种冲突的背后则隐藏着不同宗教信仰和文化的冲突。我们的教育政策必须阻止这种冲突。致力于大学教育的工作者、老师以及学者必须找到解决办法。我们要主动去培养知识型社会准备期的设计者、建造者和居住者——全面的、高尚的并且有技能的高水平专业人才。对于这么高的要求,我们是否应在 21 世纪第二个十年中叶这样一个充满机遇的时刻搁浅我们的计划呢?

结论

印度展现出了文化的不同层面,其中最重要的思想是个性并不仅仅是精神、活力和肉体的结合体。除了身体,生命和精神,还有灵魂。(用希腊人的话说)灵魂是精神、生命和身体真实的引路人和老师。这种观念在殖民时期被忽视和边缘化,但这一观念最本质的东西从未被抛弃过。上世纪 90 年代,这种思想成为那些为印度争取完全独立的民族主义者倡导的国家教育体系的跳板。印度独立到现在已经 60 年了，这种思想已经开始在教育政策和制度中有所体现，尤其是在高等教育的革新方面。

这一思想能以不同形式得到体现还要得益于 S. Radhakrishnan 教授 1949 年在大学教育上的一份报告，他本人是一位著名的哲学家，之后担任过印度总统。他强调孩子灵魂的重要性，同时也强调在包括高等教育在内的不同阶段所采用的教育方法的重要性。如此完整的教育和知识的全面发展是我们这个时代所必须具备的。我们怎么能不革新和发展大量选修课程，包括一些跨学科的能丰富人生的课程？我们怎么能不营造一个全球化的氛围让世界范围的学生分享他们在大学所学的课程？在线开放式课程（MOOCs）的革新能否为全球大学教育带来一个勇敢的新世界，从而能整合宽松但协调的全球性大学和学分转换和流动的完整框架？

通过全球性的讨论，有一个设想是发展人类统一的主题和安全稳定世界的演变。这两个主题与全球人类的团结和合作是一致的。

同样的，发展一种新新人类是必要的，他们对生态平衡和和谐，表现出足够的关注和敏感。这表明综合教育的思想是印度教育创新的显著标志，它与推进国际化教育的思想是紧密联系在一起的。我们需要一种具备能协调视野、智慧和勇气的新新人类，这能激发我们被压抑的英雄主义。我们衷心希望和祈祷 21 世纪的第二个十年的新型大学和综合性大学处在拥有各种养分的滋养的春天。新型的全球综合性大学能为人类提供无穷的技术服务，它不受任何影响，不断创造新的知识和智慧。

国际科研网络在国际大学中的角色：国际科研协作网络的出现及其对大学知名度与影响力的作用

Pekka Sinervo

加拿大高级研究所(CIFAR, Canadian Institute for Advanced Research)，多伦多大学教授

Denis Therien

加拿大高级研究所副总裁，麦吉尔大学(蒙特利尔市)教授

上世纪的百年中，全球化的研究型大学伴随着跨国界研究不断出现。这些发展背后由一些共同的外界因素推动，比如经济全球化和信息技术，这些因素在过去的 30 年间对我们的社会结构产生了深刻的影响。国际旅行的便捷以及各国政府将国际研究视为一种外交手段并给予优先发展权也推动了这些新模式的出现。当下的科研已不再是某一位研究者的实验室苦战、某一项研究成果或领域、某一篇累月积年才编印发表在同行评审学刊上的论述，或是某一个定期在学术会议、特邀讲座、座谈上才能获得与其他同行同事进行私下交流的机会。

当今科研的典型模式是：由众多研究者组成的不同团队共同致力于同一项目的研究工作，这些团队又通常由各自所在国家的国家级研究机构、院所分别提供资金支持，研究人员通过网络将自己的研究公布其上进行交流，使用论文草稿网站或公共平台来传播成果，与合作者及其他研究人员通过电子邮件、视频会议等手段进行日常网络交流互动，频繁出行参与参加研究会议。（Adams 2012）

研究人员的工作重点与生活方式的转变

这些趋势正在改变着研究人员的工作重点和生活方式，而且，或许更多地还是在缓缓

地改变着他们的研究机构。尽管国家对科研事业的投入仍然重要,在一些科研领域里,这些国家的投入体现在本地的众多硕博研究生和博后团队,但来自国际科研合作体的支持也变得越来越重要。

以我们的经验,相关的国际合作大致分为三种类型:1)相对非正式的研究团队,他们会定期不定期地将研究人员召集起来分享研究成果,与同行交流切磋;2)按照一定科研活动计划、更紧密地组织起来的网络与合作,这种形式要求其下的研究人员就某一特定的科研目标定期汇报科研进展,其研究成果通常也是联合发表的;3)涉及数十、甚至成百上千科研人员的大型国际项目,这种项目一般需要研究人员在很长的一段时间里展开紧密的合作,其所需的相关设备设施的操作和购置也只能由合作各方资源共建共享才能实现。

尽管这三种类型在各国国内都有无数的案例,我们所要讨论的却是那些拥有最大机遇的、真正国际性的合作体,因为它们不仅创造了知识,还为下一代培养科研力量。

本文将考察国际科研合作体的出现,并讨论它们对大学在国际知名度和影响力上的作用。我们将第一类型合作体称为"科研团队",意指其成员间有联系,但对成员个体科研活动的影响非常有限。第二种类型称为"科研网络",意指这种模式需要更明晰的组织结构和分工合作,共享人事资源或基础设施,以及在协调和设施方面有更深入的共享机制。第三种类型我们称之为"大型科研合作体",意指其科研活动在本质上有着更紧密的联系,共建共享在多数情况下使其颇具特色的大型基础设施,以及在这些项目的启动、发展和执行方面不可或缺的紧密合作与管理。

我们认为,国际科研团队,尽管重要,但仍未能从根本上促进科研机构本身的改变和身份设定。尽管这些团队数量大增,但是它们缺乏可以推动大学本身进行根本改变的可见度和影响力。相比之下,国际科研网络和大型科研合作体对科研机构的参与度的要求则不可同日而语。它们有足够的冲力和持久度可以使拥有这些合作科研活动的大学体以一种挑战其传统机构身份的方式冲入全球视野。

我们两位作者分别在加拿大最大的两所科研型大学担任高层管理职务,我们的经验可以展示这些新型的科研生态系统给大学创造的机遇。我们也很清楚地认识到这些科研体给大学带来的诸多挑战。现阶段我们二人的工作是组织并监管由加拿大高等研究所(CIFAR)支持的国际科研网络。这项工作让我们对国际科研网络的这一问题有了更加深入细致的思考,尤其是它可以让我们从一个真正国际化的视角进行观察。

国际科研网络

国际科研网络作为一种跨校跨国协调科研、具有明确分工的合作方式,我们对它的认识是:这是一种宽泛的概念,它在一个基本主题之上,允许各种变体出现。但它们具有以下共性:有合理且表达明晰的目标或期望结果;有正式的组织结构,使其参与者能够在该结构中确定重点、安排活动计划,协调资源使用和做出决策;向其参与者提出符合或超过参与者所在大学水平的任务预期和绩效要求。

这些团队所进行的科研活动对大学也是有益的。有机会使其员工参与到仅依靠大学自身无法负担的、规模更大、规格更高的科研项目中,这本身就是最直接的收益。除此以外还有其他的好处。这些大学会因其科研人员参与到这些规模更大的科研团队中而提升其在国际上的知名度和形象值。参与合作科研的另一直接好处是这些大学的教工和学生可以因此获得进入相关智力资源的权限。诸如此类的智力资源包括了可引以多用的特有数据库资源以及可移作他用的特殊仪器仪表。

这些国际科研网络的形式完全决定于整个团队的资助者和资助的方式。没有哪个大学可以独自依靠自身的力量支撑起一个多机构联合的国际科研网络;大学更多地只是在其内部为研究者提供支持。在某些情况下,两个或多个机构之间会达成正式协议,对某些项目共同出资,但大多也只限于两两间的科研活动。在实际操作中,大多数国际科研网络都是由大学以外的社会组织提供支持,其方式通常是在一到五年的时间内为该网络提供合作互动资源。这样的组织有很多,包括麦克亚瑟基金、盖茨夫妇基金、圣菲研究所、惠康基金会,应用系统分析研究所和加拿大高等研究所等(Mansilla 2012)。

我们将以加拿大高等研究所为例进行详述,因其列举了很多类似项目中出现的共同特点(Bernstein 2013)。"加高研所"共支持了十余项科研项目,每一个受助项目都围绕着对加拿大和全球来说都很重要的复杂的基础问题展开。每个项目都包含了来自全加及海外各高校的 15—20 名研究人员。这些研究人员都属于一个全球科研网络,该网络的受助协议每五年更新一次。

一般每个科研网络每年要在一名理事的主持下会面两到三次。该理事接受由四到六名成员组成的指导委员会领导。"加高研所"现有的 320 名成员中有 40% 来自加国以外的研究机构,涵盖了 13 个国家的 100 多个研究院所。每个科研网络的构成都要完成以下三个范畴的考量:每名潜在成员的个人优势、研究问题、可以将各个不同领域的研究者召集起来形成一个真正跨学科团队的大学。

在过去的 30 年间,"加高研所"支持的项目多达 19 项,现分为四个宽泛的主题类型:创新技术、成功社会建设、人类健康的增进和对地球进化过程的理解。这些网络所带来的长期影响大于它们的规模(Brown 2007)。本文的篇幅不允许我们详细介绍这些研究的成果,因为本文所关注的是这些科研活动带来的大学范围内的结构性影响,但这些科研活动的科研成果非常有影响,其中包括引用率超极高的关于人口健康原则的论文(Evans 2010)、雪球地球假说的提出(有关地球所历经的一段陆地冰封海洋冻凝的史前时期的假说),以及世界上一个最有效的基于深层信念神经网络的视音识别算法。

大型科研合作体

大型科研合作体是在 20 世纪后半期才出现的。这些合作体最早的现代模型应该始于用以观察原子核行为的大粒子加速器的研发,以及更近期的核子自身结构研究(Wilson 2001)。这些大型设备最初是上世纪 50 年代建于各个国家实验室、并由各国政府操作的。与此同时,各大学的物理学家之间则在组建用以探察这些碰撞结果的设备时逐渐形成合作关系。最初是在一国之内,继而迅速国际化,形成一些国际科研体,如坐落于日内瓦的 CERN(欧洲粒子物理研究所)实验室就是最早意识到需要支持组建多国间合作科研团队的机构之一。天文学界的发展也在越来越大型的望远镜及望远镜组的研制中经历了类似的过程(McCray 2004)。

这种合作体并不仅限于物理学领域。在致力于人类基因组排序的尝试中也同样形成了一个大规模的国际合作体。人类基因组计划(HGP)的正式启动是在 1990 年,来自六个国家的二十个研究中心的研究人员参与其中。该计划在 2000 年 6 月成功地绘制出了人类基因组排序的图稿,并于 2003 年正式完成了该计划。以基因排序为中心,该计划的组织结构彻底改变了基因信息在学界内外的共享方式。HGP 在其项目的成功创举之上为当今数不胜数的全球合作体打下了颇具操作性的基础。在加拿大国内也有数个由国际团队打造的国际化设施用以支持科研。其中包括 TRIUMF(加拿大粒子与核物理国家实验室)、加拿大光能、SNOLAB(加拿大地下物理实验室)和两个大型水下海洋研究网络,VENUS 和 NEPTUNE。

大学的角色

在这些国际科研活动中大学的位置和角色是什么？ 最直接的答案是,参与到科研网络和大型科研合作体中的研究人员大部分都来自各个大学。通常,这些研究者都在大学里有自己的研究团队,包括硕博研究生、博后和技术人员。这些研究者从校外资源中寻求资金来维持他们的本土科研活动,大多数情况下,他们也都是与其他机构的研究者联手寻求资金来维护他们各自的科研体。

反过来大学也应该为其研究者提供必要的设施支持。相关的设施通常都包括大型数据库、分析设施、与高级设备发展配套的特定服务—机房、电子制造中心和组装室—还包括围绕这些设施的人事支持。最后,依照设想,大学应在倡导科研网络和国际设施的后续支持中发挥一定的效力,并在很多情况下参与其管理和运行。

TRIUMF 可以作为加拿大大型国际设施的一个范例。它是位于卑诗大学校内的一个核物理与粒子物理实验室。虽然由卑诗大学主办,但它却是一个由 7 所加拿大大学以及另外六所拥有副成员资格的大学共同合作兴建的。该实验室的运行资本由加拿大政府提供，而各大学的职责是为其提供包括报废处理费用内的所有需求。TRIUMF 对大学参与程度的要求—提供相应规模的设施和承担潜在责任—对任何单个大学来说都是一项挑战。但它也被看成是加拿大国际科研活动的中心，因为在 TRIUMF 进行的实验项目会涉及来自数十个国家的研究者。

如今，很多综合型研究大学都在支持这种大型国际科研合作体。建于 CERN（欧洲粒子物理研究所）的大型强子对撞机（LHC）联合了四个专项研究设施，其中的每一个都有数千研究者参与。最大的两项实验，ATLAS 和 CMS 有来自 50 个国家的超过 100 所大学参与其中。

对于全球化研究型大学的启示

对于一所大学而言，扶植国际科研网络和支持大型科研合作体的意义都十分深远。首先，这些最终会有重大发现的科研项目不可能仅依靠一所大学的研究者或在一国之内的合作就能实现。现今那些引用率最高的科技文献大多都出自这些大型国际科研合作项目（Adams 2012）。

其次，那些最成功的科研网络所带来的大学内部的变化也是显而易见的。比如，关注人口健康课题的院系，在过去 20 年间的发展，大多可以追溯到那些曾经参与"加高研所"在该领域项目中的成员（Evans 2010）。再如，为了满足 LHC 实验在数据管理和分析方面的需求，共有 11 个大型计算集群在全球 LHC 计算网格中网联起来（Shier 2007），其中的五个分建于不同的大学内。这些集群也为其他研究人员提供了计算所需的基础设施，使他们有机会享用高效运算服务，否则这些集群也很难建在其所在地。

再次，国际科研网络所进行的科研活动经常会将其他并未正式加入国际团队的研究者及其学生带入与团队成员的合作中，并为他们提供了学习和受训的机会，否则这些机会都是不大可能出现的。有些培训已经成为很多国家研究生教育的固定项目（比如德国卓越计划就为 45 所院校的研究生院提供了具有国际关注度的培训支持)。

最后,各大学在全球的知名度也会因其科研人员大量参与这些国际合作而大大提升。

国际合作科研活动需要投入成本。这当然会在总体上增加大学的经济负担,增强国际科研合作与加强本地办学能力在资金的使用上会产生一些矛盾。国际合作科研活动还要求大学以一种完全不同的视角来看待自己作为研究机构所担负的责任,不仅仅要看到其在本地与本国内所需关注的问题,还需要确定和参与重点的国际项目。

为求成功,大学应该认识到并启用不同的机制以应对实际中的各种挑战,比如:参与到这些国际研究体中的研究者会有大量时间不在校内,从而影响他们在本校的教学和管理的参与。我们发现,积极参与到国际研究网络或合作项目中的研究者经常因其无法平衡原单位职责和合作研究任务而感到过度劳累。

在多国间穿梭工作的研究者,有时是长期的这种工作状态,要面对一些特殊的问题,比如移民限制、维护家庭和谐,以及需要在多地保留住所等。

客座研究人员对于一个真正的国际研究项目而言是不可或缺的。他们需要大学提供一定的资源和服务,比如办公空间和住所、护照申办时的协助以及他们在当地各项活动的行政支持等。

依照我们的经验,尽管有几所大学在我们看来已步入正轨,但总体来说很少有大学拥有这种鼓励和促进这些国际研究活动的校园文化氛围。我们认为,一所真正意义上的全球化研究型大学必须营建出一个支持、奖励其员工参与国际科研网络和国际科研合作项目的文化氛围。必须鼓励员工参与研究网络和大型科研合作,给予认可和重视,并与他们的终身教职评定和职称评定结合起来。学生的双向流动性也应该作为一项重要的基本指标计入在这一结合了教学工作在内的新型国际研究文化。"全球化"应该成为大学科研活动的核心特点,而不是仅仅容忍其姑且存在的、孤立的活动。

这就为我们带来了一个核心挑战:作为一所面向国内、依靠国内资金发展的大学,怎样才能转变成为一个真正的全球化研究型大学?要把国际化打造成大学重要的、不可或缺的要素及策略的领导团队,而这一领导团队可以使底层的科研活动升级成为全球化的动力。

结论

我们希望通过这篇国际科研对大学所产生影响的综述来表明,如果没有参与到国际科研网络和大型国际科研合作之中,一所大学很难成为国际化的大学。集合最有创见的科研人员的国际科研网络和大型设施需要大学层面的支持。如果没有大学层面的支持,大学所进行的科研和教学活动的影响范围将会大大受限,也毫无全球竞争力。

决定进行这一转变的大学必须关注内部文化氛围的改造。他们需要创建一种新环境,在这一环境中,国际科研受到重视和强调。他们还需要系统地营建各种框架以支持国际科研合作,不管这些合作项目是起于底层的草根项目,还是上层决定的重点发展项目。成功的转型需要具有欢迎并鼓励全球科研合作的清晰的战略眼光。

参考文献

Adams,J. 2012. The Rise of Research Networks. Nature 490:335.

Mansilla,V., Lamont,M., and Sato,K. 2012., The contributions of shared socio-emotional-cognitive platforms to interdisciplinary synthesis. Paper presented at 4S Annual Meeting, Vancouver, Canada, February 16 – 20,2012.

Bernstein,A 2013. Link the World's Best Researchers. Nature 496:27.

Brown,C. 2007. A Generation of Excellence: A History of the Canadian Institute for Advanced Research Toronto: University of Toronto Press.

Wilson,E. 2001. An Introduction to Particle Accelerators. Oxford University Press.

McCray,W. P. 2004. Giant Telescopes. Harvard University Press.

Collins,F. et al. 2003. The Human Genome Project: Lessons from Large-Scale Biology. Science 300:286.

Evans,G. E. 2010. Why are Some Books Important (and Others Not)? Canadian Journal of Public Health, 101:6:433.

Shier,J. 2007. Worldwide LHC Computing Grid (worldwide LCG). Computer Phys. Comm. 177:219.

求同存异：德国大学与非大学研究机构的平行存在

Jürgen Mlynek

德国亥姆霍兹联合会研究中心（柏林）总裁

德国是一个善于研究的民族。任何人只要是想扩展人类知识，并为解决社会和经济问题中的重大问题而做贡献，都可以在我们国家的任何一所大学或技术院校，或者在任一一所公立或私立的科研机构，又或者在任何一家联邦研究组织进行相关的工作。我们科研体系具有显著的多元化——对于一些来访者，这种体系的复杂性起初让人感到费解。德国有超过 400 所大学，另外一些非大学研究机构的数量也有近百所。

大学与其他研究机构的共存本身就已经很复杂了，但由于非大学研究机构有着很强的多样性，使得这种复杂性更强了，这种现象可能是全世界独一无二的吧。这种多样性并不仅仅通过不同形式的财政收入来体现，还表现在四种主要联邦研究机构的不同的社会需求上：弗朗霍夫协会保证了世界一流的应用型研究，莱布尼兹联合会则主要专注于建立一个多层面的，主题明确的机构，马克斯·普朗克协会的特点则是以人为本，以项目资助和研究方向为主题。另外，德国研究中心的亥姆霍兹联合会的则是以项目为导向的研究著称。

世界知识的获取

作为最大的国家级研究机构，亥姆霍兹联合会联合 18 个研究中心进行自然科学以及生物医药学方面的基础性研究。它倡导并协调大量国内和国际研究设施的使用，通过提供研究和使用服务为获取世界知识做出了贡献。

正如之前所说的：这是一个复杂的体系，而且很难解释清楚。因此，过去经常有人提出要改变这种状况。有人提出在科学的范围内要建立一系列独立的体系，让研究机构和大学的研究共存，甚至可以相互对立。大学学历作为现代大学创办的出发点，随着20世纪60年代的一些技术院校的建立以及非大学研究机构的蓬勃发展，科学领域被进一步细化。

特别是从20世纪70年代开始，大学与研究机构间的冲突开始增加：两个部门间越来越多地为了相同的公共财政资源以及来自公司，国家和地区的经费而竞争。这种竞争的结果是使研究机构与大学之间的差异越来越明显，而这些研究机构中的不同部门间的差异也更加明显。

因此，进入90年代一个根本的问题被提出来：德国的科学体系应该如何发展？目前，这个问题在很大程度上得到了解答：大学和研究机构不再是相互独立的存在，而是通过国内和国际交流相互合作，这得益于它们的多样性并为相互间的合作开启了新的可能。

发生了什么？

国家和地方政府已经意识到了这个问题。他们认识到只有这种多样性不是制约发展的障碍时，它才能被保留下来。过去的15年里，这种做法一方面成功维持了德国的二元科学体系，另一方面又降低了科学体系的复杂性，并且呈现出这种体系的优势。与此同时，精英计划被提出。除了建立所谓的精英大学的目标（该目标广受媒体称赞和传播），精英计划旨在进一步发展科学领域的密切合作关系。该计划有着宏伟的框架和良好的效果，它营造了一个友好的研究氛围，为加强大学、研究机构以及企业间的跨学科合作交流创作了条件。

协同创新与研究计划①的实施对象是有着超过10年安全财政计划的研究机构，这样做

---

① 协同创新与研究计划是由德联邦政府和各州所共同资助的项目，目的是为各个组织提供安全的财政规划。这些组织除了德国研究联合会这样一家研究金融机构，还包括弗劳恩霍夫协会、亥姆霍兹联合会、马克斯·普朗克协会、莱布尼兹协会。从2011年到2015年，给予这些组织的资助金额每年增加5％。

的目的是进一步加强与大学在教学和研究方面的积极合作。联邦政府的国际化的科学和研究战略也做出了相应的贡献。

科研机构与大学间的相互合作比以往任何时候都强

结果本身就说明了这一点：两种形式的科研机构（大学和研究机构）的合作比以往任何时候都要强。如今，很少研究人员在没有与大学合作的情况下独自进行自然科学的基础性研究。现在很少有评论家担心大学和研究机构相互独立了，相反现在合并后的科学体系是建立在大学和研究机构这两大支柱之上的。两大机构间的关系并不仅仅是通过个人和制度化的合作建立起来的。实践证明多样性是一种激励：促进我们去思考合作的新途径，建立学科之间的创造性的联盟，充分利用各机构间的差异提出科学问题。

现在德国的科学体系终于可以发挥它的优势了，这种优势来源于它的多样性。我们可以把这种优势看作是相互关联的财富。这种相互关联的财富使得德国科学家获得国际主导地位成为可能。同时，他们能够融入到国际科研学者的研究团队中，这得益于他们从德国的不同科研机构和学科之间的相互合作中所获得的宝贵经验。

过去几年，亥姆霍兹联合会也已经将自己发展成为一个适应各种合作模式的组织，包括在大学里实施精英计划，各个领域的教学以及促进年轻科学家的成长。通过联合创新和研究计划，一些实质性的工作，正在从有针对性的实施到这些新形式的合作的发展中开展起来。

与大学的合作成为亥姆霍兹联合会进一步发展的必备要素。随着 2012 年通过的战略性文件——亥姆霍兹 2020，亥姆霍兹联合会积极参与到德国科学体系前景的讨论中来。基于亥姆霍兹的使命，一些重要的方针政策将通过建立重要的战略伙伴关系以及特定情况下的合作关系而得到大力实施，所有这些都是通过与大学合作来实现的。

面对学术氛围的变化以及一个不断变化的全球社会，科研工作者只有融入到一个富有活力的有合作意识的大学中去，才能为解决社会问题做出贡献。作为德国最大的研究机构,亥姆霍兹联合会以发展研究机构与大学,以及国内与国际的合作研究为其战略导向。因此,它的一些最重要的合作伙伴不仅有德国国内的大学,还包括世界范围内的大学。

大学是核心

虽然上述描绘的画面很美妙,但并不是没有瑕疵:亥姆霍兹和其他一些研究机构仅仅是跟大学一样强大。大学是科学体系以及所有研究资源的核心,不管它是通过大学或是研究机构来实施。然而,研究机构至少在某种程度上可以享受联邦财政资助并通过上述提到的协同创新与研究计划享受可靠的财政规划,而大学则是在微薄的政府财政资助下而苦苦挣扎,这种情形已经持续了数十年。这种情况在一些不能提供短期的、稳定资金的项目的影响下而更加严重了,例如过去几年国家和地方政府实施的精英计划。因此支撑我们科学体系的两大支柱中的其中一个仍然是十分脆弱的,而没有这一支柱,整个科学体系将会崩溃。

结论

如果有人想谈论德国科学的现状,上述这些是部分事实。当一些政客在国外夸耀德国优秀的科研水平时,大学所面临的财政困境总是被他们所遗忘。这并非我们想象中的复杂的二元组织所造成的,这是由于财政问题所产生的悖论,以及德国科学体系的未解之谜。

在高速变化的世界中守住高等教育的原则与理想：寻找角色、建设成功

Allan Rock

加拿大渥太华大学校长；副校监

本书针对加拿大高校的未来提出了一个至关重要的问题——我们如何既能成功应对世界的瞬息万变又能坚守数百年来的建校原则和理念？这个问题能指引我们未来的道路。大学对我们国家（加拿大）的经济、社会和文化生活具有关键意义。大学不断培养新的一代，对培养每一代的领军人物起着核心的作用。大学让毕业生能在各行各业取得成功，大学能让我们的民族不断储备新的知识，促进我们对世界的了解。大学也不断督促我们进行反思，挑战现状并探索进步、改进的方法。

然而，有一个方面我认为加拿大的大学还需要进一步完善。这就是，我们应该在国家制定合理、前瞻性的公共政策方面发挥更大的作用。并且，我相信要做到这一点并不需要牺牲学术自由和独立。

我曾在联邦政府内阁工作过十年，因此深切地认识到下面两点：一、对症下药，制定切实可行的决策至关重要；二、在面临国内外棘手的挑战时，政府迫切需求新想法、新策略。过去几年，我一直在我国重要的科研高校（渥太华大学）任职，这也让我更清楚地看到上述两种贵重商品（切实可行的决策和新想法）能在我国的校园得到大量供应。问题在于，我们该如何让政府和高校强强联手，使得学术分析和预测结果在制定国家政策时能被更全面地分享，更多地使用。

增进两者之间的相互交流

在改进政策的可行性和实用性方面，大学起着独一无二的建设性作用。大学拥有强大的科研和分析的实力，而这正是政府所没有，也不容易培养的。因此，大学如果能更加积极参与政府决策，无疑会更好地起到支持和加强的作用。

除此之外，加拿大的高校几乎无一例外都是公立的。鉴于大学的建立和长期的经济保障都依赖于国家税收，因此大学应该义不容辞地分享并发挥其所拥有的专业知识，帮助政府决定最优的政策方案。然而，大学在发挥其作用的过程中似乎会受到几个因素的阻碍。在我看来，这几个阻力因素都是可以被克服的。接下来，我要就这几个阻力因素进行一些分析。

我们先思考以下三个问题：一、为什么政府缺乏完备的决策能力？ 二、为什么政府可以理所当然地向大学提出更多要求？ 三、为什么大学在应对这一挑战时具有特殊地位？①

完备的决策能力

针对各种新的或者潜在的挑战，政府亟须大量的专业知识，若仅仅依赖自身的力量将会带来越来越多的困难。举个例子，如果有市民非常合理地要求政府确保食品供应系统的安全性，那他也会期待我们的政府官员加强对网络安全的管制，或者对抗全球变暖等问题。因此，政府面临的问题是极其多样的。

然而，公共政策面临新的挑战不仅仅限于出现的新问题，在以往的老问题上也需要格

---

① 这并非说政府应该完全抛弃科研的任务。政府自己的科学家和研究人员在过去工作非常出色，对提升政府服务质量和确保政策成功功不可没。本文想说的是大学能够，也应该，给现代社会的政府提供更广的科研支撑。

外注意。和企业一样,政府需要通过采取更完善的新政策来不断地追求进步。所以,如何用更新、更有效的方式来提供以前的服务也是政府面临的压力之一。更好地恪守事半功倍这一格言也要求政府不断追求自我创新。这些挑战并非政府所独有,但是政府所承担的责任之重、职责之广使问题变得格外复杂。

公共政策方面有庞大的各类问题亟须解决,政府想通过自己建立并长期保持科研能力来实现更优化的决策不仅会耗资巨大而且很不切实际。

作为公共机构的大学

省政府每年在大学教育上要投资几十亿加元。在有些地区,省政府实际支付的学位攻读费用高达百分之七十二①。除此以外,联邦政府平均每年在资助大学科研上②也投入近六十五亿加元③。当然,政府从教育投资上获得的收益也非常可观,例如:更高的全民教育程度、开拓性的科研发现(以及由此所带来的经济增长)以及吸引更多的杰出人才来我国。

我国每年大学的科研经费高达几十亿④加元。这个数字比其他任何机构的直接科研经费都高。举个例子,如果我们把渥太华大学看成一个企业的话,我们的研究预算足以让我们超过国内任何一家能源公司、任何一家制药公司,轻松成为全加拿大前十的企业⑤。

相比私人企业,大学的不同之处在于它的研究领域涉及多种学科,涵盖面极大。高等教育机构科研合作非常多,尤其是在像 U15 这样的加拿大主要科研型大学间的联盟。此外,加拿大高校的研究人员和国外的专家也频繁合作。强大的科研实力和悠久的合作传统使得加拿大的高校具有得天独厚的优势,能从公共政策的制定和完善中提供独立客观的分

---

① 见加拿大统计局数据:http://www. statcan. gc. ca/pub/81-582-x/2010004/tbl/tblb2. 12-eng. htm.

② 这包括基金拨款委员会、加拿大创新基金以及加拿大首席研究员计划等。

③ 这里参考的是加拿大统计局 2010 年的数据,详见:http://www. statcan. gc. ca/tables-tableaux/sum-som/l01/cst01/scte01a-eng. htm.

④ 见:http://www. researchinfosource. com/media/Top%2050%202012%20-%20Article. pdf.

⑤ 见:http://www. researchinfosource. com/media/Top%20100%20LR-2012. pdf.

析和创新的科研支持。

和政府合作是否会牺牲学术自由?

在参与政策制定或者针对政府的某些需求进行专项科研时,高校研究人员是否会违背独立客观的原则,牺牲学术自由? 这也是我们需要考虑的一个重要问题。

大学的研究人员已经在和不同的机构展开广泛的科研合作,合作伙伴既包括公立机构也包括私人机构。我只想强调,相比其他合作伙伴而言,政府-高校型合作次数更多,合作内容也更为系统。

如果科研人员不愿意合作,就不应该强迫他们合作。但是很多科研人员希望他们的科研成果能带来改变,能给国家所面临的迫在眉睫的问题起到建设性作用。因此,我们应该在确保尊重他们主动意愿的前提下寻求合作途径,使得他们能对政策发展做出贡献。鉴于现任联邦政府在这方面已经受到了不少谴责,被指出其限制了政府科研人员对科研成果的言论自由①,这种平等、自愿等合作原则更应该得到明确。

加拿大皇家协会(The Royal Society of Canada,简称 RSC)和加拿大学院委员会(The Council of Canadian Academies,简称 CCA)就是代表这种合作的两个非常有用的模式,证明独立科学家和社会科学家能有效地参与国家公共政策研究。他们的专家团队对本国的工业研究现状、儿童早期发展、病人临终结束生命的选择权以及加拿大油砂产业对环境和健康的影响等多样性问题进行了深入研究。

我在政府任职期间看到的另外一个合作案例也具有很大的指导意义。我当时负责的联邦健康管理局遇到了一个艰难的决策:是否批准加拿大在肉牛养殖中使用牛类生长荷尔蒙 rBST。在这个问题上有很多不同的观点和看法,每一方都声称论据充分,都在真切地为

---

① 原文参见《加拿大国家邮报》2013 年 4 月 1 日刊登的文章"信息行政官介入调查哈珀政府对政府科研人员的言论'封锁'"。

公众利益考虑。一方面，rBSt 生产厂商认为该产品不仅是安全的而且还有利于加拿大肉牛的健康和牛肉产量。他们还表示他们有充足科研的支持，他们的行为是对公众负责的。批准 rBST 的使用也意味着加拿大的牛肉价格会变得更优惠、让更多人能吃得起，每个家庭都会受益。另一方面，也有人认为该厂商的研究并不成熟，该产品会对牛群有害，最终对加拿大民众的健康构成威胁。

针对上述两种截然相反、完全冲突的看法，本着决策必须要有科学根据的原则，政府向皇家协会 RSC 征求意见。很快，皇家协会就从高校科研专家中召集了研究小组并采取了两项重要的措施。

首先，研究小组作为不带偏见的中立方，让双方撇开各自的成见，自由充分地阐明各自的观点。这种坦诚的气氛让政府能更公平地看待和尊重每一种观点。其次，研究小组利用自己的专业知识帮助政府更好地衡量和理解双方所提供的科学依据。他们所提供的数据大部分来自各高校的专题研究结果。如果不是他们提供，这些数据是政府无法从自身实验室现有的数据中获得的。除此以外，高校科研小组在解释数据方面也发挥着关键作用。他们能浅显易懂地解释数据，让决策者和公众能理解政府决策的利弊、风险和可能的成效。

最终，在对科学依据进一步分析之后，政府决定禁止 rBST 的使用。作为一个曾对政府决策亲身负责的人，我对高校科研团队的贡献深表感谢，对高校在政府公共政策制定过程中所起到的重大作用和所具备的巨大潜力感到震撼。重要的是，高校在发挥这种作用时，完全没有牺牲他们的学术自主和自由。

如何合作才是最恰当的？

我再来谈一下什么样的政府-高校合作才是最合适的。虽然政府和学术界有着不同的文化和传统，但是两者却同样坚决地、孜孜不倦地捍卫着各自的独立和自主。因此，政府和高校间的合作必须建立在尊重各自的价值观和文化的基础之上。

几年前，渥太华大学举办了一次会议来探讨加拿大大学应如何加强公共政策。借此机会，来自加拿大的五所科研型大学、它们的校长和联邦政府的高级官员们就具体领域政策的合作问题进行了共同讨论。这次讨论涉及的问题和对策有以下几个方面。

首先，双方都明确地表达了合作的强烈意愿。政府一方面强调了其对高校科研实力的尊重，另一方面也强调政府自身协调和召集的权力以及营造自由氛围的能力，以确保新想法能得到自由、充分、安全的讨论。双方也一致认为，应鼓励政府部门和学术界之间进行更多、更深层的交流合作。

那么，两者之间的交流合作应该采取什么形式呢？我设想，这种合作至少有以下三种形式：一、人事上的交换：高校科研人员可以调到政府，政府部门工作人员也能在高校任职。二、信息共享。三、签订科研合同。

虽然这三种合作形式听起来太显而易见了，但是实际操作中却有很多问题和限制。举例来说，"联邦政府公务人员驻校项目"①确实让公务人员走进了校园，但是这些驻校的公务人员多是年长的老公务员，在驻校期结束以后很少能再回到原来政府的岗位。省政府也有类似的一些项目，但是目前市政府还没有类似的项目。

相比之下，美国在政府公务人员和高校人事的互相借调方面有着悠久的传统。虽然加拿大财政部设立的"克里夫特·克拉克访问经济学家项目"②以及个人成功的极个别案例（像杰出的跨界社会学教授艾利克斯·希默法布等③）让我们看到了开展人事互通的益处，加拿大这方面的例子还是非常欠缺。

尤其在当前，各级政府都求才若渴，想方设法吸引高素质的人才加入，学术界成为很明显的选择。一边增加现有的机会，一边创造新的机会让高校人员能在政府短期借调（然后回到高校），这不管是对政府还是科研团队都能创造价值。高校应该积极采取激励措施，鼓

---

① 关于该项目的详细介绍请参考：http://www. csps-efpc. gc. ca/forlearners/coursesandprograms/ programs/publicservant-in-residenceprogram/index-eng. aspx.

② 这个项目并不一定要求是高校学术人员，但是很多学界的科研人员曾在这个项目任职，分享自己所在学院和研究团队的成果。详情见：http://www. fin. gc. ca/n13/13-007-eng. asp.

③ 加拿大著名社会学教授和受政府杰出表彰的公务人员。具体介绍请参考：http://www. glendon. yorku. ca/gspia/english/school/word_director. php.

励科研人员转到政府短期工作,同时也应该尽力排除这种借调可能面临的阻力。尤其对借调任期结束后重回校园的科研人员,高校应该对其重新开展科研项目和重建人脉给予充分的支持。比如,给复职的科研人员提供科研经费,以便其最快开展科研工作,分享在政府任职期间所积累的经验和知识。

这种让政府得以了解学术界新想法和新见解的知识传输和互享同样是至关重要的。如果我们追求信息分享的效率,那么我们必须要考虑新的方法。这里,技术传递模式可能会比较有启发性。近几十年来,尽管我们的实际操作还有有待改进,加拿大高校在将一种新想法从实验室走向市场这一方面已经取得了显著的进步。大学实际上已经成了"技术传输办公室"。

类似的模式,比如说能向政府人员和研究人员提供"单一窗口"或者共享平台的"政策传输办公室",也能让政府在寻求政策合作的过程中受益匪浅。这不仅对定向签约研究,哪怕只是简单地解答问题,都非常实用。这种模式也能让学术研究人员清楚地了解政府研究的侧重和重心。如果研究人有意针对当前公共政策相关难题做研究,那么他们就知道通过哪个平台能找到所需的信息。反之亦然,如果政府人员想搜集决策和政策发展所需的科研依据,那么他们也知道通过哪个平台能找到正确的人和正确的信息。

结论

我上面提出的几点想法还需要更详细地探讨。也许加拿大大学和学院协会(The Association of Universities and Colleges of Canada,简称 AUCC)应该出一篇总结性的探讨论文,为未来的道路指明方向。我们需要探讨不同的方案,才能最终找到实现目标的最优方法。我们所追求的进步需要思维开放、具有建设性的切入方法,这既离不开学术圈也离不开资深的政府公共服务领域。

政府和高校间的合作给政府、社会以及大学都会带来极大的好处。大学在政府经费的资助下能提供深入的分析和可靠的科学依据,使得政府能在公共政策上做出更合理的决策。这种合作也为加拿大所面临的复杂挑战带来新思维和新想法。进一步促进政府和大学的合作还能为学术界和学生提供更多的机会来为决定国家未来的政策研究献计献策。

并且，这种合作绝不会牺牲学术自由，也不会限制任何一所高校的科研范围和科研性质。我们的目标是巩固并推进现有的合作，在双方达成共识的合作提前下创造更多机会让高校和政府开展合作。

澳大利亚高等教育的卓越变迁：国际学生市场的变化——澳大利亚需要重新思考如何在竞争中保持不败地位

Margaret Sheil

墨尔本大学教务长

Gwilym Croucher

墨尔本大学高等教育政策研究室

澳大利亚的大学在过去的几十年里已经发生了深刻的转变。在 70 年代的澳大利亚，大约 3％的成年人有本科学位。作为精英教育，高等教育仅仅局限在教学本身。在此之后仅过了 40 年时间，已经有超过 25％的澳大利亚人拥有了本科学位。这些人成为一个更庞大的教育体系的受益者，这个体系支持规模巨大且多样化的研究工作，并着眼于国内和国际教育。

澳大利亚高等教育的这种深刻的转变源于 70 年代以来的三个方面的重要发展：资金方面的改革、招收国际学生和各个大学对科研工作的扩展。从 80 年代开始，一个世界领先的具有创新性的学费贷款体系加速了澳大利亚的高等教育的发展，而且这一体系也综合包括了留学生的国际学生学费。随着缴纳国际学生学费的留学生数量的增加，澳大利亚各个大学的科研经费也随之增加从而扩展了其科研工作。在过去的 10 年里，很多资金和政策举措已经决定了研究工作的性质。

正是这几方面的发展为澳大利亚大学的繁荣提供了可能。然而，这也使澳大利亚受到国际留学生市场变迁的影响，并且没有有效地处理大学和企业之间的科研联系。

下面这一章主要介绍澳大利亚的高等教育体系及其最近和未来所面临的挑战。

澳大利亚大学的特点

澳大利亚的大学在综合教育和职业教育方面都有很悠久的历史。尽管澳大利亚缺乏专门的文科学院(liberal arts colleges),但多样化的课程一直深受国内的本科学生的欢迎并且专业划分更细的学位课程的比例也在不断提高。过去 60 年里宽泛的文科和理科专业的招生表明这些学科一直以来的受欢迎程度。

大多数的澳大利亚大学都是综合性院校,主要的学科都是教学和科研并行。这种各个大学工作目标的一致性是 80 年代澳大利亚教育部长 John Dawkins 的政策改革的结果,被称之为"Dawkins 改革"。这个改革创造了整个国家统一的高等教育体系。这一体系旨在把高校的着眼点转向更有利于国家经济发展的方向上并且使自身不断发展。

在 1987 年以前,澳大利亚共有 19 所大学和大约 70 所其他类型的高等教育机构,其中包括教师培训学院和高等教育学院。在 1988 年,这种二分体系被取消,取而代之的是所有的高等教育院校都被称为大学。这种变化是通过一系列的合并来完成的,合并之后大学的总数大概在 40 所左右。一些老牌的院校,例如墨尔本大学合并了一些小的比如师范类学校的院校;工科学校合并入例如昆士兰科技大学这样的大学;还有一些小的院校合并之后成立一个新的综合性大学,例如西悉尼大学,这所大学现在的学生数量已经扩大至 3 万 6 千人。

尽管这 41 所大学在规模和学科重点上有很大不同,但他们的目标都很相似。即使是一个以理工学科为重点的大学例如新南威尔士大学,也已经在向一个更具综合实力的大学迈进。

各个院校间的这种一致性已经载入澳大利亚的法律,用以明确地系统管理澳大利亚的公立大学并要求其要积极地进行科研工作。政府通过高等教育质量标准部(TEQSA)来确保教学质量和高等学位研究项目的标准。但所有的澳大利亚的大学都是独立的,能够自己设置课程和颁发学位。然而就像在英国一样,随着近几十年来政府的资金投入的减少,规范和监督却在加强。现在澳大利亚各大学平均得到的来自包括政府在内的公共的资金来源仅占其资金投入的一半,然而却比历史上任何时期受到的监督管理都更多。

澳大利亚的大学遍布其六个州和两个主要地区。尽管土地辽阔,但澳大利亚的城市人口数量大,大多数人生活和工作在一些省会城市。这种人口城市化的现象从历史上就决定了各个大学的位置。和很多世界上的其他国家不同,澳大利亚缺少基于一所大学而形成的大学城。

尽管澳大利亚缺少比较集中的大学城,但却有很多非常成功的地区性大学。例如,詹姆斯库克大学,它的两个主校区都位于昆士兰北部很远的两个小城上:汤斯维尔和凯恩斯。

80 年代以来澳大利亚高等教育的发展

在过去的 60 年里,澳大利亚大学的招生数量一直在稳步增长,80 年代末以来的增长更是迅猛。总的学生数量从 1949 年的不到 31 000 人增加到 2012 年的约 120 万人。

大学的学生数量还在进一步增加。以前,澳大利亚政府设定的目标是到 2025 年 25 到 34 岁的人群中拥有本科学位的达到 40% 的比例。尽管现任政府下调了这一政策,澳大利亚仍然在不断接近这个远大的目标,到 2012 年已经有 36.8% 的年轻人获得了本科学位。随着本科生人数的增加,研究生的招生数量也在不断增加。研究生的比例从 1980 年的 15% 增加到了 2010 年的 30%。这也表明了例如硕士课程这样的研究生课程向着职业化发展的趋势。

尽管大多数全职的本科生都是高中毕业后马上进入大学的,但成人学生和兼职学生的比例在最近的几十年里也有了显著的增长。现在兼职学生的数量占澳大利亚学生总数的三分之一。尽管学生的组成结构在变化,但学生对就读大学的位置的偏好在多年里一直都是比较稳定的。澳大利亚人喜欢在自己的家乡就读大学,去其他地方上大学不是很常见的现象。

学生数量的不断增长已经导致了大学人口结构的重大改变。从 1851 年第一所大学的成立到现在,曾经男性一直占教师和学生数量的主体,只有五分之一的学生是女性。然而,和经合组织(OECD)中的许多其他国家一样,在过去的50年里男性对女性的比例在持续地下降。从1987年以来,女性成为大学学生数量的主体,而且现在已经超过了学生总数的55%。

在过去的25年里随着学生数量的增加,教职员工的数量也显著增长。在2012年,澳大利亚大学的教职员工的数量超过10万人。其中有一半以上从事教学和科研工作,大概30%的人员从事比如图书馆或学生服务的工作。行政人员,后勤和技术人员大概占20%左右。

从80年代末以来的澳大利亚大学的不断扩展在一定程度上是因为一个具有先锋意义的、基于收入比例的学生贷款体系的引入。澳大利亚国内的学生可以通过向高等教育贷款项目(HECS)贷款的方式支付学费。这一贷款可通过澳大利亚的税收体系偿还。对于学生来说最大的好处是他们可以在得到一份有足够收入(目前这一数目大概在51 000澳元左右)的工作后再开始偿还贷款。在这之前,这笔债务一直放在政府而且以远远低于商业贷款比率的消费者价格指数的比率增长。

高等教育贷款体系使得澳大利亚有一个高度混合多样的资金体系来支持公立大学的教学。其中学生的学费占到了31%(例如护理专业)到83%(例如法学和商学专业)。

高等教育贷款体系是80年代末开始发展起来的。它的产生源于扩大高等教育体系的需要。由于实现了用有限的公共资金支付更多学生的学习,这一体系及后来相关的一系列举措取得了非常大的成功。高等教育贷款体系使那些没有经济能力支付学费的学生也有机会接受大学教育而不用向银行贷款或是寻求父母的帮助。这一体系也使政府能够在不用只依赖公共税收,而且同时又保证了不让学生支付学费的能力或安全的私人资金这样的条件成为接受大学教育的资金上的障碍。但尽管如此,来自低收入等社会弱势群体的学生的数量在最近几年并没有大幅度地上升。

然而,依赖学生学费来获得资金的体系意味着和经合组织(OECD)上的其他国家相比,澳大利亚的学生贡献了更大的比例的学费。最近的数据表明,在学费方面澳大利亚政府已经支付了大约 2.6 亿澳元的学费,预计不能收回这一支出的全部。

由于最近政策上的变化,这一体系的规模和学生的贷款数还会继续增长。澳大利亚政府现在的政策是确保每一个被公立大学接收的学生都能上得了学。政府给学生提供基于收入比例的学生贷款,同时也减少了大学相应的政府补助。

这意味着持续到 2012 年的中央调配模式的一个巨大的转变,原有的中央调配模式涵盖了所有公立系统中的联邦资助的高校。这一政策上的调整意味着大学能够提供更好地满足学生需求的课程以满足行业和国家的需求。现在的高等教育体系能够更好地服务于学生的学习,而不再依赖中央政府的计划来设置课程。这一以需求为导向的体系是否能够更好地培养社会和行业需要的高校毕业生还有待考察。

向国际学生开放的澳大利亚

随着国内的高等教育体系的扩大,国际学生的市场也在随之扩大。在过去的 25 年里,政府允许大学在自由的市场环境下招收国际学生。相对其较小的人口,澳大利亚有着很大比例的国际学生市场份额,世界上大约 7% 的国际学生在澳大利亚学习。这一突出的成就使得澳大利亚的教育体系转向了一个具有很高国际化水准的体系,同时也增加了税收用以投入到科研和教学。澳大利亚的大学现在能够很好地适应市场动态的变迁。

这种国际化方面的成功源于 20 世纪 50 年代的科伦坡计划。这一计划给澳大利亚的大学提供支持用于帮助培养东南亚国家的年轻精英,同时为澳大利亚的大学应对未来国际化市场的挑战做好了准备。现在国际学生占有澳大利亚各大学招生中的很大一部分,甚至在一些大学已经超过了一半的比例。

目前在澳大利亚各大学的 32 万多的国际学生中,来自中国的学生占了三分之一。其余的主要来自韩国、印度、马来西亚和日本。澳大利亚的大学为更好地服务这些国际学生开设了很多不同的课程,例如比较成熟的桥梁课程和入门课程。除此之外,很多大学有很多海外分校,包括墨尔本皇家理工大学在越南的胡志明市和河内的校区,莫纳什大学马来西亚校区和卧龙岗大学迪拜校区。

澳大利亚是否能够保持在国际教育中的优势位置还是未知的。尽管在过去的25年里取得了卓越的成就,但未来仍面临着很多挑战。在最近几年,澳元兑其他主要货币依然高于其长期平均水平。这也就意味着获得一个澳大利亚大学的学位的花费在显著地增加,包括美国和英国在内的其他国家对扩大亚洲学生数量方面的竞争也不断加强。在未来对于一些澳大利亚的大学而言,和美国和英国等世界一流大学的竞争也越来越难了。但也不是无路可走。在很多亚洲国家,其国内的体系在近几年已经有了明显的改进,对学生也是更具吸引力。

科研体系的加强

鉴于其较少的人口数量,澳大利亚有着相对来说较强的科研成就。人均排名位于经合组织(OECD)中的第8位,高于例如加拿大、德国、美国和英国等很多其他强国。澳大利亚的科研成就的质量也非常高,在和国内生产总值相关的高质量期刊出版物的数量上高于OECD的平均值。高等教育对这些科研成就的取得有着突出的贡献。OECD用上海排名中的前500所大学和国内生产总值的相关性作为衡量一个国家科学基础的指标。在这个指标测量体系中,澳大利亚也高于OECD的平均值并领先于加拿大、美国和英国。澳大利亚的高等教育的研究部门的规模也相对较大。在2010年,高等教育研究经费的支出占到澳大利亚国内生产总值的0.58%,尽管低于加拿大(0.70%),但高于OECD的总值(0.44%),也高于德国(0.51%)、英国(0.49%)和美国(0.42%)。这一活动的范围也是近20年里研究部门的迅猛发展的结果。

澳大利亚政府在最近几十年里也不断地运用政策手段来支持高等教育研究领域的生产能力和生产质量的增长。在这些手段当中首要的就是国家竞争性增款计划的扩大。竞争性资金项目被用在基金研究项目、奖学金、研究中心和主要研究基础设施等方面。这些资金的大多数都是通过两个主体来管理的,每个主体都有独立的法定权限。澳大利亚研究委员会(ARC)支持除了医学和牙科以外的所有研究领域。医学和牙科则由国家健康和医疗研究委员会(NHMRC)负责管理。

国家健康和医疗研究委员会(NHMRC)的资金在1990到2010年期间增加了7.7倍。在80年代末,在竞争性赠款方面的一个提高是通过澳大利亚研究委员会重新利用普通的大学资金而形成的,这一再利用被称为"澳大利亚研究委员会的弥补性收入"。随后的澳大利亚研究委员会资金的增加主要是在2000年到2010年期间,这期间的总的增长达到了178%。在支持巩固澳大利亚研究工作显著增长的同时,这种通过严格的同行评审过程的竞争性赠款帮助了以大学为基础的科研工作的产量和质量。例如,澳大利亚研究委员会资助的研究对包括出版发表和引用率的一系列措施都有着比澳大利亚和全球的平均水平更大的影响。

在过去的20年里政府改变了对于大学和科研相关的财政补贴,引入了基于科研业绩发放补贴的措施,合并资助与竞争性资金相联系的间接成本。分类财政补贴计划已经能够解决研究培训的费用和研究项目的间接成本。至少在一定程度上,其资金的分配是基于诸如出版发表、研究学位的完成情况及外部的科研收入等科研业绩之上的。尽管这些业绩考核的一些方面是质性的(例如出版发表的作品必须是学术类的),但其他方面主要还是量化的。因此,尽管这有助于更好的关注产量,但这种对于数量的强调也有可能造成对科研质量的不够重视。

最近,一个新的国家研究评估运动即澳洲杰出研究计划的结果已经并入可持续卓越研究的补助款分配的体系中。专家委员会的研究人员基于一系列的因子来决定澳洲杰出研究计划的成果。澳洲杰出研究计划在其把定量评估和定性评审流程结合于一个评估方法方面得到了国际上的广泛认可。其结果适用于所有澳大利亚大学中科研活跃的学科,并确保了以大学为主导的科研活动的高质量。尽管受澳洲杰出研究计划结果影响的资金数量相对较小,但将澳洲杰出研究计划的结果并入可持续卓越研究的体系中,使得以效绩为基础的统块补助基金更关注质量。澳洲杰出研究计划有着在声誉方面的影响,包括使澳大利亚大学的研究力量更显著等。

以高校为主导的研究体系的未来发展

竞争性赠款项目和以绩效为基础的统块补助资金的结合使用看似已经达到了主要的政策目标，即不断扩大和提高质量和产量。然而，对于现有的对以大学为主导的研究方面的公共资金的安排仍然存在很多担忧。其中包括高校的行政负担的水平和重复，这些行政上的负担，来自多个统块补助资金和赠款项目，对于研究支持的分配上的多个重叠的效绩衡量和评估流程（很多赠款项目是相对来说价值低周期短的项目）。历届政府都呼吁减少这种"繁文缛节"，而且现在的政策倾向于增加澳大利亚研究委员会资金的长期性。然而，目前在这两方面都还没有任何实际行动。

其他的一些担忧主要来自现存的资金来源的充足性方面，尤其是有关大型基础设施的资金上，这方面在历史上都是有特别专设的安排，而没有持续的方案满足持续的需求。通过竞争性赠款计划获得的用于研究项目的间接花费上的统块资金资助，包括对于基础设施、人员、行政费用等，则是另外一个话题。在这方面，政府的做法和大学的观点有明显的分歧，这种分歧可以一直追溯到 80 年代末的"澳大利亚研究委员会的弥补性收入计划"。尽管政府有时候表示要对竞争性赠款项目所带来的间接花费增加公共支持，但也鲜有实际行动。

针对目前在公共资金计划方面的不足，各大学都在寻求研究资金来源的多样性。对于 HERD 的竞争性增款项目和一般的大学拨款的总和已经从 82% 下降到了 73%，差异来自政府、慈善捐款、工业企业和海外资金等。通常资金来源的这种多元化是广受欢迎的，它代表着新的机遇，尽管它也可能意味着大学要面临新挑战。更令人感到担忧的是由于研究经费不足而引起的一般性大学拨款在内部分配的转向。大学报告显示其交叉补贴研究来自可自由支配的资金，包括教学收入和国际学生学费。这也意味着澳大利亚的研究工作的一个重大的隐患，尤其是如果国际留学生市场软化的情况下。

如何更好地鼓励研究型大学和工业企业的联系，以及如何提高更广泛的转化研究成果，成为目前一个也具有争议的话题。从 90 年代初开始，在这些领域的政策举措集中在对竞争性赠款的利用来支持协作和转化的研究活动。澳大利亚研究委员会（ARC）已经开始一系列的计划以促进大学和其他在这个创新体系中的成员的战略型研究合作，尤其是在工业领域的。此外，澳大利亚政府已经资助成立了一个合作研究中心（CRC）以支持中长期的终端用户驱动的合作，以此来应对澳大利亚所面临的重大挑战。

然而，对大学和工业界的联系的密切和强度的担心仍然存在。经合组织（OECD）用由工业资助的公共研发的百分比作为衡量在公共资助的研究主体（包括大学里的研究机构）和工业界之间的知识流动充分性的一个指标。按照这一标准，澳大利亚仅仅高出经合组织（OECD）的平均值一点点并且远远落后于全球的领先者。OECD 用大学和其他公共实验室申请的专利数量作为衡量商业化活动的一个指标。按照这一标准，澳大利亚居于中等水平。来自工业界的对 HERD 的资助在 1990 到 2010 年间有了显著增加（从 2 990 万增加到 4 亿 14 万澳元）。然而，尽管由工业界资助的 HERD 的资金百分比增加了，但仍然相对较低。总的说就是已经有了进步和提高，但在建立合作方面仍然有大量的工作要做，尤其当澳大利亚面临挑战并抓住由亚洲世纪所带来的机遇的时候。

因此，最近的很多科研方面的政策举措都是针对提供进一步的支持和鼓励大学和工业产业的合作而提出的。其中包括调整统块资金安排，新的联合研究合约项目利用一种资金公式来鼓励大学参与合作研究中心（CRC）和其他终端用户的直接研究活动。政府已经引入了产业转型研究项目（ITRP），一种由澳大利亚研究委员会管理的新的竞争资金项目，这一项目对大学和企业的进行全面研究和发展项目的伙伴关系提供大范围的支持，以解决食品生产等重点领域所面临的重大挑战。更严格的重点项目例如产业转型研究项目（ITRP）有潜力培养所需要的临界质量维持创新枢纽，即汇集多学科科研团队和行业合作伙伴将科技进步转化为竞争优势，或将市场和改进的产品连接起来。鉴于澳大利亚在研究领域和整个国家在更广泛的领域所面临的挑战，其成功或失败都应该在未来给以严密的监控，以决定在这方面政府是否需要采取进一步的行动。

结语

澳大利亚的高等教育体系从 80 年代以来已经有了显著的改变。国内学生数量和国际留学生市场的增长成为一个重要的澳大利亚的成功的范例。尽管到目前其研究系统是相当成功的，但仍然有提升的机会。这一体系面临了一些重大的挑战。国际留学生市场在不断变化，这也要求澳大利亚重新思考其高等教育产品以继续吸引学生。对于跨学科研究和产业联系的需求以能够应对未来的挑战需要强有力的政府领导。和所有其他国际上的大学一样，澳大利亚的高等教育将受到网络发展和开放学习的挑战，这有可能在未来几十年产生更迅速和更具戏剧性的变化。

治理、管理与资助

全球化背景下的大学治理：没有基础的和策略的研究，很多现在和未来的重大问题都无法解决

Wilhelm Krull

大众汽车基金会（德国汉诺威）秘书长

自上世纪八十年代后期起，欧洲乃至全球范围内的政治和经济图景发生了莫大的变化。在这个大致以全球化为特征的世界，我们都已成为这一正在发生的动态过程的组成部分。这一进程中出现了"惨烈的市场融合、国家重组以及在一定程度上前所未见的新科技手段；这些因素都让个人、公司乃至国家以一种远比以往更深、更远、更快、更经济实惠的方式参与到世界事务之中"。（Moissi 2009，144）

这一进程也带来了一些副作用，比如国家政策的限制与局限性不断增加，在我们仔细观察所谓的大图景时就会变得尤其明显。这一图景展现给我们的是急剧增长的全球人口——其中有超过一亿人营养不良，还有很多处于严重饥饿之中；能源浪费与全球环境危机；在全球最不发达的几个国家和地区中出现的自由民主政治的后退。所有这些现状都迫使我们不得不在重新思考、重新配置、并最终重新调整我们的全球化进程的同时，形成一个真正的跨国视角。如果我们全球一体化之后的世界会变得"更热、更平、更拥挤"（Friedman 2008），那么我们现在就应该产生紧迫感，并相应地有所行动。

未来之战中的决定性因素

在这场为了我们这个星球的未来而进行的战斗中，大学起着决定性的作用。科研、技术与发展（以后简称 RTD）对经济增长和竞争力的推动，及其对全球社会、文化和生态的可

持续发展作出的贡献,在 21 世纪初期比其在上世纪末的几十年间更为重要。然而时至今日,科技与社会急剧变化,而科研和高校在机构层面应对迟缓,二者之间出现了显著的差异。总体来说,欧洲高校和科研机构的结构现状仍处于支离破碎之中,各国之间、甚至本国之内都未能保持完整。高校与工业企业之间基本上仍处于隔离之中,毫无吸引力的职业模式使得青年才俊舍弃学术界,转而在其外寻求独立和高薪。大多数欧洲科研体系中结构性保守主义在机构、流程和资金模式上大获全胜。对大学日常运转的过度管制阻碍了高校的课程改革、跨学科建设和运行效率。虽然通常法律要求会引发过度管制,但内部认可的操作模式也会导致这一结果。因此,在全欧、各国以及各机构等层面上都亟须进行改革。

管理、自治与信任

近年来,管理一词在政策制定和政治学中广泛使用。它的普及反映了"国家和社会的关系在 20 世纪后期的急剧转变"(Bevir 2011,2)。国家相对于之前企图驾驭或至少想要钳制几个主要社会领域的野心而言,运用成套的管理体系在着手改变氛围和确立共同目标上似乎显得更胸有成竹。"驾驭社会朝几个集中目标发展包括在管理领域内选择目标是被强调的政治程序。"管理之道本身也变得更具包容性。这种包容性既体现在将更大批的人员纳入其中,也体现在每次都对政策制定的总体规则进行思考而不是揪住某一条政策不放。因此,管理之道既看重努力创造更连贯、更协调的政策,同时,也能够注意到对单项政策的驾驭掌控"(Peters 2011,78)。换言之,先前统一的国家巨舟已经被分解成了大批松散协调、各不相同的小船,而这些小船自身也各有互不相同的形式和功能。

对于绝大多数欧洲国家的高等教育和科研部门来说,从主要由政府制定政策和直接干预的形式到新型管理方式和共同承担责任的转变已经在政策管理、组织结构和管理流程等方面带来了相当多的改变。就大学管理而言,仍有至少以下四个领域需要考虑。

- 总体管理,包括决策制定中校外专家和诸如董事会和评估委员会之类的咨询部门的参与。

- 内部管理和各类利益相关者之间的互动协调。

- 大学与政府间关系及单条法规得以充分实施的方法。

- 大学与社会间关系及大学机构的社会维度。

在大学机构内,新型管理、自治和问责机制要求在更注重与外界互动交流的同时,也更强调对策略问题的重视。

这些改变的首要目标就是让大学能够在以下几个方面更高效、更有效地完成其职责、承担其责任。

- 配备齐全以面对 21 世纪的挑战。

- 在各领域确保高质量标准。

- 培植创新文化和互助学习氛围。

- 尽量减少科研人员和学者的行政任务以支持其科研和教学。

- 在增进大学机构与外界利益相关者和公众之间交流与合作的同时,加强机构内的沟通与协作。

在此背景下,加之近期出现的一些新理念的影响,比如德国大众基金提出的"自治提高效率",公立大学的法律框架和管理结构必须重塑。而这种重塑的目标就是构建合同制关系以及创建更加面向公民社会的管理、领导和监管形式。如今,已或多或少自证了对机构自治和自主运营的探索也伴生了对等量的责任、透明度和追责机制的要求。简言之:对于自治型大学而言,独立自主和依赖共生是并存的。

在急剧增长的全球化趋势下,各大学都必须组织多种社交互动,搞好周边关系,同时其领导团队也应该为其战略性决策和关键步骤的实施负全责。就上述领导责任而言,必须保证以下几点。

- 咨询和决策过程及时、透明。

- 加强沟通、合作和整合以助于利益相关者达成身份共识。

- 更高效、有效地使用现有资源。

- 不再泛化责任牵扯不清,而是责任到人并予以追究。

● 决策资格和职责应归于能够且必须承担相应后果责任的人。

根本上说,所有这些只有在大学解决了资质与职责间不相配的问题、并建立起一种校内文化氛围之后才有意义;而且这种文化氛围必须能够在强有力的董事会、极具战略思维的领导团队、积极活跃的教职员工和充分恰当的学生参与之间维系并促进平衡。这样的大学是经过专业组建、拥有自治能力的大学,也将会是欢迎鼓励互助学习、多样性、自由表达不同意见、改革性思维、随时面对风险的勇气和备战状态以及强大适应力的乐土。它的运行状况对现今这个靠知识驱动并依赖知识的社会有着决定性的影响。

限制、劣势和缺陷

尽管大家都认可,大学应该拥有相应的自由,以组建最佳的管理结构、制定管理程序和步骤,来满足其自身及其所处环境和外界各种需求的看法,但是欧洲各大学想要得到真正的自治权仍有很长的路要走。由欧洲大学协会进行的一项探索性研究,就大学在其组织结构和机构安排、经济问题、学术活动、员工事务等方面的决定权问题,得出了相当发人深省的结论:"因对诸多问题的后果缺乏认识,比如增加自治权、新型问责方式及急剧变化和激烈竞争的环境等,一些大学机构在这些方面都存在不少问题。即使为教职员工的发展和培训提供必要支持和资源,也未能弥补管理方式和自治意识方面改革的不足"(Estermann &
Nokkala 2010,39)。

20 世纪 90 年代新的合同制关系、预算程序、测量和管理工具刚面世的时候,很多德国大学在组织和行政上都没有采取措施以真正地满足这些新要求。当时进行的各种转型与改组,包括与政府间互动的新模式和亟待组建的管理理事会,以及那些后来成为其各自内在决策构造和决策过程的模式,最终都演变成了反受其累的教训。几乎所有大学都处于虽有所期待但极少了解自身优劣所在的境地。也并没有真的形成战略上相关联的汇报体系和中长期规划程序。需要额外说明的是,在此前的体系中根本不需要这两者,因为当时的政治经济资助是看投入与否和投入多少的。

从那时起,各大学的工作就开始围绕工作指标、任务和标杆管理、在组织机构和学科方面激增的各种排名和比分以及申请第三方资金时不断增大的压力展开。大家原都以为让大学为自己的科研和声誉来竞争额外的收入,应该是它们增进各项事务工作效率的正确途径。这也的确带来了不少好的结果,尤其是那些赢得了国内竞争和国际排名靠前的大学。然而,如果对最近的发展状况详加考察的话,就不得不承认并非所有的好想法都能找到最佳解决方案。相反,倒是有些出乎预料的后果导致了巨大的不平衡、甚至是反作用,当这些反作用影响到学校产业份额和机构结构、过程和步骤的重组时,就决不容再忽视了。此类应予更多关注的因素至少还有以下五点:1.质量保证;2.良好管理和实施的规则;3.竞争与竞争力;4.低信任机制;5.复杂问题的处理方式。

质量保证

无疑,每隔一段时间就完成一次评价程序和评估的做法不仅使各个分析项保持健康状况,也可以不断地查缺补漏,并得以提高和改善。对许多校长而言,这种全国范围内竞争对比的结果都让其眼界大开,从而在院系和研究中心定性定位的评估方面受教颇多。但是如果我们看到当下监控、评论、评估和评价无处不在的现状,我们就会自然而然地认识到这些各种各样的设备设施或多或少都已沦为其自身成功的受害者。

早在 1999 年,当时监察评估浪潮盛行,该浪潮兴起于八十年代初的英国和北美。在此背景下,鲍沃尔(Micheal Power)点明了质量保证和追责制的形式化以及"在诸如基础研究等结果不确定性较高的领域内使用不恰当的定性绩效测量法"带来的多种功能失调性后果。至于研究评估活动(RAEs),他批评了这些活动导致"著述大于教学"的实际后果,以及它们给当时的科研氛围带来的矛盾影响:"研究者们更倾向于在知名期刊上发表文章而不再著书立说,这一现象大大改变了科研的周期。他们正在改变自己的科研习惯,而那些整套的科研活动安排,因为尚未计入绩效考量,从而其价值也得不到官方认可。编辑著作、组织学术会议、审评并协助发表他人的研究成果等活动也无人问津了"(Power 1999,100)。

这种通过量化考核来管理高等教育和研究的方法早已到达其极限，所有的主要研究机构、资助机构和私人基金现在都面临着招不到顶尖研究者来进行审评的巨大困难——平均来说，每联系四个评审人，都未必有一个会积极回应。显然大家过于强调评审体系了。但是要做出准确的判断又必须有杰出的专家参与。即便是最复杂的指标也不会比以前绩效的替代测法提供更多的信息。其中的几项也只是显示了在何种程度上达到了管理的要求和节点。这并不是说要低估、甚至忽略管理方面。相反，对任何运行良好的机构而言，管理要求和节点都是相当重要的。但是把资产看管得再好也只不过是机构性成功的一个必要的前提条件而已。要为最具创造力的研究人员和学生们提供一个具有激励机制的环境，还必须付出难以计数的未知代价。

良好管理和实施的规则

对于各个机构的成员而言，这个社会变得越复杂，应该遵守的规则就越来越多，这些规则详细规定了管理的原则、具体任务的实施细则以及自我强化的规矩和规则。所有这些规则都回应了制定专业标准所提出的提升道德意识和强化质量保证的需求。

事实上，在过去二十年间出现了相当多优秀的管理和实施规则，这一事实本身也可以被看作是一种危机的征兆，更可视为一种盛行于科学界的社会思潮。社会思潮通常都是包含某一整套特定、明确的道德标准和规范。当诸如正直、真诚、诚实之类的关键因素，或是坚持原则、价值、责任等明确清晰地写下来，就意味着这些品质在该领域内已不再是不证自明、为人人所遵守了。同时这些品质原本约定俗成的本质却不像法律条文那样具有约束性。

正是在这些点上，诸如服从与控制等条文才发生了效力。从好的方面说，服从意味着从属于清晰定义的规则和准则，以及完成法定要求的确定性。一旦生效，其最基本的、不可或缺的要求就是尽可能透明地实施这些规则和准则，而且一定要确保所有欺诈行为都会被视为不道德行为而加以查明和处理。

对于任何一个机构而言,服从、透明和控制都是保证其正常运转所必须的。它们可协助避免误用行为,甚至是丑闻的出现。然而,如果过于强调对规则和准则的政策性依附,就会形成一种怀疑和不信任的风气。

近年来出现的诸多剽窃和欺诈问题不可能通过高筑规则之墙自封其中来解决,而应该是确保那些身负指导评估科研工作和成果之责的人认真地对待他们的专业责任。更好的途径是,让科研人员不再篡改数据或是剽窃他人成果。

预防胜于处置。由责任认定领域具有代表性的专家在操作层面预设一些规则绝对胜过事后的评估和处罚,更不要说那些闹到联邦科学与学术剽窃欺诈侦查委员会的事了,比如近期德国各大学所遭遇的博士丑闻。

竞争与竞争力

过去的二十年间,大学间的资源分配出现了剧烈的变化。当习以为常的核心资助基本处于停滞、事实上是有所减少之时,通过竞争机制得到的钱却在全国乃至全欧不断增加。以下一些事实和数据就足以证明这一点:1995 年,德国大学每得到一欧元的第三方投资都会相应地得到两欧元的核心资助投入,而到了 2008 年,资助机构每投入一欧元,相应的核心资助额仅剩 85 欧分。这就给研究者带来了巨大的压力,因为他们需要确保自己能够吸引比以前更多的来自投资机构和工业企业的投资和合同。尤其是在最近五六年间,获取投资的机制已达到其极限,很多未预料到的作用开始出现。大量原本应该用于研究的时间都不得不花费在编写科研计划和申请书上。

接下来又必须请大量同行来审阅这些申请书。最后,大部分资助项目获得的分摊时间都很短(通常只有两到三年),在这点时间内,研究人员很难解决真正重大复杂的科研问题。相反地,研究人员又不得不小心翼翼地按时提交新的科研计划以延长其由第三方资助的合作项目。由于越来越多的软钱都只能通过特定课题的项目程序获得,科研人员自主选择科研课题的自由度大大降低了,因此在这一领域内也就很难发现真正的原创思想。

对于大学管理而言更重要的是，由申请第三方资助的定题研究项目而在各大学内引发的在科研质量和诚信科研之间越来越不平衡的情况。有些大学甚至放弃了自身一贯的科研发展战略，不顾未来发展的策略计划，转而关注寻求下一个可以申请的资金。由此，外来的事务安排压过了自身设定的科研优先项目。

低信任机制

这一点与刚刚谈到的基于项目的短期资助的危险性紧密相关：在实际操作中越来越严重的低信任模式普遍存在于各大资助机构和各大学中。

几乎在全欧范围内，我们通常也都还遵循着"互不信任—互相了解—马上出成果"这样的流程，这种流程扑灭了创新的星星之火，自然也就不可能发展出足以改革科研与科技创新的燎原之火。

在现有机制下申请资金就像操作一台写作机器，只不过这台机器写的是研究计划和研究报告，而不是科研论著或论文；它展示的是经过反复测试的结果而不是创造新事物；它要求短期思维，比如为期两到三年的项目，而不需要长远的考量。它通常并不鼓励研究人员思考那些复杂耗时的问题。而它自身却又面临顽固的官僚主义、议程制定以及时有出现的同行审阅程序缺失等问题，其中的缺失是由严格的相关学科互换原则导致的。科研史上数不胜数的例子证明了真正具有革新性的科研都是超出了同行评审所能及的范围。

对于大学和资助机构而言，问题在于我们是否能够最终让评审者遂意于创新性高风险项目并给予通过，以及大学和各资助机构的领导者最终是否有意赞同主评审人盛赞的想法并真心地支持其研究计划。

在现今低信任机制盛行的氛围下，这几乎不太可能。问题是：在增加评估和评价程序的老生常谈之外，我们到底愿意承担多少风险？

复杂问题的处理方式

现在的大学都处于急剧变化的情况之中,而且这些改变也不可能消失再回到原来的状况。这就对大学的领导团队提出了更高的要求,给他们提出了一系列的问题:更具策略性的指导需求、激增的跨国合作需求及现有容量的本地整合和区域整合需求、新的资金模式(包括管理费用),以及其他一些挑战。

在这个越来越复杂难解的世界里,大家都需要持续不断地适应这种环境的快速变化。高等教育和科研机构在一个充斥着前所未有的差异化和多样性的图景中,任何改善自己所处位置的努力都会给高校和科研院所带来巨大的压力。大多数情况下,这些机构都没有自己明确的战略目标。而这也为它们选择所要行进的路线平添了巨大的不确定性。

想要成功地驱动机构一体化、继而将众多松散的头绪捆绑在一起,拥有越过驳杂细节、看到更广阔景象的能力是一个前提条件。然而,从数之不清的复杂性问题和一直缺少的一致性问题来看,出现显见错误的不确定性存在着成倍激增的危险和倾向,完全不作为,或是固守老旧的设想和规矩的做法导致了众多各种各样的委员会、分散了责任以及数种新的等级制度。而这恰恰导向了与要求截然相反的方向。当今世界中,我们需要的大学是允许其成员实现各自的灵感、为下一代提供一个能够利用每一个它所面对的挑战焕发新生的健全组织。简言之,我们需要的是:自学组织。

全球化世界中的未来大学

洪堡(Wilhelm von Humboldt)设计的现代大学有四大支柱(Schwinges 2001)。

- 教学与科研结合;
- 教学自由(Lehrfreiheit)和研习自由(Lernfreiheit)原则的实施;
- 慎独(Einsamkeit)与自由求实;以及

● 研讨体系作为师生群体(Gemeinschaft der Lehrenden und Lernenden)的教学主形式

后来在实验科学领域中又提出了第五点作为以上四条的补充,最早由著名的德国化学家李比西(Justus von Liebig)提出:在各科学学科中基于实验室的教育与培训(Krull 2005)。数十年后,这五条都广为人知,并被认为是 19 世纪末 20 世纪初德国大学的成功模式(这一点也由同时期内德国科学家多人数次获得诺贝尔奖得到证实)。

但是洪堡时代的大学规模很小,教授、讲师和学生的人数都很少。而现今的大学需要满足人数不断增加的学生需求。作为拥有后工业经济体的发达国家最重要的资源,各国政府都应该为其国民格外加大优秀教育投入力度,并鼓励终身学习。而大学正是政府寄予厚望可以为各个年龄层次的民众低价提供这种终身教育的机构。

多学科、高质量

在欧洲,一直存在着这样一个传统,即期望每所大学都能提供多学科高质量的教育服务。但是这种情况再也不合时宜了。现况是,各大学都应该评估自身的强弱势学科,然后有针对性地提高专科知名度。当然不能夸大吹嘘,要认真选取可以帮助各个院系完全发挥其潜力的目标、战略和结构。就此而言,有先见眼光的中小型大学或许比规模巨大的大学更容易实现这一目标。特别是那些着重通过其科研中心及研究生院间的国际合作联系以创造强有力的师生群体的科研型大学应该会更有竞争优势。在现阶段,在很多方面看来,洪堡的基本观点,相当成功地比高等教育和研究领域中的其他危机留存的时间还要长,应该还是很令人吃惊的。然而,并非每一所大学都能成为世界知名大学。简直难以想象一个和德国同等大小的国家怎样才会有能力为十多个世界级研究型大学提供经济资助。尽管这一分化的过程在眼下和将来都会相当痛苦,却是势在必行的。

一所大学的发展战略中必不可少在国际国内构建友好合作关系和网络。几乎所有的欧洲大学都签署过一大堆合作协议,而这些协议一般都是由某些研究者的私人合同发展而来,这些最初的私人合同都不曾涉及任何有关整所大学的基本问题。然而,大学间的伙伴关系绝不应该建立在偶然性上，而应当有认真制定的策略，来引导以高调的形象和广泛的可见度为目标的学术合作和国际化进程。相应地，国际化战略也越来越明显地从众多松散的双方或三方合作关系，转变为慎重选择的数个全球合作伙伴间的长期战略同盟。有些大学甚至在海外开设分校，比如建在新加坡的德国科技学院（GIST）就是由慕尼黑技术大学（TUM）开设的。

合作网络和同盟关系的确立是一个多层进程，兼顾本地、国内和国际等多个层面。就本地而言，与其他大学及非大学科研机构间制度化了的合作关系有助于优先发展项的选定和加强已有的优势领域。本地合作涵盖了诸如哥廷根科研学校群之类的合作同盟，以及多校合并：比如卡尔斯鲁厄科技学院（KIT）就是由卡尔斯鲁厄大学与其周边的赫尔姆霍兹协会旗下的大型研究中心合并而成的；还有法国的艾克斯-马赛大学（AMU）也是由普罗旺斯大学、地中海大学和保罗塞尚大学三家合并而成的。

在一国及全欧层面，各大学组成群落和网络共同促进学术合作和国际化，提升学习与研究的优势，并对教育政策施加影响。比如德国9家技术类大学组成的TU9网络和15家大规模研究型大学组建的德国U15网络都表明了这些合作网络的形成正是正在进行的分化和多样化进程的一部分。就全欧而言，欧洲研究型大学联盟（LERU）、科英布拉集团和欧科大学同盟也都是一样的。

要想成功完成分化和国际化过程，并为每个学院开拓新视域、发展新任务、制定新战略，大学就必须要有强有力的领导团队以及高效的管理和决策结构。考虑到各大学的现状，在大学管理、诚信科研和质量保证等问题方面，有三个重要的领域需要彻底地重新思考和重新配置。

第一个领域的重点是管理这一概念本身，特别是与之伴生的、相当多元且急剧变化的权力关系。在日常的大学生活中，人们仍然固守着卡尔曼海姆界定的经典权力理论："权力是社会压力随时随地地作用于个体以诱发其所欲见行为的当下状况"（Mannheim 1950）。就好像这是一种前因后果、甚至是线性的关系："A的权力在B之上，展开来说，他就能够让B去做一些B本来不会做的事"（Dahl 1957）。如果真的想要建成在全层面鼓励创新、同时又深深扎根其所处环境中的自治型大学，那么我们就必须自我解放思想，打破那些诸如权力是常量，或是权力的重新分配只是零和博弈等先入为主的偏见。我们绝不应该认为董事会或是行政部门获得一些权力就意味着教授群体的权力有所损失和流失，而应该是所涉各方共同努力让权力有所增长，而且，最起码偶尔，有机会让大家有所获益。分享权力可以使几乎所有利益相关人各自的权力得到增益，而且可以使大学及其同盟各得其所。这种预适态度在将来会更显恰当。

第二个领域与势在必行的模式转变相关，从短期低信任度的操作模式转向严格的事前评估和选择过程，从而得到稳定的中长期任务。尽管大学还有很多缺陷和不足，也不能通过更多更严的上报与控制机制解决。那么，既然要对一些共识彻头彻尾地重加思考、并在一些未知领域和冷僻学科展开研究，我们就权且依仗高度信任原则相信一些暂时无法证明的事。当然这并不足以为创造力提供更多的时间和空间。正如洛克菲勒大学、马克斯普朗克学会、惠康基金会和霍华德休斯医学研究所等众多杰出的研究机构所展示的那样，必须严格地在时间节点、领导能力和未来进行突破性研究的潜力等方面对申报人的绩效进行评估，并不惜投入时间和专业知识。只有当所有上述方面以及申报人对原则、信仰、价值观和行动力上前后一致，且与其个性相谐的情况下，才能被录用。如果不能满足前述条件，我们就必须继续寻找可能存在的最佳人选。但是一旦我们做出约定，就必须确保所录用之人能够在学术前沿发挥最佳状态地连续工作 5—7 年，不会被其所申请的中期以上资助项目以外的其他任务打扰。如果我们不能按照高度信任操作模式来重塑现有的评估和追责体系，我们就会错失良机，不能在基础研究领域做出突破或得到可能出现的创新发展。最终，这些知识的成果将会为未来世界打下必要的基础。

第三个领域是关于虚拟现实和以电脑为媒介的交流对大学生活各个方面带来的意义和影响，这种影响还将持续增加。在一个新知识的创出、传播和接受几乎同时发生的时代里，许多传统的操作安排和模式变得脆弱难行。网络学习、网络科研、虚拟实验室、电子科学、数字人文、自发布和开放准入等等新兴术语多多少少指出了社会发展的方向。毫无疑问，因特网将会继续跨界扩展进入科学与学术知识领域。显然它也将重构现行的各机构运行所依据的领域划分状况。不单是图书馆和书店会变形成为交流和媒体中心,行政和决策程序也将会受到电子平台提供的诸多机遇的影响。参照当下的经济危机和各国大学传统收入源逐渐枯竭的事实,我们就会发现已经有一些新的集资平台出现在网络之上。诸如"ASHOKA(阿育王),公众的创新者"就在网上邀请所有人加入他们"为世上最难的问题找出新的解决方法而投资。""开放天才项目"也在其网站上明确宣称:"为减轻学术贫困而联通人民与研究者"。

据"开放天才"的主要参与者所说,这种民众集资的方式并非新生事物,但却代表着"一种有众多社区参与其中、有能力生成并为科学项目提供巨大经济来源的强大渠道。"如果这是真的,这种民众集资的方式完全可以借为己用,成为高校领导的任务职责,而资助机构负责人和私人基金主管之类的就更应该将自己置身于这一急剧变化的融资图景,尤其是在质量保证和如何在其单个机构的现有架构之下安置这些新机遇。因为大部分这类民众集资的方式都依靠情绪感染和情感调动,比如,声称"最可怕的社会与环境挑战"(ASHOKA),大肆宣扬的紧迫性和实用性明显压过了质量保证。但是现阶段,对于这些新方式,采纳严苛的原则和规矩仍言之尚早。或许假以时日我们就可以在单个项目的基础之上、经过仔细斟酌之后采用这些手段了。

结论

全球化时代带给高等教育和研究的信息似乎颇为明晰。若基础研究和策略研究无突破,现阶段与将来的关键问题都无从解决。要想取得更多的突破性成果,就必须付出巨大的努力为建成新的创造性环境而做出足够的机构性安排,不仅是研究机构,还包括研究资金和研究政策制定组织。在当今世界中,一个国家只有不断努力扩大其科研基础的质量、加强其各种科研和创新系统的结构活力、并支持精选学科内具有改革意义的研究,才能成功地建成一个在全球范围内具有竞争力的智识基础社会。基于相互的信任,每个机构都必须审订其自己的决策制定、优选设置和质量保证程序,并解答以下问题:是否提供了具有激励性的培训和研究环境？是否提供了鼓励冒险的创新型文化？以及,是否让自己的研究人员能够脱离既有的成熟学科转而开拓新领域？

参考文献

本文基于 2012 年 5 月 30 日在哥廷根的乔治-奥古斯特大学举办的第 275 届年会上所做的主题发言。其中的个别章节已出版在 **Sjur Bergan,Eva Egron-Polak,Jürgen Kohler,Lewis Purser,Athanassia Spyropoulou**（eds.）：Leadership and Governance in Higher Education—Handbook for Decision-makers and Administrators,Section A 2 - 3,Stuttgart 2011.

Bevir,M. 2011. Governance as Theory,Practice,and Dilemma. In The Sage Handbook of Governance. Edited by Mark Bevir,London：Sage.

Dahl,R. A. 1957. The Concept of Power. Behavioral Science 2：3：201 - 215.

Estermann,T. and Nokkala,T. 2010. University Autonomy in Europe I. Brussels：European University Association.

Friedman,T. L. 2008. Hot,Flat and Crowded. Why the world needs a green revolution—And how we can renew our global future. London：Allen Lane.

Krull,W. 2005. Exporting the Humboldtian University. Review of "Humboldt International". Minerva. 43：1：99 - 102.

Mannheim,K. 1950. Freedom,Power,and Democratic Planning. New York：Routledge.

Moïssi,D. 2009. The Geopolitics of Emotion. How Cultures of Fear,Humiliation,and Hope are Re-Shaping the World. London.

Peters,B. G. 2011. Institutional Theory. In The Sage Handbook of Governance. Edited by Mark Bevir. London：Sage.

Power,M. 1999. The Audit Society：rituals of verification. Oxford：Oxford University Press.

Schwinges,R. C.,ed. 2001. Humboldt International. Der Export des deutschen Universitätsmodells im 19. und 20. Jahrhundert,Basel.

高等教育的激励性拨款机制：从供应导向到需求导向

Daniel W. Lang

加拿大多伦多大学理论和政策研究系教授

在过去 25 年里，公立大学主要采用两种激励性拨款方法进行融资，即绩效拨款制与激励性预算制。这两种拨款方法一经引入后不断得到发展，又称为"预留"拨款、"匹配"拨款、"价值为本管理"、"责任为本预算"，甚至"自主性拨款"。尽管这两种方法时代相同、名称相似，但二者通常并没有什么关联。绩效拨款是国家政策的一种手段，并由政府"自上而下"实施。而激励性预算制则是一种制度上的选择与策略。前者主要与收入有关，而后者则与收入和支出有关。

然而，通过进一步分析，我们会发现这两种方法的背后有着共同的组织原则。首先，他们都强调委托人与代理人之间的关系。其次，他们都设想对资源的依赖决定大多数院校行为、收入模式和支出模式之间存在一定关系，以及制度成本是线性函数。鲜有学者假设单位成本会随着院校大小、复杂程度以及其使命变化，但问题是政府和高校的这些前提很少相同。这便产生了一个尚未研究过的问题，即这两种拨款方法如何才能相互作用？应该如何相互作用？二者会相互冲突还是相互依赖？

加拿大便是分析此问题的一个有用案例。加拿大 80％ 的省份都采用了某些绩效指标，直接或间接地与拨款挂钩。大多数指标政策最少已经实施了十年，甚至更久，他们在结构和拨款金额上各有不同。加拿大几乎所有高校都属于公立院校。其中一些高校，尤其是大型研究性大学已经采用了各种不同的激励性预算制，但鲜有高校将绩效拨款与激励性预算制结合起来。另一方面，美国有数个州采用绩效拨款制，有近 50 所高校都采用不同形式的激励性预算制,但其重叠部分很小:仅三个采用绩效拨款的州中有公立大学采用激励性预算制。但在加拿大,这种重叠部分要大得多。

绩效拨款

绩效拨款并不是一个陌生的概念。早在 20 年前,GuyNeave(1988)便引入了"评估性国家"一词。Neave 研究了国家出台的一系列政策和措施,用于帮助学校(更多的是帮助资助这些学校的国家)调整高等教育的财政需求,使之符合公共资金的实际情况。10 年后,Einhard Rau(1999)发表论文 *"Performance Funding in Higher Education:Everybody seems to love it but does anybody really know what it is?"*(《高等教育中的绩效拨款:人们似乎都爱它,但有人真正知道什么是绩效拨款吗?》),这篇论文虽然简短,却有着举足轻重的地位。Rau 的论文标题便揭示了问题所在。到 20 世纪末时,被认为只是昙花一现的绩效拨款制不但沿用至今,而且似乎更受欢迎,至少在为高等教育提供补助的政府和机构中是如此。而且可能更重要的是,Rau 的研究说明,尽管有 10 年的实践经验,主要是各种尝试和犯错的经验,但人们依旧对绩效拨款知之甚少,很多人仍然认为这种方法是无效的、不完善的。

对绩效拨款一词的表达也存在问题:绩效拨款、绩效指标、业绩基准、最佳实践、奖励或"拨出"拨款、绩效预算、绩效报告、绩效协议或合同——所有这些说法乍一看起来既相同又不同。另外,除了不知道绩效拨款的准确含义,我们也不知道它是否有效,以及有效或无效的原因。

说明举例

引入这类评语的目的在于将绩效拨款置于一个更广泛的语境之下进行研究,这一语境即为公立高等教育融资的结构与目的。虽然绩效拨款这一术语听上去有些陌生,但它并不是一个新鲜的概念。有人可能会说,绩效拨款是一种典型的围绕国家补贴的生产函数的委托人与代理人关系。有人可能会进一步指出,21世纪初时给"绩效拨款"贴上的标签与20世纪初出现的基于招生的公式拨款法,或20世纪50年代引入的规划计划预算系统(PPBS)并无实质区别。

下面我们以加拿大安大略省为例进行介绍(Lang 2005)。安大略省采用了一套"关键绩效指标(KPIs)"体系,用于分配该省高等院校不到百分之二的运营拨款。这里的关键词是"绩效"。要理解这一点,我们必须回头考虑该省保守党政府在1995年上台后给大专教育院校带来的一种广泛的经济意识形态,虽然这一意识形态在自由党执政后大部分被弃之不用。

任何政府、大学或其他公共机构最基本的一个支出问题是:"多少钱才足够?"随着对国家拨款的进一步限制,这个问题也变得越来越重要,也越来越难回答。尽管学术界对为何限制拨款以及应不应该限制拨款众说纷纭,但其原因并不是我们讨论的重点。重点是由于拨款受到限制,则需要定义在何种规模、何种质量、何种广度,或何种分配下才对大专教育进行拨款。当规模、质量和分配也被纳入效率的范畴时,它们便组成了高等教育体系政治经济学中的基本要素。

对于盈利性院校,这个问题通常基于市场信号来回答。正如Simon Marginson(1997)和Henry Hansmann(1999)所述,公立性院校中也可以存在市场。但是对于多数公立大学来说,它们顶多是个准市场,而且一般低于准市场的标准。正如很多公立机构一样,大学大部分的资金通常并不来源于享受这些机构提供的服务的人。有些人认为大学学费越来越高,但在某种意义上这并不是大学真正的费用,因为它并未显示他们名义上购买的教育的真实成本。接受高额捐赠的私立院校也是如此。若学生(或雇员和政客)不清楚教育的真实成本,那么也就不可能知道教育费用的净经济价值或相对社会效益,而事实也确实如此。

那么,以上对市场行为的简短解释用意何在,它与绩效拨款有何联系?又与加拿大某省的具体情况有何联系?事实上,它解释了为何该省的保守党政府在上台后的第一项命令就是要求放开管制与提高用户的使用费用。其核心在于将市场行为引入公共院校,然后让市场自己回答"多少钱才足够"的问题。为了不陷入政治意识形态中,我们应记住 Joseph Ben-David 对于形成大学绩效的竞争有效性研究。

然而,对大学来说,即使进行了诸多改革,其市场依旧是不完善的。尽管学费增加了,但另一方面,仍然很难评估各种教育课程的真实成本和真实净值。与基于成本的公式拨款法不同,学费差异化更多的是基于毕业生的预期收益,而非制造成本;事实上,就学费而言,产出决定投入。学生作为教育的消费者,他们仍然无法要求对其进行一个可靠的市场测试。此外,政府虽然表面上致力于发展自由市场,但他们却对学生选择私立高等职校提供的教育课程痛心疾首,认为这是学生作为消费者作出的最坏的市场选择。对私立高等职校而言,其就业率下降了,而毕业生的贷款拖欠率反而升高了。从经济学角度而言,学生在这样一个不对称的市场中可谓正面临着"道德危机"。

那么应该对此采取何种措施呢?政府的回答是通过引入绩效指标补充市场的选择信息——这便是问题的关键所在。关键绩效指标背后的基本思想是,学生作为消费者,需要知道更多某一省份的高校信息。Michael Spence(2001)2001 年获得诺贝尔奖时,有记者问道"您不过是注意到有些市场上存在参与者之间信息认知不对称的情况,您认为这真的值得授予诺贝尔经济学奖吗?"当然,Michael Spence 的回答是肯定的:这种不对称的程度不简单,甚至大到令人意外。从经济学角度讲,高等教育市场是极其不对称的。关于大学选择的研究充分证明了这一点,这类研究揭示了申请人对选择流程(Lang and Lang 2002)以及高等教育成本与回报(ACUMEN 2008)的错误认知根深蒂固。

因此,关键绩效指标背后的本意是要在高等教育市场买卖双方之间达到信息平衡。基于这一宗旨,安大略省制定绩效指标的首要目标便是提供公共信息。这是因为根据高等院校市场已有的信息,再加上指标提供的信息,学生应该能据此做出更好的选择,而且理论上来说,学生也可选择就业率高、贷款拖欠率低的专业和院校。因此,激励性拨款可以减少对公共或私人捐赠的依赖。相反,现有的拨款水平可能会进行重新分配。

安大略省绩效指标的下一步改革是将这些指标作为考核绩效的标准或基准。作为公共信息,绩效指标按照绩效结果排名,但却不能显示什么程度的绩效是良好水平,什么又是较差水平。因此,可以进一步在指标中加入破发点,用于指定拨款负债,而非拨款奖励。此类作为标准的绩效指标并未能增加多少公共信息。事实上,政府从未真正向公众解释过这些绩效指标。而这一事实也很好地佐证了 Hansmann（2003）预测的一个现象,他指出政府作为调节者,可能比作为消费者的学生和家长更加关注不对称市场。

其间,安大略省政府开始实施 ATOP（先进技术机会项目）项目,该项目的目的在于引导高等院校扩大某些方面（如计算机工程）的规模,同时也引导学生优先选择这类课程。那么这与我们所讨论的绩效指标和绩效拨款改革有何联系呢？答案是这二者之间不但有联系,联系还"很深",因为 ATOP 与政府在高等教育中的市场与关键绩效指标的尝试背道而驰。从实际效果来看,即使没有主动承认,安大略省政府认为对于影响经济增长的关键领域,他们不能完全依赖市场调节供需平衡。阿尔伯塔省政府在近期似乎也做出了类似的结论。市场必须是"固定的",要平衡市场,政府选择的应对措施是"结果支付",通常被认为是一种绩效拨款法。绩效指标不再是为作为消费者的学生提供信息的手段。这些指标不再进行修改,重新成为中央计划监管体系中的一种财政奖励政策——"胡萝卜加大棒"政策。

因此,ATOP 项目正好迎合了安大略省绩效指标和绩效拨款改革的下一步举措。安大略省关键绩效指标的首要目的不再是为作为消费者的学生提供信息或设立标准,而是为年度运营拨款分配提供基础。大学百分之二的省级运营拨款都是基于年度绩效而分配的,而年度绩效要通过关键绩效指标进行衡量。尽管其目的变了,但指标本身并没有变。

这一改革着眼于最终结果而非实现结果的手段,也许它并不值得惊讶。政府同样也是高等教育市场（或许应该说是两个高等教育市场,因为科研遵循一个不同的生产函数）中的买方,因为在一定程度上政府为高等院校提供供应导向的补助,通过投资人力资本提高生产力,刺激经济增长。在 ATOP 项目中,政府认为本省经济需要更多某科学技术学科领域的毕业人才,尽管市场发出了信号,但政府仍会展开绩效拨款政策,以确保院校和学生能根据政策做出调整。

与其他辖区相比,可以从不同角度解释安大略省采用的绩效指标。其目的是不通过政府直接干预影响高校行为,因而高度尊重高校的自主性。也可以说其目的是进行比公式拨款法更可靠、更有力的分配拨款。空谈不如实践,为了让高校按照指标调整绩效,国家补助和私人赞助可以在学费上给予学生一定优惠,安大略省与绩效指标挂钩的拨款金额与高等院校不得不承担的成本其实并无特殊关联。安大略省的这一事实说明,指标调节式绩效拨款的核心可能更多地会影响院校行为,而非评估院校行为;反过来也会促进高校遵守政府政策,这些政策旨在关注产量法中的成本效率、学生贷款违约成本以及如何满足劳动力市场的需求。

遗憾的是,安大略省的事例只体现了一些绩效拨款普遍的内在困难。现在有三类不同的目标,有的明确有的不明确;受众有四种或更多;然而指标却只有一小套。不仅仅是因为"一种尺码难合众人身",更因为很难辨别"这是皮鞋、靴子还是凉鞋的尺码"。我们可以从中学习两点:第一,认为绩效拨款只有一种方式,这种一概而论的说法是不切实际的;第二,尽管绩效拨款与绩效指标的功能不同,但二者在同时使用时是相互关联的。这就好比双语翻译中的类似问题。

绩效拨款的词典解释

将绩效拨款视为像单细胞有机体一样的单一国家政策是不可取的。绩效拨款下有不同的分项,其中最常见的是预留或专项拨款,即为高等教育预留国家补助的一小部分,基于预先确定的以及专门的衡量目标(也就是绩效指标)为高校拨款。因此,预留的拨款是一种潜在的可开放式津贴。各院校之间不必为了得到拨款而在零和博弈中相互竞争。这一国家政策的最终目的是通过财政奖励影响或调整院校行为。在某些情况下,尤其是在欧洲,这类绩效拨款被称作"结果支付"或"绩效协议",且通常与毕业生数量挂钩。就国家政策而言,毕业率与毕业生数量之间大有不同。预留拨款仅在毕业学生达到指定数量后才拨付。一般来说,这便是一项"成本加固定费用"协议。在这些情况下,绩效指标的基本衡量指标是一些各种形式的"授予学位"证书(不是招生率),且通常是专业学位授予。

然而,也存在一种竞争性的绩效拨款法。这种形式看似与预留拨款无异,但却有一个重要的不同点：这是一种零和博弈的形式。对安大略省的拨款是为了扩大研究生项目，对阿尔伯塔省的拨款是为了扩大本科教育，这都属于预留拨款。阿尔伯塔省项目不仅仅是一场零和博弈，若竞争结果不如人意，高校还会受到经济处罚（Barnetson 1999；Barnetson 和Boberg 2000）。安大略省的绩效指标是研究生招生人数。这一指标与对应的拨款是固定的，所以高校需为了这一根据学生数量确定的额定拨款而竞争。对于可自由支配资源相对有限的国家，世界银行促进并承诺为其发放这类绩效拨款，以引导和发展高校（Salmi &Hauptman 2006）。

财政政策对这两类竞争性绩效拨款的表述体现了二者不同的目的。第一种提供效益优势。国家促进并希望保障高校绩效，以期将此作为一种理想的国家政策。在美国一个常见的例子是扩大对弱势社会群体招生。通过提供开放式绩效拨款，国家表明愿意接受和支付高校提供的给定的预期绩效拨款。由于拨款数是额定的，故第二种具备成本优势。随着绩效依照额定拨款范围内的奖金不断提高，单位成本要么已经包含在内，要么是减少了，正如阿尔伯塔省和瑞士，其高校被认为更有效率。

一些辖区如德克萨斯州（Ashworth 1994）采用的是捆绑式绩效专项经费。通过这一政策，高校响应多项或"一揽子"指标后便可有机会获得奖金拨款。由于可推导不同指标对应的财政拨款，高校基于战略、规划和预算考量，都可以采用绩效指标和结果拨款等方法。

绩效合同是绩效拨款的一种不提供额外拨款的典型形式。在西班牙、瑞士和美国的两个州，公立院校与政府签订了合同，就拨款限额达成一致，甚至通过减少国家拨款来提高自主权。这种观点认为拥有更大的自主权意味着可以扩大学校选择不同拨款种类的权利，同时也可以通过"投资组合管理"实现更大的差异化（Foster 1983）。高校必须达到一定的绩效指标才能继续获得国家补助的资格，这类补贴额度虽有减少，但却不受监管；政府这类通过绩效指标设置并维持对质量标准的控制。合同和指标的职能作用基于信用关系。西班牙和美国两个州的高校都在探寻这种方式。而这种方式在瑞士是强制执行的，瑞士开展了所谓的"负"绩效拨款来促进效率以及高校自身的私人筹款，这类拨款实际上更像是"大棒"，而非"胡萝卜"。国家补助会受到指标的限制，这类指标通过私人资金和提高效率换取奖励，以弥补丧失的公共收入。到目前为止,结果有好有坏(Schenker-Wicki & Hurlimann 2006)。

尽管从技术层面来说,绩效拨款的两个基本因素——尤其是预留拨款和结果支付拨款会影响其激发的高校行为的有效性。第一个因素与绩效指标算法并无多大关联,而是与算法分配的经费来源有关。若可分配经费是新的或增加的,那么奖励就是真正的一根"胡萝卜"了,高校可能会基于其自主判断选择拿走这根"胡萝卜"还是退出。德国的卓越计划便体现了这一点。然而,若可分配经费来源于高校现有的公共补助,那么奖励就如同"大棒"和"胡萝卜"了;正如阿尔伯塔省一样,不论其使命如何,高校将越来越难忽视这一点。

在规范高校行为上,影响绩效拨款有效性的第二大因素是预留拨款的数额与任何给定奖励激发的绩效或其他行为的匹配度。若这一匹配度不准确或不足,则绩效拨款就会失败。让我们再一次回到毕业率上来。为了提高毕业率,高校可能会采取一些措施,但这将会产生额外支出,例如,高校可能会提供更多的学术咨询服务、写作实验室、数学实验室、教学助理和助学金。可能还有更多措施,但可能采取这些措施的目的是提高毕业率,这并不是问题的重点,重点是这些措施的成本。若拨出款项的金额未能反映(至少大体上反映)公式法要求达到的高校绩效的成本,此时奖金通常会被忽略(El-Khawas 1998;Rau 1999;Schmidt 2002;Schmidtlein 2002;McColm 2002;Miao 2012)。

安大略省和路易斯安那州采用的绩效拨款方法是非公开的。在之前提及的辖区中,在某个阶段实行绩效指标是为了创建对称市场,为学生选择专业和学校提供信息;由于学生也将学费纳入考虑范畴,绩效指标对高校的最终影响在于财政上。国家利用其调控能力而非财政权限创建一个其希望看到的公共政策结果或表现。路易斯安那州那些绩效高于国家规定基准的专科院校不再依照国家规定的学费标准收费,因此这类院校可以扩大从学费中获取的收益(Miao 2012)。但是,这一政策的前提是依照基准衡量的更高绩效代表了质量,且其质量反过来也能证明更高学费是合理的。

匹配绩效拨款是一种有点类似于绩效拨款,其拨款也是非公开的。利用政府提供的私人资金匹配慈善捐赠,而实际上这类捐赠基金被限于用在政府,而非捐赠者要求的特定用途上。每笔资金的预留都基于某种特定目的,直到获得与之相匹配的私人捐赠才公布资金。这类资金可能是一个固定金额(也就是竞争性绩效拨款),也可能是公开的。因此,绩效拨款就是把公共与私人支持结合而成的一种拨款方法。加拿大联邦政府通过加拿大创新基金会将匹配拨款视为为研究基础设施提供财政支持的一种手段。

安大略省的例子表明绩效指标并不一定或总是与绩效拨款挂钩,或者说至少不是直接挂钩。某辖区可能采用了绩效指标,而却未实行绩效拨款,反之亦然。这种单独采用绩效指标的方式通常被称作绩效报告,采取这种方式可能有几个不同原因。其原因可能与拨款毫无关联,但也可能有关联。其目的可能是通过提供作为消费者的学生很难或完全不可获得的那些信息来平衡一个不完善高等教育市场的"竞争环境"。之后学生可能会做出影响院校结果的选择。当然,前提是学生掌握了一定的财务知识,但事实却并非如此(ACUMEN 2008;McDonogh 1997;Sedale 1998;Usher 2005)。

高等教育的绩效基准一词是营利性院校从商业领域引入的词汇。有些人认为绩效基准实际上已成为高校必须达到的标准(Alstete 1995)。相较而言,绩效基准主要注重过程(Birnbaum 2000)。"最佳实践"也可称作"最佳过程"。

由于最佳实践注重过程,故其基准对绩效指标的利用最为费时费力,同时也可能是最具风险的。说它费时费力(而且还很贵)是因为必须收集大量的数据并进行统计分析(Gaither,Nedwick and Neal 1994;Lang 2002);说它具有风险是因为若无法推导出确保最佳实践是从同类院校中选出的,那么也无法保证一类院校中的最佳实践在另一类院校中是否还为最佳实践(Lang 2000)。正如 Robert Birnbaum(2000)所述,当发生这种情况时,在实践中为了获得拨款将基准转换为绩效指标毫无意义。当基准确实是在同类院校中制定的,那么其财务影响主要体现在成本和效益上。换言之,院校找到了降低成本的方式。

输入、产量、输出和结果:剖析绩效拨款

那些绩效拨款的批评家经常声称绩效拨款只是一种输出,甚而说它只是一种可方便衡量的输出。而作为现代管理科学的创办人之一,Amitai Etzioni(1964)则警告那些机构在扭曲观点,因为这些机构只看重绩效拨款比其他方式更方便衡量而认为它是一种输出的。有很多例子可以证实这些警告信息。事实上,绩效拨款远比他们想象的复杂得多,除了输出之外,它还包括种种输入、产量和结果。这个词虽然短小,但意义非凡。绩效拨款与这些元素的重要相关性要通过类比人类解剖学才能阐明清楚。我们可以把绩效拨款的每个元素看作人类身体的每个压点。每压住一个点就会产生不同的生理反应。同理,能否成功实施绩效拨款也取决于其附属的绩效指标和是否相应地正确拨款,以此来激励所期望的制度行为。但不幸的是,人类很容易发生神经联系活动出错。所以,这些联系活动不仅非常复杂,而且还经常是间接发生的。

让我们来看一个研究例子。已获得博士学位的教学人员数就是作为研究费用的一项输入。绩效拨款附加到输入是有两个目的的。第一个目的就是激励教学人员投入到更多的研究中。但是按绩效所拨出的资金非常少,由此我们又可以看出另一个不明显但更有力的目的,那就是利用其他拨出款项来另外承保一个不可承担的公共政策目标。

第二步,可通过同行评审来衡量研究过程。从质量或效率来看,不管研究结果的意义如何,研究过程都是一样的。产量指的就是研究过程产出的论文。当绩效拨款附加到产量或过程时,我们可以看到一个大相径庭的目的:它在本质上修改了制度行为并鼓励公认的最佳实践和效率。在过程和产量方面拨款不匹配是最令人苦恼的事,因为正是这些绩效才招致了费用。

最常见的衡量研究输出的方法是同行评审了的文章出版率。应用绩效拨款到输出中是一个相对简单的概念:一分耕耘,一分收获。绩效拨款的应用很多时候是与符合法规的责任和按照成本效益衡量的价值相关联的。

有的人可能希望绩效指标连续时间到输出这一步就结束了,但还有另外一个步骤,那就是结果。它被看成是意义附加值的措施,或者看成是,如瑞士人的绩效拨款译本中所说的,研究的"有效性"。

理想化地说,我们最想把绩效拨款和结果联系起来,而这反过来就相当于根据质量、意义和影响衡量出的资金价值——换言之,也就是绩效生成的成果。然而,这却是绩效拨款最不可能达成的目的。下面就来讲讲为什么不能达成的原因。首先,这个绩效拨款领域受到绩效指标"一刀切"均质化效果的严重阻碍。即使处于最佳状态,绩效指标也很难可靠地衡量质量。这就说明了为什么商业调查和大学排名,比如说《美国新闻与世界报道》周刊和《加拿大麦克林》周刊,实际上已经代替了质量的名声。当质量是除了宣扬其名声之外直接衡量出来时,那么衡量方法通常是以研究绩效为基础的(Lang 2005 年)。Robert Martin 也曾提醒,高等教育是"一个体验产品,我们在购买之前对它的质量一无所知"。这样,"多少钱才足够"问题的重点就由质量与有效性转变成了输入,过程和效益。

其次,正是绩效指标的使用才最终有了大学教育的市场。在公共高等教育市场中,绩效衡量的结果会影响学生的选择、私人慈善事业和研究资金的筹措,所有这些大学的资金来源甚至都比最慷慨的绩效拨款方案重要得多。我们又一次把绩效拨款看成是财政匹配工具,因为作为高等教育事业中的少数合作伙伴,政府利用这个工具来寻求利用,甚至转移其合作伙伴身份的行为。

在绩效拨款的 4 个绩效指标元素中,最重要的是要理解"过程"这个元素。James Scott 的《国家的视角》(1998 年)一书中的副标题就指出了过程在理解绩效拨款中的特殊意义。其副标题为"改善人类境况的特定方案如何不起作用"。Scott 在书中没有明确地谈到绩效指标和绩效拨款,但是如果要明确指出这两个术语的话,他可能会定义它们为"社会简单化",放在他的书中标题"衡量限度"之下。在书中,Scott 列举了一系列计划,这些计划不但没有改善人类境况,反而还因为未认识到社会简单化是受衡量限度影响这一点,使人类境况变得更糟糕。其中 Scott 仔细分析的每个计划不起作用的关键原因就是因为没有清楚理解过程。例如,当苏联的中央计划人员开始实施农业集体化时,他们根本没有去充分了解哪些农作物适合种在大规模的集体化农业区,他们也完全不管政治或经济意识形态,不清楚哪些农作物只能种在小规模的家庭农场中。按照 Scott 的隐喻来说就是,国家"所见的"与农民"所见的"大相径庭。就其看到的信息而言,情况完全不同:国家看见的是政治掌控的合法过程,而农民看见的就只是农业的生产过程。

以上关于过程和国家视角的观点可以帮助我们更好地理解绩效拨款的含义。毕业率就是一个很好的例子。在大部分绩效拨款方案中，它都作为一个绩效指标，而且它比它最初看上去的要复杂得多。毕业率在输入—输出层面上是一个显示生产力的指标，也就是如何正常使用它。这里有 3 种输入：(1)政府补助；(2)私人补助(学费)；(3)实际投资的作为费用的教育资源。但是就经济政策——也就是人力资本的扩张来看，其最终的指标不是毕业率，而是毕业生的数量或"成绩"，这通常是由成年人或劳动适龄人口所持有的学位来衡量的。既然这样，那么中学的毕业率在算术上就是最有利的因素，因为它决定着有资格成为中学后教育毕业生的人口数。如果绩效拨款作为一个提高扩张人力资本和推进社会平等的手段，只严格限于输入与输出时，那么就可以说它更有效地指导学校提高了其毕业率。

毕业率的过程分析范围并没有教学质量，班级规模，学术服务等等看上去那么显而易见。它首先要选择入学学生。而提高毕业率最直接也最划算的方法就是抬高入学标准，并引进更多选择性的、预测性的选择过程。接下来，教学、学术服务、助学金及其他干预措施开始得到改善。提高毕业率的单一措施未必"看见"了这些过程。此外，衡量方法会误解过程。比如，当提高入学标准引起毕业率提升时，大学的教育绩效、开销或人力资本的最终供应量都不会发生实际的变化，不过会得到绩效拨款的奖励。

另外一个说明国家不能"看见"过程的实例就是，安大略省最初尝试不采用绩效拨款来配置绩效指标。正如我们之前讨论的一样，假如这样的话，政府通过市场资本主义的透视镜会认为，当大学生有更多更好的关于制度绩效的信息，而制度绩效是由 3 个指标——毕业率、大学生就业率和助学贷款的拖欠率衡量的时候，他们会选择不同的大学和学院。事实上，这个方案并没有起作用；因为大学生没有使用这些信息，也就没有改变他们的选择方式。政府看不见这个过程是因为有了市场资本主义的透视镜，或者说如 Scott 所说的"衡量方法的象形文字"，它使得政府过度简化和统一了那些既不简单又不一致的过程。

绩效拨款的跟踪记录

在 20 世纪 90 年代中期，洛克菲勒政府研究所在美国进行了一系列有关使用绩效拨款的调查。从 1979 年到 2001 年,绩效拨款就以某种形式在 21 个州如雨后春笋般展开。然而,在 2001 年到 2009 年之间,有 5 个州终止了这个做法;自 2009 年的《中西部高等教育合约》颁发之后,也没有新的州加入到绩效拨款的行列中。同时,继续采用绩效拨款制的 15 个州中,其中两个只是在两年制学院中实行。因此,截至 2012 年,在美国只有 12 或 13 个州的高校采用了绩效拨款,这一数量不到历史新高水平时的三分之二。然而,在社区学院中对绩效拨款的采用很稳定或呈增加趋势(Dougherty et al. 2011)。

而且几乎在同一时间,加拿大的两个省——阿尔伯塔和安大略都引进了绩效拨款。有三个省也紧随其后。在阿尔伯塔和安大略的这两个实例中,尽管一直在继续进行绩效拨款,但基于绩效分配的拨款金额却减少到了几近微不足道的地步。

在推测美国的各州采纳绩效拨款持平稳状态或实际减少的同时,洛克菲勒研究所的工作人员还说道:

绩效拨款实际执行的波动性也证实了先前的结论,那就是理论很理想,但实践却很困难。采纳绩效拨款的观点很容易,但实施起来却不简单;项目开始容易保持难。(Burke, Rosen, Minassians & Lessard 2000)

那究竟是什么使得绩效拨款不容易执行呢? 已经提到了一种解释,即拨款数额通常与经过衡量和可能获得奖励的绩效的成本结构不对应,由于它们与一般的绩效拨款或特定的绩效指标相关联。例如,考虑到一所大学需要作出各种努力——小班教学、加强型学术服务和补充助学金来提高毕业率,而该所大学所需承担的成本可能比那些努力所产生的额外收入要高得多。尤其当绩效拨款是为了借助奖励机制来修改制度行为时,它便成了一个难题。

而且,就其成本结构来说,绩效拨款经常未能考虑到大学生学习时间长且规模效益可变的事实。比方说,本科课程一般要四年才能完成;还有许多专业的课程可能要更久。因此,大学就像一艘超级油轮:改变它们的方向需要花很长时间,即使当它们愿意响应财政奖励而做出改变时也是一样的。我们再拿毕业率作为例子分析一下。首先,它的绩效拨款不是一笔简单的年保留率金额。大部分的有关毕业率的绩效指标都是在课程项目正常完成的 1 到两年之后才计算出来的,比如说,如果是完成 4 年课程毕业的情况,其绩效指标则是项目开始的 6 年之后计算出来的。这也包括这样一群学生,他们中途辍学或暂时由全日制状态改成半工半读状态,但是最终毕业了。因此,当一所大学采取了所有实际可行的措施来提高它的毕业率时,那么都要等到若干年后才能看到结果。但是绩效拨款一般是一年实施一次。这就意味着,大学必须要在收到补充"绩效"款项很久之前就自己承担成本费用,到"绩效"款项收到之时成本费用才能收回,甚至通常只收回了部分费用。

甚至是延迟收回成本费用的问题都会发生。一些大学之所以对绩效拨款不感兴趣,他们最常用的一个理由就是对其未来发展的不确定性(Burke & Modarresi 2000;Callahan 2006;McColm 2002)。他们在思考:绩效指标的定义和计算方法会随着时间而改变吗? 拨款数额与绩效改变相关吗? 会引进新的绩效指标来取代旧的指标吗? 这些对绩效拨款稳定性的疑问都不是没有事实根据的。比方说,在安大略省,绩效拨款(绩效指标)项目在 8 年中就改变了 4 次。

一些司法管辖区通过限制绩效指标的数量来解决成本费用的问题,这样就使得每个绩效指标获得的拨款更高一些,而且也更接近于它所衡量的绩效实际成本费用。然而,这就陷入了一个双环困境。由于绩效指标的范围变窄了,它就只覆盖了每所大学总绩效的一小部分,但这反过来又使制度绩效的衡量方法不太可靠,绩效拨款影响力不大。在评定这个问题的复杂性上,环境是至关重要的。几乎没有加拿大省份或美国各州,通过绩效拨款为中学后教育分配了超过 6% 的总拨款,但只有一个例外。这个例外就是美国南卡罗莱纳州,它在 2003 年中止了绩效拨款方案。还有一些地区仅仅分配了 1% 的拨款。很难想象出,实际操作的绩效指标会与按照该绩效的实际成本费用衡量的绩效相匹配。没有一个接受洛克菲勒研究所调查的利益相关群体,上至各州州长和立法委员,下至教授代表会议的院长和主席,觉得绩效拨款分配的拨款数额过大。相反,他们几乎达成了一致共识,觉得拨款数额太少,但是调查也没有列出提高拨款分配率的任何计划,而给出了降低分配率的若干计划(Burke & Minassians 2003)。

那么从各种反复试验中我们学到了什么经验呢? 洛克菲勒研究所的年度调查报告指

出,在所有曾经采用过绩效拨款的美国各州中,只有不到 40％ 放弃了它(Burke ＆ Minassians 2003)。瑞典、荷兰和澳大利亚引进了不同版本的绩效拨款,结果不是弃用,就是做出了根本改变。而南非是最广泛应用绩效拨款的国家。澳大利亚最初只是改变绩效拨款,而非放弃它,最后也基本上采用绩效预算代替了它。这样的话,绩效指标的全国统一系统就被另一个系统取代了,此系统允许每个机构与政府进行定期的绩效协议谈判,选择和申报其自身的绩效指标。

从对美国各州情况的审查中,我们得出了一个显而易见却又喜忧参半的结论:在绩效指标强调质量或结果的司法管辖区里,绩效拨款很起作用,而在强调效益或输入—输出的地区,它则不起作用(Burke ＆ Modarresi 2000)。但是甚至对质量的跟踪记录也是不容乐观的。在作为美国大学协会精英成员的 38 所公立大学中,只有 7 所位于曾经采用绩效拨款的司法管辖区。2013 年,泰晤士报上列出了全球顶尖大学的高等教育增刊排名,其中只有 1 所来自北美绩效拨款管辖区的大学挤入前 50 名。正如 Pike 的研究显示的一样,注入资源未必就是提高绩效,或是表明高等教育的质量。对绩效拨款进行研究之后,在荷兰的 Frederiks ＆ Westerheijden(1994)也得出了类似的结论。Shin ＆ Milton(2004) 及 Sanford ＆ Hunter(2011)所做的研究也是异曲同工。

就教学和管理成本的衡量方法而言,效益问题尤为突出。显而易见的是,在美国各州最近所做洛克菲勒研究所调查中,一些大学以后"不可能"或"基本不可能"开展绩效拨款,所有这些大学给出的理由都是缺乏资金。其中,65％的所有响应州都位于这个"不可能"或"基本不可能"的行列中。只有 6％在"可能"的行列中。有 4 个州已经开展绩效拨款若干年了,但由于财政紧缩,它们也宣布了终止拨款的计划(Burke ＆ Minassians 2002)。如果绩效拨款真的减少了成本费用,提高了效益的话,那么在财政紧缩时中止它则会适得其反。

一些绩效拨款方案的跟踪记录,拿德克萨斯州来说,它就包含了绩效指标,这些绩效指标几乎与那些在复合拨款方式下期望找到的指标完全一样。这里,我们又了解了绩效拨款的另一点。"捆绑式"或"复合"绩效拨款有"合并"的风险。有时候,不管是出于何种原因,机构总会用在特定区域的优良绩效抵消在其他区域的糟糕绩效。一些"加权的"机构排名方案则暗中鼓励这种行为。只有一种绩效拨款才能解除这个公共政策,那就是拨款资金留置或承包出来,这样绩效是绩效,指标是指标,互不相干。

这类拨款就是说明输出和结果之间的差异的例证。在所有捆绑的指标中,一些指标为了响应经济政策,社会政策或生产力,可衡量输出,而其他指标则以衡量结果来作为其质量的表达方法,并针对过程中的变化。还有一个例子就是英国的研究评估考核(RAE),它用于向大学分配研究拨款。研究评估考核只注重结果,实际上,它还允许机构按照他们的选择来定义输入和过程。在研究评估考核下,故意曲解绩效拨款,重视结果绩效胜过实际成本(输入+过程),把输出看成交易量的表达方法,这也在本质上增加了成本费用(El-Khawas & Massy 1996)。

无论定义这类拨款为绩效拨款还是公式拨款,它都有另一面。也就是有时候,虽然它能产生效益,但却提不起政府的兴趣。在一些司法管辖区,政府和拨款机构对绩效拨款保持着警惕性。这有两方面的理由,一个出于政治方面,一个出于经济方面。在政治方面,政府开始意识到这种拨款方式双向起作用。如果设定了一个特定的绩效目标并用基准测试了它,用绩效指标又可明显衡量它,且由预留款项获得资金,那么不充分拨款效果就能衡量出来,同时也能衡量制度绩效。换句话说,政府作为拨款机构的绩效也能衡量出来,而且很容易成为政治责任,作为一项资产。

在经济方面,绩效指标和绩效拨款之间紧密的、现实的和可预见的配合生成了特定用途的拨款。换句话说,根据筹措的制度绩效,绩效拨款越成功,它的成本就越高。开放式拨款方案,尤其是在紧张的财政情况下的方案,让政府焦头烂额(Wildavsky 1975;Blakeney & Borins 1998)。然而,美国南卡罗来纳州本想避免这个问题,但却以失败告终,因为它生成了太多的指标和标准,以至于混淆了它原本要修改的制度行为,结果它仍然看上去是开放式拨款(Salmi & Hauptman 2006)。

绩效拨款的一些长期问题

聚集:虽然在成功地开展绩效拨款中很难确定正确的综合水平,但它尤为必要。在《哈佛商业评论》的一篇引文中,Michael Porter 就说到,"多元化公司之间没有竞争,但它们的业务部门之间却竞争激烈。"(Porter1996 年)这个规律也适用于大学。因为大学是很多样化的。Porter 的建议对于确定大部分激励性预算是至关重要的,实际上,这也推动了计划和预算达到了大学要成立"业务部门"的能力水平。若仔细审查个人绩效指标时,我们就会发现,对于指标衡量出的"绩效",其中大部分都未真正在制度层面起作用。例如,在安大略省,几乎要进行十年的毕业生年度调查才能得出结果,然后只能通过审视结果来观察指标绩效如何最大限度地随着项目改变而改变。从数据上来看,这个可变性,比用制度衡量出来的要大得多(关于 1999—2008 年的安大略省毕业生调查)。但是,只有在制度层面才能算出绩效拨款。

那么,这是一个亟待解决的问题,还是需要学习的经验呢? 它作为问题是无法解决的,至少利用绩效拨款的当前已知形式是这样的。出于五花八门的理由,大学课程可谓多样化。就专业课程而言,第三方监管者(通常政府也算其一)对课程框架与内容的设置有不可磨灭的影响。而且大量证据显示,课程设置和预期就业率也强烈影响了新生保有率和毕业率(Angrist, Lang & Oreopoulos 2006;Adams & Becker 1990;Lang et al. 2009)。

这样我们就可以说,缺乏机构差异就是一个机构行为问题,系统可开展绩效拨款来解决这个问题。那么真的是这样吗? 这里我们就处于系统绩效和机构绩效之间,一个不幸的且根本站不住脚的中间立场。这里我们需要了解两点。第一点就是绩效拨款有外部性。通俗来说,外部性指的是双方之间活动的结果,比如说政府作为负责人,大学作为代理商,他们的活动会对其他方产生意外影响。在这种情况下,拿毕业率举例说来,若绩效拨款的奖励推翻了多样化的课程设置,那么就没有很多课程可供学生选择,企业也很难招到胜任其工作的合格毕业生。

第二点就是，一些指标，比如说公共政策的"报告"信息，只在系统层面起作用。但是在超级机构的综合水平，绩效拨款不起作用。它也不能起作用。在倡导绩效拨款的大学看来，如果它们获得更多的拨款，那么其新生保有率和毕业率肯定都会提高。但是几乎没有事实依据可以证明，绩效拨款确实与提高毕业率之间有因果关系。

将绩效拨款与绩效匹配起来：绩效拨款作为一项改变机构行为的奖励，当它与绩效执行费用，至少大体上匹配起来时，它便开始起作用。这个看上去好像是常识，但这往往是造成绩效拨款失败的龙潭虎穴。造成绩效拨款失败有以下三个原因。

首先，国家预期了绩效拨款所能实现的输出与结果，它们混淆了这两者的概念。我们还是拿毕业率举例来说。国家希望提高毕业率出于三方面的理由。第一，在经济方面是为了扩大人力资本的供应。第二，在社会方面是为了公平地获得更高的收入，在一些国家，还为了获得更高的社会地位。第三，在预算或成本方面是为了采用低单位成本产出毕业生来实现成本优势。（利益优势指的是，以同样的单位成本产出更高质量或更多的毕业生）。这三个目标所要求的衡量标准各有不同。更确切地说，每个目标要求不同数额的拨款。"混搭"完全不起作用。合并也是一样（Martin 2011）。在广泛承认这个问题的司法管辖区，政府会使这种混搭做法合理化，因为他们认为机构自治和"一揽子拨款"会使各个大学用绩效和绩效成本之间的正失配抵消负失配，其中正负失配都是根据不同的绩效指标产生的。这的确是个合理化的方法。而且现在在无差别系统中表现更明显，比如在加拿大的很多地区，机构肩负着不同的使命，却期望遵从相同的绩效指标。

其次，绩效拨款可以认为是一种奖励政策。这个观点并非是毫无根据的。但是，在执行过程中，很难把拨款当做一项真正的奖励。按照定义，奖励指的是可生成新的拨款。换句话说，绩效拨款确实只是锦上添花。再拨款不会产生这样的结果，使得一个拨款来源取代另一个。绩效拨款的计算方法相当复杂，但是大学会迅速明显地看到作为补充的绩效拨款和作为取代的拨款之间的不同点，无论它们做出相应行动与否。这完全是没有任何好处的活动。尽管澳大利亚已经中止了绩效拨款方案，但它还是承认这个趋势，把绩效拨款分成两个部分：一个"简易化"部分，至少在名义上，提出了实际成本，一个毫无保留地称为"奖励"的部分,它指的是与成本无关的奖励。

第三是成本问题,这在一定程度上是上述两种问题的融合,即混淆主体与奖励未能激发真正的新拨款。从逻辑上来说,绩效拨款作为一种奖励,若其激发了真正的新拨款,则奖励可以低于给定行为或"绩效"的平均单位成本,甚至低于其边际单位成本。换言之,这是"额外奖励"。这是很多国家通过绩效指标确定拨款规模分配时所采用的逻辑。通过用边际成本取代平均成本,使得绩效拨款看起来是在支付范围内的。后文我们将详细讨论这一问题,这是绩效拨款与激励性预算的一个主要脱节点。

在绩效拨款历史上,这一形式一度为政府和院校采纳。可以从两个方面解释这一问题:第一,当绩效拨款方法达到顶峰时,作为高校总拨款组成部分的政府补助相对较高(Derochers,Linehan & Wellman 2010)。Howard Bowen(1980)所言是正确的,他说高等教育的成本是难以捉摸的,因为高校花光了他们所赚的所有收入。他们不追求也没确认其固有成本。通过提高成本满足收入需求,因此可以用一个令人遗憾但欠缺适当的词来形容这种状况:"成本病"。因此,一段时间内,尽管不能肯定和承认,但通过等于甚至是少于边际绩效收入的边际成本,一所高校是有可能达到绩效拨款目标的。

第二,另一个解释是直到近期大学才开始完全弄清楚他们的成本,这个解释并不与第一个解释相互排斥。尽管早在20世纪80年代民营企业就开始使用基于活动的成本管理方法(ABC成本法),但直到20世纪90年代才将该方法运用到高等教育中来。光明基金会的三角洲成本项目始于2008年,它的首份报告时间跨度为10年:从1998年到2008年。大学支付能力中心在2011年作了第一份关于成本的报告(Gillen,Denhart & Robe 2011)。20世纪90年代末期,大多数公立大学在运用激励性预算计算成本的时候使用的是ABC成本法的变换形式,将收益归到成本中心(Lang 2002)。巧合的是,上述事件的发生或出现刚好在时间上与绩效拨款机制的使用减少时间相吻合。因此,当我们现在谈论绩效拨款要与绩效成本相匹配的时候,大学比以前更清楚各项指标所要求的绩效的成本是多少了。换句话说,现在大学自己可以"做算术题"了,且不说在绝大多数情况下,至少在很多情况下,大学意识到边际绩效拨款是少于边际绩效成本的。

成本函数、均衡性和充足性：尽管弹性概念通常是与价格和市场相联系，但这个概念也是可以运用到绩效拨款上的。在大多数情况下，绩效拨款呈线性，即使不需要，它也是呈线性的。绩效指标每增长一个百分点，拨款数额是一样的。各院校现在明白了，虽然其他方面都一样，但是并不是所有绩效增长背后的成本都相同。如果一个学校在一开始的时候毕业率低于同等院校的平均毕业率，那么该学校就会发现，他们增长一个百分点的边际成本比那些在一开始的时候毕业率高于平均水平的院校要低。就前者而言，这些院校的绩效拨款奖励是有弹性的。就后者而言，这些院校的绩效拨款奖缺乏弹性。因此不断增加的绩效拨款带来的效果却一次不如一次，单位成本越来越高，政府对此并不会觉得意外。这一现象的另一种解释是我们注意到某些指标下绩效的增长是跳跃式的而非线性的。

这就会导致一个"均等性对充足性"的问题。绩效拨款的一个公认的优点就在于它的均衡性，例如德国卓越计划的绩效拨款。任何一个系统内或者辖区内的大学都能通过提高绩效争取到拨款。更重要的是，如果在衡量标准相同的基础上，一所院校绩效提高的程度与另一所学校的绩效提高程度相同，那么这两所学校就能获得相同数目的绩效拨款，这就是均衡性。但是，边际收益/边际成本均衡性对于两所院校而言却是不同的。同样数量的拨款对于一所院校而言可能足够了，而对于另一所院校而言可能就不够，充足与否取决于他们一开始的基准线。

各院校规模相差巨大、类型也不同，院校所在辖区想要提高各式院校的系统绩效遇到的问题之一就是上述"均等性对充足性"的问题。首先，就系统绩效而言，国家至少希望绩效拨款对于下列类型的院校而言是充足的：第一，招生规模大的院校；第二，在一开始的时候绩效率最低的院校。这样公共补贴就能带来最大的回报，并且能够在最大限度上提高各项绩效指标。这可能看似不公平。因此这一问题的特殊性就要求真正"全新"的绩效拨款，而不仅仅只是拨款的重新分配。

多名委托人（多名代理）：在合理的情况下，绩效拨款可用以解决委托人和代理之间的问题，即作为委托人的国家与作为代理的学校之间的问题。在以下情况下，委托人和代理之间就会产生问题：

- 代理和委托人各自目标不同,至少在对某一目标的分析解释是不同的(阿尔伯塔省就是一个典型的例子)。

- 当结果与输出相混淆时,委托人的目标可能就会互相冲突或互不相容。

- 当委托人不知道代理人的行为或不知道代理人行为会产生何种结果的时候,代理与委托人之间的信息就会不对称。

- 当代理不知道委托人的目标的时候,两者之间的信息就会不对称,委托人对某个目标拨款不足、使这个目标有名无实的时候也会造成信息不对称。

- 代理能保证过程但不能保证结果,而委托人只能保证投入和控制代理的选择权。

上述的每种情况现在变得愈见突出,尤其是对目标的感知越是偏离,委托人的目标或投入不会产生预期的产出或代理的绩效不佳的可能性就越高。这对于高等教育而言绝不是个前所未有的理念。1776 年亚当·斯密在其《国富论》中明确谈到了大学委托人和代理之间的问题,他论证并解释了津贴大学教授这种激励措施会带来适得其反的影响。大多数学校享有自主权,对目标有自己不同的意见,有时候甚至曲解了信息不对称这一现象。信息不对称导致的一个可能的后果就是,当委托人或国家"选错"了代理人,或是在对代理了解不充分的情况下做出了选择,那么代理就会有逆向选择的可能性。在公立大学体系中,尤其是在无差别的系统中,实际上几乎不可能对这样的选择做出修正。用经济术语来讲,就是作为委托人的国家不能"退出",而是给院校施加竞争压力,迫使院校提高绩效或者表现得各有千秋(Hansmann 1999;Hirschman 1978)。

情况也有可能相反。大学草率地选择了委托人,或是在对委托人了解不充分的情况下做出了选择,那么大学就会辜负委托人的这份厚礼,最终导致事与愿违。在政府的鼓励下,越来越多的捐赠者成了委托人。结果就是导致进一步混淆。大学把捐赠人看作是委托人;政府把捐赠人看作是代理人,可以利用代理人的私有财富作为激励措施替代公共津贴。这是一个加强政府"匹配"方案的基础的公共政策观念,该方案的作用实际上是绩效拨款。

当代理追求自己的目标而非追求委托人的目标时,就会出现道德危机。举个例子,作为代理人的某所大学为了提高自身声誉或为了从其他渠道获得额外拨款(这事实上也是委托人的行为），选择注重研究而非教学。在思考这个问题的时候有两个切入点：一个切入点是假设双方能够获得"全部信息"，一方或者双方限制访问信息或者阻碍信息传达。另一切入点是假设不考虑任何一方的行为，双方都不能获取全部信息。

引进绩效拨款后，委托人和代理之间的问题背后的很多原理就高等教育而言只是一种理论。作为委托人的政府提供或者控制了几乎所有公立院校的拨款。作为代理的大学被集中控制了，或者是"自上而下"被控制了。在这种情况下，就只有一个委托人和一个代理。

现如今很多公立大学只有就是否有资格获得国家拨款而言的时候是"公立"的。例如，加利福尼亚大学伯克利分校只有 12％的资金是来自加利福利亚洲政府的拨款。相比之下，密歇根大学稍多一点，23％的资金是来自州政府拨款。多伦多大学大约是 40％。因为政府有各种理由减少对高等教育的拨款，所以政府就变成了小股东，造成财政真空，其他委托人便趁虚而入，有时候公共政策鼓励大学寻求其他替代性收入来源。委托人不同目标也不同。如果委托人们的目标不同，他们就会有充分的理由对他们的代理——大学有不同的"绩效"预期，设定不同的绩效拨款鼓励措施和指标。这就导致一个不能用信息对称去修正的问题。尽管所有信息是"完全"的和准确的，但是对于每个参与者来说却是不同的。作为代理的大学被迫在各委托人中进行权衡，或者更确切地说，在各委托人给出的各项指标中进行权衡，这就有问题了。这当然就会影响绩效拨款发挥其应有的作用。

作为代理的大学也一改常态。它们在进行预算和计划方面变得非集权化，因为要管理更多的利益相关者。例如作为利益相关方的付费学生才是实际委托人。评估代理通常会用到的几项绩效指标把代理从制度层面移到了教师层面，因此院长而非校长变成绩效拨款措施激励的对象。有些大学，例如萨斯喀彻温大学，已经引进了激励性预算，这些学校正好反映了上述这点，它们将招生驱动成本和收益（包括绩效拨款），按比例归类为成本，例如专业注册人数、课程注册人数（实际指标计）和专业毕业生人数，把每一项都根据绩效指标进行衡量。在研究方面，代理是委托人的调查人员，这样它们在组织上愈发与集中行政管理渐行渐远了。

激励性预算制

绩效拨款提供一种激励机制：额外收益。激励性预算制提供两种激励机制：额外收益和降低成本。

20 世纪 80 年代末期,北美很多大型研究密集型大学开始尝试有组织和预算的观念,委托人目标是重新分配和强化计划和预算的责任,通常是通过非集权化的方式,进而提高大学在分配、生产资源和交付服务方面进行决策的绩效,巧合的是与此同时也引进了绩效拨款机制。30 年之后,大约有 50 到 60 所美国和加拿大大学追随了这一践行,尽管这些学校对此践行的命名是各有千秋,但也大同小异。例如印第安纳大学称之为责任中心预算,密歇根大学称之为价值中心管理。不管使用何种术语,这都只是一种表达方法,此种践行要求将总成本和总收益归为大学学术的一个分支。它让一所大学、一所学院、一个系或者一个部门能够控制它们收入和开销,包括间接费用和日常管理费用。在控制收入方面,它们有权确定费用和收取费用;在控制支出方面,它们有确保商品和服务的安全性的地方选择权,否则这些商品或服务只能通过集中大学服务部门才能获。通过对许多涉及生产和管理资源的决策进行定位,这些决策分散在大学组织结构中的不同位置,这会不可避免地对非集中化产生巨大的影响,理论上,通过对不同的位置的定位能够更加熟悉和了解预算与方案之间的联系。

激励性预算制的跟踪记录

激励性预算强调和揭示那些通常熟知但未意识到的成本,或者是在战略上故意隐藏的成本。然而在将间接成本和日常管理费进行归属方面,激励性预算对精确性和合理的方法有要求,它最终的目的并不是计算成本。一个大学要搞清楚自身的成本和收入结构还有其他方面的原因。其中一个最明显的原因就是充分计算研究成本,并确保计划的辅助服务或附属服务资金的的确确是自筹的。相比之下，另一个不那么明显的原因就是，要更好地理解边际成本动态和边际收益，而这个原因从根本上来讲更为重要。这正是大学做出追求绩效拨款的决策类型。这也是作为设计者和绩效拨款倡导者的政府，用斯科特(Scott)的话来说，"看"不见的决策类型。当然，如果大学自己都不知道这些成本，政府又如何能够看得见。

在预算计划方面，激励性预算有一个让人又爱又恨的作用，那就是一方面它有积极的影响，另一方面这些影响又通常"无处藏身"。激励性预算存在一些问题，这些问题集中起来又影响了绩效拨款。因为绩效拨款的算法是在制度层面进行操作的，高于平均水平的院系绩效可以弥补低于平均水平的院系绩效，因此根据净额基准的绩效拨款会很少甚至没有。考虑到任何大学的基本政治经济的目的是对方案、服务质量和成本交叉点进行优化，我们可以看到它与绩效拨款之间的联系是必要的甚至是必然的。因此识别的成本就是能与大学绩效拨款收入相联系的成本。该联系使大学做出知情决策，决定是否响应绩效拨款奖励机制。

这进而激发企业家行为并能产生收益。在其他大部分制度层面的计划和预算制度中，认为产生收益主要是大学行政部门的责任。这也是政府部门想象中的绩效拨款的运作方式。对于学术部门而言，大部分服务是免费商品，例如图书馆、媒体中心和校园安全等。因为在激励性预算机制下，收入和成本是归到大学、院校、系或者是部门的，这给委托人、院长或校长实际上产生了直接的影响：产生收益（和降低成本）说了算。这个层面是绩效拨款等式成立的基础。有关绩效拨款下对成本与利益的错误决策、甚至打错如意算盘才是产生差距的原因。

激励性预算机制缩小了大型综合院校如研究密集型大学进行计划和决策的范围。该机制之于大规模学校总计规划好比分布式计算之于大型机计算。该预算对计划职责和预算职责进行了重新分布。在本语境背景下，"重新分布"的意思并不仅仅是意味着原封不动地"重置"计划步骤。中心过程被拆解并重新分布。有些依旧是中心或"自上而下"的，但有些部分在"自上而下/自下而上"的统一体中有了新的变化。结果就是当把一系列计划和预算放在一起的时候,就会形成制度层面上的计划,这些计划对于政府来讲相当有价值,有时候政府会主动要求进行这样的计划,尤其是采用绩效拨款的政府部门。

在绩效拨款背景下,这些计划的实用性取决于绩效拨款所适用的一系列"绩效"。比如,安大略省、阿尔伯塔省和不列颠哥伦比亚省的毕业率是由学校计算的。因此即使基于鼓励的预算推进了"自下而上"计划的发展,大学依旧不得不对绩效拨款进行集中计划,并且要对"绩效"负责,即便这种实践意味着将相对较弱的方案与较强的方案进行联合。同样地,如果我们留意到与绩效紧密关联的一些典型指标,我们就会发现很多大学的这些绩效取决于集中性学生服务和个别院系服务,或者更多的是取决于集中性学生服务,如毕业、留级、授予学位时间、改进"增值"学生的表现。对此我们吸取了一个很重要的经验教训:尽管基于鼓励的预算的势头是朝向非集权化方向发展的,但绩效拨款的影响却是朝着集权化方向发展的。或许采用绩效拨款的政府部门的本意并非如此,但实际上确实产生了这样的影响。

激励性预算鼓励市场创造力,刺激市场反应。市场创造力和市场反应在一开始看似与绩效拨款毫不相关,但其实是相关的。首先绩效拨款和衡量绩效拨款的指标相对来说是稳定的,其次它们反映了政府的优先顺序。通常情况下,该优先顺序与效率与效能相关联。换句话说,优先的顺序的作用要么在于产生成本优势,要么在于对政府而言有利益优势。绩效和指标本身并不引起其他的优先顺序或"绩效"。以安大大略省为例,该省想把学生从学院转到大学,不顾大学的绩效拨款。阿尔伯塔省也一样,省政府很关注高等教育与工作不匹配的问题,并对该现象进行了修正后,较之大学学位教育而言,修正后的情况似乎更有利于职业技术教育。该办法是否就是解决教育与工作不匹配的方案成了一个热门话题。但是不是解决方案并不是重点,重点是绩效拨款着眼解决的是一个旧的传统的市场,而非寻求或者认同一个正在形成的新兴市场。

激励性预算的"慢性病"

激励性预算更多的是在成本方面装腔作势,而非在实际的制度上下功夫。在那些采用激励性预算机制的大学里执行这一预算机制，只能说明一件事情，就是一方面精确的决策以及间接成本和日常管理费用的归因是基本的，另一方面却是必须而且昂贵的。领导层和信息系统的开销很大。

对于政府部门而言这就意味着他们想要建立绩效拨款机制，就要对他们各自辖区内的各大学分别计算绩效。例如，我们知道安大略省的有些院校根本就没把绩效拨款当回事。这种现象可以解释为绩效拨款额度与相关绩效成本不相匹配。或者也可以解释为有些大学没有能力实现成本与拨款的匹配。上述现象给我们的教训并不是政府应该要推进特定的大学预算模式以确保绩效拨款能够成功执行；而是在设计绩效拨款体系的时候要更加注重体系的简易性、一致性、灵活性和选择性。美国南卡罗来纳州就是一个很好的例子。该州的绩效拨款系统是美国最古老最大的绩效拨款系统之一，因为该系统过于复杂，很难接纳各院校的自身计划和预算系统，最后崩溃了。南卡罗来纳州的系统之前可能就是使用激励性预算机制的机构进行管理的。换句话说，一个激励性的机制的系统应该与另一个激励性机制的系统相匹配。南卡罗来纳州在设计绩效拨款系统的时候更科学、更能充分考虑到系统与辖区内各院校的实际能力的匹配性。

降低日常管理开销单位成本：就鼓励的效率性和有效性而言，激励性预算制在收入方面比在成本方面表现得更为成功。学校能够通过它发现新的收益来源，获取利益，这通常意味着响应政府利益扩展渠道，响应学生和教职工的要求开发新专业。激励性预算在成本方面表现的就不如收入方面了。激励性预算鼓励大学通过在切实可行的地方以减小数量的方式以达到的降低成本的目的，例如减少占地面积。然而这种方式与降低单位面积运行成本完全不是一回事。这种情况下，激励性预算跟踪记录最好是参差不齐的。事实上，虽然大学现在成本分析计算方面更加成熟，但就现实的情况而言，似乎并不意味着他们就能相应地降低成本。这是一种"慢性病"，当然这与绩效拨款机制无关。它将是绝大多数用学术绩效指标进行衡量的通用实践。激励性预算的功能在院系很广泛，因为大部分大学 60%的成本是花在院系上。因此，政府在意的是效率，大学在意的是降低成本，不论是基于绩效拨款机制还是给予激励性机制的拨款，这些奖励占机构总成本的很大一部分比例。

冲突还是共存？绩效拨款机制与激励性机制的拨款之间的关系

从大体上预见绩效拨款机制比从具体方面对该机制作出预见要更容易。有些大体上的假设现在看来是正确的。政府不会也不应该忽略与绩效拨款机制紧密联系的责任。然而，考虑到绩效拨款机制跟踪记录，政府可能会意识到成本效能是存在问题的，用政治术语来说就是责任。绩效拨款机制通过奖励的手段改变大学行为，它的费用很高，但通常达不到预期的效果（Sanford & Hunter 2011；Shin & Milton 2004）。若奖励额度太小，院校通常会忽视这一奖励，或认为争取这一奖励的成本太高（Callahan 2006；McColm 2002；Cooke & Lang 2009；Miao 2012）。

激励性预算在一定程度上解释了绩效奖励机制效果不佳的原因。想要激励性预算的大学明白绩效拨款机制的收入—开销方程式是不对等的。不仅如此，还有一个原因是激励性预算自然会迫使大学考虑他们的底线。在激励性预算体系下，根本就无法隐瞒绩效拨款收入和成本之间的失衡。这就意味着冲突，或者至少可以说意味着动荡。

从某种意义上来讲，两个省已经出现了上述情况。阿尔伯塔省和安大略省还在沿用绩效拨款机制，但是两个省以不同的方式采取规定的措施，这些措施更多是顺从性的"大棒"，而非奖励性的"胡萝卜"。另外的，阿尔伯塔省的情况跟瑞士的情况相似，认为迫使学校更加有效地运转的最有效的方法是削减拨款。这实际上可能也是安大略省的观点。

随着资源依赖转向其他形式，高等教育国家拨款的减少会进一步弱化公共绩效拨款对大学行为的影响，这些形式包括：企业慈善和私人慈善、学生和家长、基础和"私人伙伴"——都将寻求促进他们利益的"绩效"。

在阿尔伯塔省和安大略省的两个例子中，指示代替了奖励；在几乎所有其他加拿大省的例子中，不论是因为蓄意的政策原因还是财政的需要，这些省的大学转向其他部门争取财政支持，这种情况就能导致共存。有一种声音开始认为高等教育公共体系太大、太集中、太复杂，难以顺利进行"自上而下"的管理（Callan 1994；MacTaggart 1996；Gaither 1999；

Berdahl 2000)。March(1978)使用了"有限理性"这一术语描述大型集中组织不能很好地进行决策。(Clark 1998；MacTaggart 1998；Maxwell et al. 2000 和 Altbach 2004)。RCB/RCM(责任中心预算/责任中心管理)系统化地推动和促进了大学自由裁量权。在上述案例中,政府可以继续运用绩效拨款机制,但为鼓励独立性和促进同构的多样性,政府不会再允许绩效指标的排列组合。加拿大萨斯喀彻温省和一些美国的州中已经出现了这种情况(Dougherty 等 2011；Miao 2012)。

结论

从供应导向补助到需求导向补助转变的可能性,英国已经对此议题展开过讨论,但英国政府谈论的是"补助学生而非补助大学"。加拿大省辖区一直是供应导向补助,这种状况持续了长达半个世纪之久。加拿大高等教育几乎完全是处于公共垄断状态。绩效拨款机制和绩效指标在很大程度上是供应导向下公共补助的产物。这些产物和补助使委托人和代理人之间有必要"签订合同",并细化绩效条款,他们基本形式在于确保有效、高效地利用已经无可挽回"沉船"的公共投资。大西洋大学对阿尔伯塔省、安大略省和新不伦瑞克省(Miner & L'Ecuyer 2007)的近期合同规定的步骤和新方案的建议方法进行了评估,指出有朝上述发展的趋势。向需求导向补助的转变会弱化对绩效指标的要求。著名的经济学家,如 Alison Wolf (2002)和 Paul Krugman (2011)曾分析了前 10 年扩大的高等教育,现在他们认为经济增长"拉动"而非"推动"教育发展。美国德克萨斯州和内布拉斯加州是早期采用绩效拨款的两个州,基于所掌握的迹象,这两个州目前认为对高等教育的投资和经济增长之间的关系是值得怀疑的(Vedder，Robe & Denhart 2012；Lindsay et al. 2012)。安大略省高等教育质量委员会在 2013 年之初就开始审查高等教育投资回报。需求端政府补助逻辑上遵从并唤醒对绩效拨款的不同观点,它要求不同的指标,可能颠三倒四的结果,大学可能会以"他们能——他们会说服——特别提供"的模式游说政府为"绩效"进行专项拨款。这正是激励性机制的拨款支持者预言的一种战略性行为。政府可能没意识到,当他们号召大学要更具企业家精神的时候，政府提供配套资金，在某些情况下是作为奖励，在某些情况下是作为一项要求。

参考文献

ACUMEN, "Do Perceptions Matter Regarding the Costs and Benefits of a Post-Secondary Education?" Montreal: the Canada Millennium Scholarship Foundation, 2008.

Adams, John and William Becker, "Course Withdrawals: A Probit Model and Policy Recommendations," Research in Higher Education, Vol. 31, No. 6(1990), pp. 519 - 538.

Alstete, J. W., Benchmarking in Higher Education: Adapting Best Practices to Improve Quality, Washington, D. C.: ASHE-ERIC, 1995.

Altbach, Philip "The Costs and Benefits of World-Class Universities," Academe, June 2004, pp. 1 - 5.

Angrist, Joshua, Daniel Lang and Philip Oreopoulos "Incentives and Services for College Achievement: Evidence from a Randomized Trial," Institute for the Study of Labor, Discussion Paper #3134, Bonn, October 2007.

Ashworth, Kenneth, "The Texas Case Study," Change, November/December 1994, pp. 9 - 15.

Barnetson, Robert, "Review of Alberta's Performance-based Funding Mechanism," Quality in Higher Education, Vol. 5, No. 1(1999), pp. 37 - 50.

Barnetson, Robert and Alice Boberg, "Resource Allocation and public policy in Alberta's postsecondary system," Canadian Journal of Higher Education, Vol. 30, No. 3(2000), pp. 57 - 86.

Ben-David, Joseph, American Higher Education. New York: McGraw-Hill, 1972.

Berdahl, Robert, "A View from the Bridge: Higher Education at the Macro-Management Level," The Review of Higher Education, Vol. 24, No. 1, (2000), pp. 103 - 112.

Birnbaum, Robert, Management Fads in Higher Education, San Francisco: Jossey-Bass, 2000.

Blakeney, Allen and Sandford Borins, Political Management in Canada, Toronto: University of Toronto Press, 1998.

Bowen, Howard R. The Costs of Higher Education: How much do colleges and universities spend per student and how much should they spend?, Washington: Jossey-Bass Publishers. 1980.

Burke, Joseph, Jeff Rosen, Henrik Minassians and Terri Lessard, Performance Funding and Budgeting: An Emerging Merger: The Fourth Annual Survey, Albany: Nelson A. Rockefeller Institute of Government, 2000.

Burke, Joseph and Shahpar Modarresi, "To Keep or Not to Keep Performance Funding: Signals from Stakeholders," The Journal of Higher Education, Vol. 71, No. 4, (2000), pp. 432 – 453.

Burke, Joseph and Henrik Minassians, Performance Reporting: "Real" Accountability or Accountability "Lite": Seventh Annual Survey, Albany: Nelson A. Rockefeller Institute of Government, 2003.

Burke, Joseph and Henrik Minassians, Performance Reporting: The Preferred 'No Cost' Accountability Program, Albany: Nelson A. Rockefeller Institute of Government, 2002.

Callahan, Maureen, "Achieving Government, Community, and Institutional Goals for Postsecondary Education through Measures of Performance," doctoral thesis, University of Toronto, 2006.

Callan, Patrick, "The Gauntlet for Multicampus Systems," Trusteeship, May-June, 1994.

Clark, Burton R., Creating Entrepreneurial Universities. Oxford: Pergamon 1998.

Cooke, Michael and Daniel Lang, "The Effects of Monopsony in Higher Education,", Higher Education. Vol. 57, No. 4, (2009), pp. 623 – 639.

Derochers, Donna, Colleen Linehan and Jane Wellman, "Trends in College Spending," Report of the Delta Cost Project, Lumina Foundation for Education, Washington, 2010.

Dougherty, Kevin, et al., The Politics of Performance Funding in Eight States: Origins, Demise, and Change, New York: Community College Research Center, Columbia University, 2011.

El-Khawas, Elaine, "Strong State Action But Limited Results: Perspectives on University Resistance," European Journal of Education, Vol. 33, No. 3, (1998), pp. 317 – 330.

El-Khawas, Elaine and William Massy, "Britain's 'Performance-Based' System," in William Massy, Resource Allocation in Higher Education, Ann Arbor: University of Michigan Press, 1996, pp. 223 – 242.

Etzioni, Amitai, Modern Organizations, Englewood Cliffs, N. J.: Prentice-Hall, 1964.

Foster, M. J., "Portfolio Analysis in the Planning of Higher Education," Higher Education, Vol. 12, No., 2(1983), pp. 389 – 397.

Frederiks, Martin and D. Westerheijden, "Effects of Quality Assessment in Dutch Higher Education, European Journal of Education, Vol. 29, No. 2, (1994), pp. 181 – 200.

Gaither, Gerald, B. Nedwek and J. Neal, Measuring Up: The Promises and Pitfalls of Performance Indicators in Higher Education, Washington, D. C.: ASHE-ERIC, 1994.

Gillen, Andrew, Matthew Denhart and Jonathan Robe, "Who Subsidizes Whom? An Analysis of Educational Costs and Revenues," Center for College Affordability and Productivity, Washington, 2011.

Hansmann, Henry, "The State and the Market in Higher Education," Yale University School of Law, October 1999.

Hansmann, Henry, "The Role of Trust in Nonprofit Enterprise," in The Study of Nonprofit Enterprise, Helmut Anheier and Avner Ben-Ner, eds. , New York: Kluwer, 2003, pp. 115 - 122.

Hirschman, Albert, "Exit, Voice, and the State," World Politics, Vol. 31, No. 1(1978),pp. 90 - 107.

Krugman, Paul, "Degrees and Dollars," The New York Times, March 6,2011.

Lang, Daniel, "Responsibility Center Budgeting and Management at the University of Toronto," in Douglas Priest et al, eds, Responsibility-Centered Budgeting Systems in Public Universities, Northampton: Edward Elgar, 2002, pp. 109 - 136.

Lang, Daniel, "Similarities and Differences: Measuring Diversity and Selecting Peers in Higher Education," Higher Education, Vol. 39, No. 1(2000),pp. 93 - 129.

Lang, Daniel, "'World Class' or the Curse of Comparison," The Canadian Journal of Higher Education, Vol. , XXXV, No. 3(2005),pp. 27 - 55.

Lang, Daniel, "The Political Economy of Performance Funding," in Frank Iacobucci and Carolyn Tuohy, Taking Public Universities Seriously , Toronto: University of Toronto Press, 2005.

Lang, Daniel, et al. , "Does the Level of Tuition Fees Affect Student Retention and Graduation?" Canadian Society for the Study of Higher Education Annual Conference, May 2009.

Lang, Katherine and Daniel Lang, "'Flags and Slots': Special Interest Groups and Selective Admission," Canadian Journal of Higher Education, Vol. XXXII, No. 2 (2002), pp. 103 - 142.

Lindsay, Thomas, et al. , Toward Strengthening Texas Higher Education, Austin: Texas Public Policy Foundation, 2012.

MacTaggart, Terrence, Seeking Excellence Through Independence, San Francisco: Jossey-Bass, 1998.

March, James, A Primer on Decision Making, New York: Free Press, 1994.

Marginson, Simon, Markets in Education. St. Leonards, NSW: Allen & Unwin, 1997.

Martin, Robert, The College Cost Disease: Higher Cost and Lower Quality, Northamption, MA, Edward Elgar, Ltd. : 2011.

McColm, Marjorie, "A Study of Performance Funding of Ontario CAATs," doctoral thesis, University of Toronto, 2002.

McDonogh, Patricia, Choosing Colleges, Albany: SUNY Press, 1997.

McLaughlin, Gerald, Josetta McLaughlin and Richard Howard, "Reference Group Formation Using the Nearest Neighbor Method," Planning for Higher Education, Vol. 41, No. 2 (2012), pp. 1 - 22.

Maxwell, J. et al. , "State-Controlled or Market Driven? The Regulation of Private Universities in the Commonwealth", CHEMS Paper No. 31, CHEMS, Association of Commonwealth Universities (December 2000).

Miao, Kysie, "Performance-based Funding of Higher Education," Center for American Progress, 2012.

Midwestern Higher Education Compact, "Completion-based Funding for Higher Education," Minneapolis, 2009.

Miner, Rick and Jacques L'Ecuyer, Advantage New Brunswick, Fredericton: Commission on Post-Secondary Education, 2007.

Neave, Guy, "The Evaluative State Reconsidered," European Journal of Education, Vol. 33, No. 3,(1988), pp. 264 – 284.

Ontario Graduate Survey, "Final Report[s] on Response Rate and Survey Results," Ontario Universities Application Centre, 1999 through 2009.

Pike, Gary, "Measuring Quality: A Comparison of U. S. News Rankings and NSSE Benchmarks," Research in Higher Education, Vol. 45, No. 2(2004), pp. 193 – 203.

Porter, Michael, "What is Strategy?" Harvard Business Review, Nov/Dec96, Vol. 74 Issue 6.

Rau, Einhard, "Performance Funding in Higher Education: Everybody seems to love it but does anybody really know what it is?" paper presented at the EAIR 21st Annual Forum, Lund University, Sweden, 1999.

Salmi, Jamil and Arthur Hauptman, "Innovations in Tertiary Education Financing: A Comparative Evaluation of Allocation Mechanisms," Education Working Paper No. 4, Washington, The World Bank, 2006.

Sanford, Thomas and James Hunter, "Impact of Performance-funding on Retention and Graduation Rates," Education Policy Analysis Archives, Vol. 19, No. 33,2011.

Schenker-Wicki, Andrea and Mark Hurliman, "Performance funding of Swiss universities— success or failure? An ex post analysis," Higher Education Management and Policy, Vol. 18, No. 1,2006.

Schmidt, Peter, "Most States Tie Aid to Performance, Despite Little Proof That It Works," The Chronicle of Higher Education, February 22,2002, pp. 21 – 22.

Schmidtlein, Frank, "Assumptions Underlying Performance-based Budgeting," Tertiary Education and Management, Vol. 5,1999, pp. 159 – 174.

Scott, James, Seeing Like a State: How Certain Schemes to Improve the Human Condition Have Failed, New Haven: Yale University Press, 1998.

Sedale, Behrooz, "Economic Literacy and the Intention to Attend College, "Research in Higher Education, Vol. 39, No. 3(1998), pp. 337 – 364.

Shin, Jung-cheoi and Sande Milton, "The Effects of Performance Budgeting and Funding

Programs on Graduation Rate in Public Four-year Colleges and Universities," Education Policy Archives, Vol. 12, No. 22, 2004.

Spence, Michael, "Signaling in Retrospect and the Informational Structure of Markets," Nobel Prize Lecture, Stockholm, Sweden, December 2001.

Usher, Alex, "A Little Knowledge is a Dangerous Thing," Washington: Education Policy Institute, 2005.

Vedder, Richard, Jonathan Robe and Christopher Denhart, An Analysis of the University of Nebraska System, Washington: Center for College Affordability and Productivity, 2012.

Wildavsky, Aaron, Budgeting: A Comparative Theory of Budgetary Processes, Boston: Little, Brown, 1975.

Wolf, Alison, Does Education Matter? Myths about Education and Economic Growth, London: Penguin, 2002.

从前与现在：巴西研究型大学的发展趋势

Carlos H. de Brito Cruz

"Gleb Wataghin"物理学院教授

Renato H.L. Pedrosa

巴西圣保罗州立坎皮纳斯大学(Unicamp)科技政策系与地球科学学院副教授

高等教育国际化已经在全世界成了一个大学学生、教师和政策制定者的中心问题。当前国际化的过程在文献里和各种国际活动中已经被广泛描述、研究和讨论了。本文的目的则有些不同。在本文中，我们先回顾巴西高等教育的发展历程，用以展示国际化进程已经是这个历程中最相关事件的核心，特别是当这些事件涉及以研究为核心使命的大学系统的时候。之后我们看看当前趋势，以公立大学为重点关注，因为在巴西大部分高等教育的研究是在公立大学里进行的。最后我们讨论一下国际化如何影响了这些研究活动。

在很多状况下，研究型大学的发展和国际化之间的关系都很明显。美国研究生(译者注：包括硕博生)教育和研究的开端可以被追溯到那些在 19 世纪下半期在德国大学修完了博士课程后回国的学者，之后，这个级别的研究教育在 20 世纪 30 年代得到进一步的加强。当前亚洲国家比如中国(包括香港)和韩国为了增强国内大学的竞争力而努力吸纳外籍学者或劝说留洋学者归国的现象，就是这个过程的现代实例。

在这里我们简述一下本文的内容。我们将在文中简单地概述国际交流对巴西大学体系发展的影响。接着，我们会展示一些描述当前巴西大学和科学发展的数据。然后我们具体介绍一下圣保罗州的研究资金机构(FAPESP)如何把国际化变成其资金项目的一个核心工作的，以及他们的工作成果。在文章的结尾，我们提出一些关于国际化的意见，并讨论一下巴西大学系统如何可以在研究工作方面发展到一个新的高度。

国际化在巴西大学系统发展的作用

殖民帝国时代后期(1808—1889)

和在殖民时代早期就已经发展了高等教育的美国殖民地不同的是,巴西是在葡萄牙把主权交回给巴西(即 1808 年)才开始发展高教教育的。在 1808 年,萨尔瓦多(Salvador)和里约热内卢(Rio de Janeiro)建立了医学院。在 1810 年,一个军事类工程学校在里约热内卢建立。在 1827 年,若干法学院在累西腓(Recife)和圣保罗(São Paulo)建立。

1923 年 José Bonifácio de Andrada e Silva 的提案曾尝试创建大学。当时他已经在巴黎和 Freiburg 建立了化学和矿物学的科学研究。他的提案包括了把科学加入课程(Schwartzman 2001, pp. 55 - 58)。但是这个提案最终没有得到实现。巴西继续等了一个世纪才迎来第一个大学的建立。

1875 年,在巴西国王 Pedro Ⅱ(佩德罗二世)访问了巴黎的矿业学校以后,第二个工程类院校矿业学校(the School of Mines)在米纳斯吉拉斯州(Minas Gerais)的欧鲁普雷图(Ouro Preto)建立了。这个大学的前身是一个法国专家 Henri Gorceix 的项目。由于当时巴西缺乏矿业领域的专业人才,这个学校最好的学生在毕业后会被送到美国和欧洲深造一段时间。这在巴西地理科学的发展发挥了重要的作用。最初受益的是采矿领域,后来石油和天然气产业也得到了帮助(Schwartzman 2001, pp. 118 - 126)。

早期共和时期(1889—1930)

从 1891 年到 1915 年,有三十六个新的高等教育院校建立,包括了第一个非公立院校(Cunha 2007, pp. 157 - 166)。虽然传统学科,比如法学、健康医疗(牙医和药学)和工程学,依然占主要地位，但是其他学科也开始设立——这三十六所院校中就包括了四所农业或农业经济类院校和两所经济类院校。当然，所有开设的课程都还是在专业领域范围内的。

在这段时间里建立的工程类院校中，其中两所没有套用法国的 Polytechnique 的模式。其中一个，圣保罗的麦肯齐学院（the Mackenzie Institute in São Paulo），是由一些美国长老会移民提议成立的。这个学院和纽约州立大学挂钩并被其认可。如今这所学校是巴西最好的私立大学之一。另外一个则是阿雷格里港（Porto Alegre）工程大学，位于南部的南里奥格兰德州（Rio Grande do Sul）的州府。

阿雷格里港（Porto Alegre）大学的起步项目遵从德国的"Technische Hochschule"模式，并且邀请了德国的教员和技术员来帮助建立（Cunha 2007，pp. 191 - 193）。这所大学是巴西第一个发展研究的高等院校，只是它遵从了一个比较技术化的模式（Cunha 2007，p. 193）。它也是第四个在巴西得到大学资格的高等院校（注：在 1934 年）。如今它是联邦体系的一部分，且是巴西国内一所最好的研究型大学。

最后，在 1926 年，一个由圣保罗的主要报纸的编辑 Júlio de Mesquita Filho 赞助的关于现代化大学应有特点的报告发表了。这个报告提及的主要原则后来成为圣保罗大学建校的基础。在这个十年期的最后，也就是 1929 年，金融和市场危机给巴西的政治系统和当时规模尚小的高等教育系统都带来了一定的影响。

政治变革与圣保罗大学

1930 年 3 月，巴西总统选举。其结果被支持总统候选人 Getúlio Vargas 的改革派所干预了。与之带来的政治危机以 Getúlio Vargas 在 1930 年 11 月 3 日在极少当权势力的反对下当选总统而告终（Fausto 1997）。之后不久，Vargas 就主持建立了高度集权的国家政治架构。在 1931 年，一个规定巴西大学样貌的新法律颁布了（the "Statutes of Brazilian Universities Act"巴西大学状况法）。这个法律详细规定了大学应该如何组织和运行学术和非学术事务。同时，一个关于建立里约热内卢大学的法令也颁布了。这个法令有 328 项条款，内容细致到如何组织课程和各项程序都有具体规定的地步（Schwartzman 2001，p. 149）。

Mesquita Filho（前面我们提到的报纸编辑）不同意这种过分集权的模式。他说服了圣保罗州州长在州府建立了一所新大学，用以作为一个圣保罗州独立于联邦控制的表示。Azevedo，即那位现代新大学特点的报告的作者，迅速地为这所大学制定了发展计划。这所大学于 1934 年 1 月 25 日建立。与新联邦大学长达 328 条的规定相反的是，圣保罗大学的建校文档中只有 54 个简短条款，并且提出了非常自由和分治的架构。

至于这个新大学的建立成为"在巴西科学和教育历史上最重要的事件"的原因（Schwartzman 2001，p. 164），则可以追溯到建校文档的第二条。这条规定陈述了大学的使命，包括"a) 通过研究来推动科学进步；b) 通过教学来传递可以让灵魂丰富或者对生活有用的知识；c) 培养文化各领域的特殊人才和各艺术科学领域里的技工和专业人士；d) 通过短课程或会议和使用无线电和电影来开拓大学的社会工作——也就是推广科学、文字、和艺术。"这几条描述了一个现代综合研究型大学所有的、包括服务社会和扩展的相关活动。

Azevedo 认识到在国内缺乏合格的科学家来建立这个新的高等教育组织，所以他派人到国外四处寻找感兴趣的科学家加盟。大部分的人才来自法国，但是也有很多来自英国、意大利和德国。这些新成员包括了两位年轻的法国社会科学家和人类学家克劳德·李维史陀（Claude Levy-Strauss）和历史学家费尔南·布劳岱尔（Fernand Braudel）。在后来的几十年间，他们都在各自的领域里成了国际领头人。之后，其他人才陆续而至，其中包括费奥多西·多布然斯基 Theodosius Dobzhansky（1943），安德烈·韦伊 André Weil（1946），大卫·波姆 David Bohm（1951）和理查德·费曼 Richard Feynman（1953）。

从此，这个圣保罗高等教育组织逐渐成长为一个全方位充分发展的研究型大学系统。这个组织还负责发展了其他大学，包括坎皮纳斯大学（University of Campinas—Unicamp）和圣保罗州立大学（State University of São Paulo—Unesp）和一个非常活跃的研究资金机构（FAPESP）。这些我们会在下面部分具体讲述。

1945 年，理查德·史密斯，一个麻省理工的航空工程教授，在联邦政府的资助下开展了一个旨在建立一个国内航空工程产业的研究。史密斯的计划书里提议建立一个研究和发展中心以及一个现代工程学校。就此产生的航空工程学院(ITA)采用了一个包括大量科学基础知识的现代工程课程。很快这个学校就成了巴西最有声望的工程学校。建校初期,大学雇用了外国教授以及年轻的巴西科学家,其中部分有留洋经验。

EMBRAER,巴西的航空公司,于 1969 年成立。当时它是一个公立组织,并且大部分技术员工是 ITA 的毕业生。这个公司在 1994 年被私有化。如今这个公司是国际领先的中型飞机制造商。ITA 仍属于世界上最好的工程学校之一。目前此大学在强化国际化的改革过程之中,它已经和它早期的模板麻省理工签订了交换师生的协议。

在过去的 20 年里,巴西有了更多的开设优秀院校的经验。这些院校包括圣保罗里贝朗普雷图(Ribeirão Preto)医学院(1954 年成立),坎皮纳斯大学(Unicamp)(1966 年成立),里约热内卢的 COPPE(1963 年成立)。所有这些院校都引进了外国教授作为他们院系的重要组成部分(Schwartzman 2001, pp. 266 - 268,288 - 293,293 - 300)。其中,Unicamp 目前已经发展成了一所主要的综合研究型大学,为巴西提供了大量的研究成果和硕博毕业生。

研究和研究生教育的扩展

国际化在巴西研究生教育和研究方面也产生了作用。在 1951 年,沿用美国国家科学基础组织的模式,联邦政府建立了两个国家研究基金组织——国家科技发展委员会(CNPq)和高层人事改进的协调委员会(CAPES)。这两个组织都给巴西学生出国读博提供支持。这个资助留学程序于 50 年代极为缓慢地开始,但是最终在后来的几十年里加速。圣保罗于 1960 年建立了自己的研究资助组织 FAPESP。

在 1965 年,国家教育局在国家层面组织研究生教育(Balbachevsky 2004)。当时能提供硕博文凭的有 38 个专业,其中 27 个硕士的,11 个博士的。到了 2000 年,硕士的和博士的专业数量已经分别增长到 1 420 个和 865 个(Balbachevsky 2004)。当前具体的数据和一些相关讨论可参看下面的小节。后来巴西研究生教育发展的一个主要部分是由 CAPES 在1976 年提出的针对研究生课程的评估系统(Castro & Soares 1986)。这个系统采用了明确的国际标准。尽管学术界,特别是社会科学家们,对此系统提出了一些批评,CAPES 的评估系统还是被认定为对巴西过去几十年研究生教育和研究的发展作出了至少是部分的贡献(参看下一节)。

当前研究生教育和研究的发展趋势

大学系统扩张

从 1960 到 1980 的二十年间,巴西大学(主要在联邦大学)的本科入学人数高速增长。在全国高等院校就读的学生数目从 1960 年的 10 万增长到这个时期末的 140 万(公共高等院校增长 40%,其中的联邦大学增长 58%)。

在接下去的十年里,巴西经济经受了一个低增长高通胀时期。这影响了联邦政府继续给高等教育投资的能力,致使联邦系统在 1980 到 1990 年间经历了停滞。

从 1991 年开始,一个新的增长期开始了。虽然开始的时候增长缓慢,但是至此没有出现过任何长时间的停滞。图 1 展示了这个增长期中过去 30 年里的两套系统内本科生入学

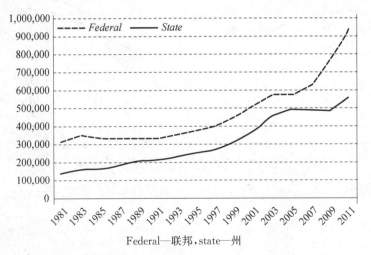

Federal—联邦,state—州

图 1　联邦和州立高等院校的本科生入学数目,1981—2011

数据来源:高等教育普查数据,INEP/教育部

人数的变化。从 1981 到 2011 年，联邦和州立高等院校（其中包括很少量的技术专科院校）的本科生入学人数分别增长了 196％和 323％。在这个时期的后期，受到一些特别的联邦政策影响，入学人数增长加速。

公共大学里的教师资格和研究生教育

图 2 展现了在过去二十年里巴西颁发的博士生学历的数目和在国际上发表的文章量。从中可以看到研究生教育和研究间的联系。这个联系是预料中的，因为评估和授权研究生课程的 CAPSES 是以课程所在大学院校可以产生合格的研究为根据来授权的（Balbachevsky & Schwartzman 2010，Balbachevsky 2013）。在以 2011 年为结尾的 20 年间，颁发的博士生学历的数目增长率是 600％（每年 10.3％），而文章发表量增长率是 770％（每年 11.4％）。

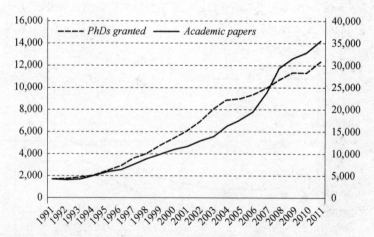

图 2　授予的博士学历数目（左边坐标）和在国际上发表的学术文章数目（右边左标）

资料来源：汤姆森路透社数据

尽管如此,在博士生学历颁发数量这一方面,巴西还是落后于大多数发达国家,甚至低于一些新生经济实体。在 2010 年,巴西每 100 万人口之中有 58 个博士毕业,而其他国家同期相应数据是,瑞士—486,德国—318,英国—301,美国—225,南韩—213,法国—183 和加拿大—159。在其他新兴经济体中,同期数据是:俄国—79,土耳其—64,墨西哥—37,南非—28,阿根廷—23 和印尼—9(Viotti 2012)。据此来看,在研究生教育这个方面,巴西比其他拉丁美洲国家做得好些,但是仍落后于许多重要的竞争者。

按照巴西的法律规定,大学必须要做研究和开展研究生教育。在公立大学经历了至少 20 年无间断扩张的情况下,由于缺乏合格的有博士学历的候选人,不可能所有新院校(联邦或者州的)或那些经历了扩张的旧院校,都在研究和研究生教育方面达到一个很高的水平。就从 2001 到 2011 年看,联邦大学的数目从 39 增加到 59,同时本科生入学从 472 000 增加到 842 000。

从而,巴西研究生教育扩张的要求来自扩张中的大学的招聘需求。很多新校区招了只有科学硕士学历的,甚至科学本科生学历的人。一些老一点的大学,特别是在北部或者东北部地区的,目前还没有有博士学历的教师。

从整个联邦大学系统来看,教师团队的学历情况是 60％博士,27％硕士。但是个别大学有的博士比例不一,有的低至 25％,有的高到 100％。从表 1 可以看到非常明显的地方差异。南部和东南部地区大学比北部和东北部地区大学有更多的合格教师。在北部的亚马逊地区,半数以上的大学里教师没有博士学历。

表格 1

	Total 总数	MSc 硕士		PhD 博士		Fulltime faculty 全职教师	
		Number 数目	Share 比例	Number 数目	Share 比例	Number 数目	Share 比例
Brazil 巴西	78 774	20 965	26.6％	47 302	60.0％	67 149	85.2％
North 北部	7 841	3 062	39.1％	3 154	40.2％	6 457	82.3％

（续表）

	Total 总数	MSc 硕士		PhD 博士		Fulltime faculty 全职教师	
		Number 数目	Share 比例	Number 数目	Share 比例	Number 数目	Share 比例
Northeast 东北部	22 927	6 864	29.9%	11 910	51.9%	18 471	80.6%
Southeast 东南部	25 046	5 224	20.9%	17 664	70.5%	22 271	88.9%
South 南部	14 088	3 466	24.6%	9 319	66.1%	12 341	87.6%
Centerwest 中西部	8 872	2 349	26.5%	5 255	59.2%	7 609	85.8%

在州立大学里，除了圣保罗州（圣保罗大学 USP，坎皮纳斯大学 Unicamp 和圣保罗州立大学 Unesp）以外，这个平均数就更低了。这三所圣保罗州大学里拥有博士学历的教师的比例和全职老师的比例有时都超过 90%。在圣保罗州的三所联邦大学——圣保罗联邦大学（Unifesp），圣卡洛斯联邦大学（UFSCar）和较新的 ABC 联邦大学（UFABC）——也都有高比例的带博士学历的教师和全职老师。

研究的国际影响和其他地域因素

在国际上发表的、至少有一个使用巴西地址的学者的学术文章的数目在 2011 年达到了 35 000，占当年全世界文章数的 2.6%。这让巴西在国际上名列 13。如果考虑到在 1980 年的时候巴西文章只占世界的 0.2%，我们可以看到巴西科学研究成果数量的进步。

我们前面看到，公立大学里的合格教员数量有非常不均衡的地区分布。那么研究的数量和影响也呈现出区域不平衡的特点，这也就不足为怪了。图 3 包括了从 1991 年到 2011 年在国际上发表的三类学术文章的数目：至少有一个巴西作者的、至少一个作者来自圣保

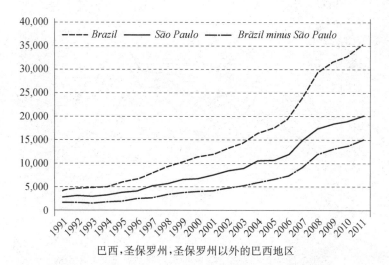

图 3 国际上发表的至少有一个巴西作者的文章的数量、至少一个作者
　　　来自圣保罗州的文章的数量、至少一个作者来自圣保罗州以外的
　　　巴西地区的文章的数量，1991—2011

资料来源：汤姆森路透社数据（采集于 2013 年 7 月 26 日）

罗州的和至少一个作者来自圣保罗州以外的巴西地区的。这些图形表明了圣保罗州是巴西研究领域中一个非常重要的一分子。

　　一篇发表了的文章的影响力是用这篇文章被引用的数量来测量的。这个影响力是另外一个测量科学成果的指标，它和发表了的研究的质量相关。由于这个数量通常会随着时间的流逝而增加，最好的使用这个数据来分析发展变化的方法是用它与世界的平均值做比（而产生一个相对影响力值）。图 4 就包括了这方面的信息。图 4 反映的是在 1991 到 2011 年间在国际上发表的所有学科的文章的相对影响力。这些文章包括三类：至少一个作者来自巴西的，至少一个作者来自圣保罗州的和至少一个作者来自圣保罗州以外的。

　　尽管在 1991 年到 2005 年之间，指标呈波动走向，但是总的来说，三类文章的相对影响力都显现了一个上升的趋势。从 2006 年开始，接下去的三年里，巴西作者写的文章的相对影响力下降了，回到 90 年代后期的水平（大概 0.65）。对于没有圣保罗州作者参与的文章，

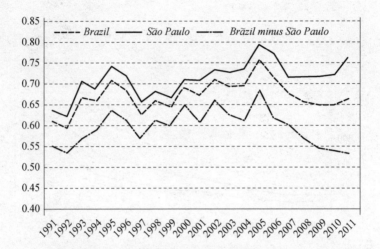

图 4　三类在国际上发表的文章的相对影响力。三类文章包括：至少
　　　一个作者来自巴西的，至少一个作者来自圣保罗州的，和至少
　　　一个作者来自圣保罗州以外的

这个因素下降得更快。这个下降持续到 2011 年，从 0.68 跌到 2005 年的 0.53，下降了
23%。2011 年的数字(0.53)比 1991 年的数字(0.55)要低。

至少有一个圣保罗州作者的文章的相对影响力，在 2005 年 2007 年间经历了一个类似
的下跌之后，已经恢复了。最近还呈上升之势，并已达到在图中包括的 20 年的第三高位。
关于 2011 年发表的文章的初步数据表明这些趋势得到持续。至少有一个圣保罗州作者的
文章的指标达到 0.94，没有圣保罗州作者的文章的指标跌到 0.50(但是基于 2012 年发表的
文章被引用的次数相对较低的这个情况，这些数字应被看作是初步的)。

图 4 也表现出圣保罗州作者的参与给文章影响力带来了积极的影响。有无圣保罗州
作者的文章的相对影响力的差别在 2005 年前多为 0.1。但从 2007 年开始，这个差别开始
持续拉大，达到 0.23(0.53 到 0.76)。这造成了有圣保罗州作者的文章的相对影响力是没
有圣保罗州作者的文章的相对影响力的 1.44 倍。

这个近期行为的原因之一可能是我们前面已经提到的和圣保罗州以外比较有关的联

邦大学的快速增长带来了比较少学术经验的人群。这些人，根据联邦组织 CAPES 评估研究生程序的标准的要求，仍有发表文章的压力。其他原因可能与国际化有关。这个我们在下一节会讨论到。有关国际比较和其他有关巴西的科学生产力的方面，读者可以参看 Adams et al. （2013）和 Pedrosa & Queiroz（2013）

圣保罗州研究活动的国际化

在前面的部分我们已经看到圣保罗州如何在巴西的科学研究中占据了一个重要地位。我们现在看看这个过程的国际化方面，重点看看它的研究资金机构 FAPESP 的作用。

表格 2　包括了至少有一个圣保罗州的作者以及有国外合作者（来自国际上合作最为频繁的 20 个国家）的文章的比例。这些文章都是英文写的

	Countries/Territories 国家/地区	2008	2012	Var 从 2008 年到 2012 年的变化
1	USA 美国	11.62%	13.72%	18%
2	FRANCE 法国	3.09%	4.87%	58%
3	ENGLAND 英国	2.90%	4.80%	65%
4	GERMANY 德国	3.24%	4.76%	47%
5	SPAIN 西班牙	1.90%	4.11%	116%
6	ITALY 意大利	1.99%	3.79%	91%
7	CANADA 加拿大	2.43%	3.23%	33%
8	PORTUGAL 葡萄牙	1.19%	2.55%	114%
9	ARGENTINA 阿根廷	2.04%	2.48%	21%
10	AUSTRALIA 澳大利亚	0.99%	2.45%	148%
11	SWITZERLAND 瑞士	0.74%	2.26%	204%
12	PEOPLES R CHINA 中国	0.89%	2.25%	154%

（续表）

	Countries/Territories 国家/地区	2008	2012	Var 从 2008 年到 2012 年的变化
13	NETHERLANDS 荷兰	1.32%	2.25%	71%
14	RUSSIA 俄国	1.02%	2.00%	97%
15	POLAND 波兰	0.40%	1.97%	391%
16	COLOMBIA 哥伦比亚	0.92%	1.92%	109%
17	CZECH REPUBLIC 车臣	0.64%	1.79%	177%
18	JAPAN 日本	0.89%	1.76%	99%
19	SWEDEN 瑞典	0.98%	1.72%	75%
20	AUSTRIA 奥地利	0.41%	1.69%	308%

在所有的情况下，合作发表都有一个中等到强度的增长。最大比例的合作来自和美国以及欧洲的传统科学强势国，比如法国、英国和德国。与波兰、奥地利和瑞士作者的合作则有最大的涨幅。同时和澳洲、中国、哥伦比亚、车臣、葡萄牙以及西班牙的合作也有显著增长。这个近期的国际合作的变化可能是前面提及的至少有一个圣保罗州作者的文章的相对影响力增加的部分原因。

这个合作增长是和 FAPESP 所支持的提案——圣保罗研究基金会相关的。这个研究基金会给圣保罗提供了大约 47% 的研究基金。从 2007 年开始，FAPESP 已经强化了它的国际活动，和众多的国家和组织建立了协议。其中包括英国研究委员会，法国国家研究组织，德国研究基金会 DFG，美国国家科学基金会和能源部，丹麦策略型研究委员会，葡萄牙科技基金会，芬兰学术基金会，阿根廷国家科技委员会和其他的基金组织。

FAPESP 也和大部分国家的大学签订了协议。通过这些协议，研究者团队可以得到种子基金用以合作和一起准备完整预案的经费。到 2013 年 7 月止，FAPESP 已经和在欧洲、美国、加拿大、拉丁美洲、非洲和澳洲的 45 个大学和研究机构签订了协议。

除此之外,FAPESP 也在主要的中心城市,比如华盛顿、多伦多、波士顿、东京、和伦敦组织了一些科学会议活动(FAPESP 周讨论会)。通过这些活动,圣保罗的研究者和会议所在地的受邀同行们展示他们的最新研究成果,讨论正在进行的合作,为基金组织创造机会来和研究者直接交流和评估合作的进展。

FAPESP's strategy and instruments for international collaborations are described at http://fapesp. br/en/6812, see also (Knobel et al. 2013).

FAPESP 的国际合作化的策略和工具在 http://fapesp. br/en/6812 有所描述,也可以参看 Knobel et al. (2013)。

综述

我们现在将讨论一下国际化近期的其他方面,最后做些评论,其中包括一些和巴西科学和大学的未来有关的建议。

关于研究生教育,Schwartzman (Schwartzman 2013)指出送出国留学的研究生的数量从未过高,在 80 年代末期和 90 年代早期的高峰,也只是一年 2 000 个博士生。20 年以后,在 2009 年,有 3 760 个带奖学金的巴西学生出国,其中 783 个在普通的博士专业里,1 910 个是所谓的"三文治"奖学金获得者(这些学生在巴西读博士课程,但有一年左右在国外开展他们的论文工作)和 1 067 个从事博士后活动。

近来,联邦政府开始了一个新项目,叫做科学无边界(SWB)。这个项目提议送 10 万巴西学生出国四年。其中的 1 万个奖学金将会致力于研究生教育,或者说每年 2 500 个研究生,这个数目差不多与 1990 年的数目等同。从 2011 年开始发放的 22 000 个奖学金中,只有 825 个给了博士生,2 300 个给了博士后活动。从而,Schwartzman 指出,尽管巴西做出这么多的努力,在研究生和研究生后的层面,巴西送出国外学习的学生还是比中国、印度、南韩甚至墨西哥的低。

在吸引国外教职员方面,尽管公立大学目前提供与很多东欧和亚洲国家相比都有竞争

力的薪酬,这个事情还是没有在大学战略中占重要地位。巴西公立大学的招聘程序要遵守
严格的公共服务规则。巴西也没有一个像中国的人才库,集中了那些出国留学或者出国后
留在国外并有建树的并且可被吸引回国工作的学者。

关于我们已经讨论过的巴西研究的可见性,一个近期皇家社会做的研究表明,在文章
作者所在地有一到五个国家的范围之内,每当文章的地址表上增加一个新国家,平均增加
两个文章引用(RS 2011,Fig.2.7,p.59)。根据本文里的事例,也可以在圣保罗和巴西得
出同样的结论(由于在巴西大学里有很多科学科目缺乏国外合作,这个影响可能更大)。

总的来说,从本文提供的资料来看,除了把国际化作为一个(公立)大学系统的中心政
策以外,巴西没有其他的方式来提高它的科学研究的质量和数量。只有与发达国家的系统
和一些新兴的与巴西竞争的国家的系统相比较才能提高它在研究和研究生教育的竞争力。
这些政策必须包括,第一,刺激国家间的国家级的研究合作。以 FAPESP 为模板,学习他们
运用国际协议来系统地推动项目。这应该是联邦和州立基金组织(尤其是 CNPq)的责任。
第二,显著地提高在国外(部分或者全部地在学术上优秀的大学或者专业里)完成学业的博
士生的数量。第三,激励大学教师增加国际经验,特别是鼓励年轻研究员的博士后级别的
活动。这种鼓励在近期增加了公立大学里的教授职位尤其重要。

参考文献

Adams, J.; D. Pendlebury; B. Stembridge. Building Bricks—Exploring the global research and
innovation impact of Brazil, Russia, China and South Korea. Thomson Reuters, 2013. http://
sciencewatch.com/grr/building-bricks

Altbach, P. G. (2007). Tradition and Transition: the International Imperative in Higher
Education. Sense Publ., Rotterdam.

Altbach, P. G., J. Salmi (Editors) (2011). The Road to Academic Excellence: the making of
world-class research universities. World Bank Publ., Washington DC.

Balbachevsky, E. (2004). Graduate Education: emerging challenges to a successful policy. In:
The Challenges of Education in Brazil, C. Brock, S. Schwartzman (eds.), pp. 209 – 228.

Triangle J. Ltd. , Oxford.

Balbachevsky, E. (2013). Academic research and advanced training: building up research universities in Brazil. In: Jorge Balan. (Org.). Latin's America's new knowledge economy: higher education, government and international collaboration. 1ed. New York: AIFS Foundation and Institute of International Education, v. , p. 113 - 133.

Balbachevsky, E. , S. Schwartzman (2010). The graduate foundations of research in Brazil. Higher Education Forum, 7(1):85 - 101, 2010. Research Institute for Higher Education, Hiroshima University.

Brandenburg, U. , H. de Wit (2011). The end of internationalization. Intern. HE, 62, p. 15, Boston Coll. CIHE, Boston.

Castro, C. M. , G. A. D. Soares (1986). As avaliações da CAPES. In: Pesquisa Universitária em Questão, S. Shwartzman, C. M. Castro, Edit. Unicamp, Campinas.

Cunha, L. A. (2007). A Universidade Temporã—o ensino superior, da Colônia á era Vargas. Editora Unesp.

de Wit, H. (2009). Internationalization of Higher Education in the United States and Europe. CIHE, Boston College, Boston.

Fausto, Boris. (1997) A Revolução de 1930: Historiografia e História. São Paulo: Companhia das Letras, São Paulo.

Kehm, B. M. , U. Teichler (2007). Research on internationalisation in higher education. J. Studies in Intern. Ed. v. 11, N. 3 - 4, 260 - 273, Sage.

Knight, J. (2011). Five myths about internationalization. International HE, 62, p. 14. Boston Coll. CIHE, Boston.

Knobel, M. T. P. Simões, C. H. Brito Cruz (2013), International collaborations between research universities: experiences and best practices. Studies in Higher Ed. , 38, Iss. 3:405 - 424.

Lima, L. C. (2005). Fernand Braudel e o Brasil. Anais, XXIII Simpósio nacional de História, Londrina, PR. http://anpuh. org/anais/wp-content/uploads/mp/pdf/ANPUH. S23. 0606. pdf

Marginson, S. (2006). Dynamics of national and global competition in higher education. Higher Ed. 52:1 - 39, Springer.

Pedrosa, R. H. L, S. R. R. Queiroz (2013). Democracy and the "Innovation dividend". Legatum Institute publications series, to appear (preprint).

RS (2011). Knowledge, networks and nations: Global scientific collaboration in the 21st century. RS Policy doc. 03/11, The Royal Society, London.

Schwartzman, S. (2001). Um Espaço para a Ciência: o desenvolvimento da comunidade científica no Brasil. [English edition: A Space for Science: the development of the scientific community in Brazil. University Park: Pennsylvania State University Press. 1991] http://www. schwartzman.

org. br/simon/space/summary. htm

Schwartzman，S. （2013）. PhD mobility ebbs and flows，but most graduates return. Univ. World News，June 1st，2013. http：//www. universityworldnews. com/article. php?story＝20130530155449642

Simões，T. P. ，R. H. L. Pedrosa，A. M. Carneiro，C. Y. Andrade，H. Sampaio，M. Knobel. Access to higher education in Brazil. To appear in WPLL special issue on access to HE， preprint 2013.

Viotti，E. B. （2012）. Mestres e doutores no Brasil，uma introdução. In：Mestres 2012：estudos da demografia da base técnico-científica brasileira. Publicações CGEE. http：//www. cgee. org. br/publicacoes/mestres_e_doutores. php.

大学从未远离政府的影响：去行政化是中国高等教育发展的一项重要目标

Maode Lai

中国药科大学校长

过去三十多年，中国高校在规模不断扩大和质量稳步提升方面取得了世界瞩目的显著成就。然而，尽管有这世界上最大规模的高校，中国的高等教育在进一步提高整体教育质量上仍面临巨大挑战。中国绝大多数的高等教育机构都是公立的，因此主要依赖于政府的财政拨款（教育部直属大学由中央拨款，地方性大学由地方政府拨款）。两类大学的财政支持都包括两个部分：普通经费和项目经费。普通经费又包括预付经费和报名费，后者与学生人数有关。多年来，中央和地方政府每年都在提高普通经费的数额，这为提高教工工资以及改善教学和研究设备营造了一个有力的环境。

2012 年，中央和地方政府对教育的财政拨款达到 2 199.4 亿人民币（约合 350 亿美元），这一拨款金额有史以来首次超过中国 GDP 的 4%。GDP 的 4% 相当于 20% 的财政支出用于教育，这对于一个国家来说是非常难得的。

随着中国的发展，教育投资占 GDP 的比例在全国仍有针对性地逐年增加，同时每年对高等教育的投入显著增加。

项目经费是指各级政府对各类项目的财政支持。相关大学或学院通过竞争性或非竞争性的方式获取经费，从而用于基础设施建设或购买所需的设备。教育部直属大学由中央拨款，而地方性大学则是地方政府根据项目和基金的不同，进行不同级别的拨款。过去 20 年，中央政府建立了以下三个项目促进高等教育的发展。

促进高等教育发展

首先是"211工程"：1995年正式立项"211工程"，目的是面向21世纪，为近100所主要的大学和重点学科提供财政支持。立项以来，它一直是支持中国高等教育最大和最高级别的政府主导的关键项目。

其次是"985工程"：中国政府于1998年正式立项"985工程"，该项目是为了建设若干所世界一流大学和一批国际知名的高水平研究型大学。它包含五个方面的内容：机制创新、团队建设、平台和基地建设、改善条件、国际交流与合作。

第三个是"2011工程"：2012年启动的"2011工程"是为了推动大学创新而设立的。"2011工程"的主要目标是通过鼓励大学与研究机构和企业进行深入合作的方式积极促进协同创新，从而通过新的制度和机制建立协同创新战略联盟，并鼓励优惠政策。项目成员共享重点高新技术研究项目合作资源，从而突破一些关键的研究领域（想要了解更多关于这些项目的细节，请查看本书约瑟夫·戈德这一章）。

除了上述三个主要的项目，中央政府还尝试通过建立"教育质量工程"等其他特殊项目推进教学方法的改革，以提高高等教育的质量。地方政府也建立了各种相应的项目，并在当地高校的教学和研究方面投入大量的资金。

关于中国高等教育机构的自治

自治的大学一直是全球高等教育机构讨论的话题。在中国高校中这是一个被热烈探讨的话题。由于对高等教育和学术自治有不同的理解，因此出现了不同的观点。

虽然中国绝大多数大学是公立的，而且资金主要来源于政府，但是他们都有很高的自主性。因此，中国的大学，尤其是那些实力接近的大学（尽管他们受到政府的拨款相当）仍会因为他们对自治的看法不同而造成他们的发展速度不同，从而形成不同的发展途径。当然,中国的大学从未摆脱与政府的关系。事实上,他们一直在维护与政府良好的关系。下面就是一些具体的例子,这些例子显出了中国的大学是如何发展自主性,同时又维持与政府的紧密关系。

校长的任命

在中国,大学校长主要由其各级政府任命。教育部直属高校的校长由中央政府任命,地方大学的校长由地方政府任命。最近几年,中国政府一直在努力进行大学管理系统的改革来提高他们的自主性,引入"去行政化"作为一项重要目标。2012 年,教育部开始在世界范围招聘校长,并从五所教育部直属高校的国际招聘试验中获取了经验。这可能作为一种理想的方式并成为一种未来的趋势来帮助中国建立现代化的大学体制。中国教育部正在尝试深化高校人事改革。

各种招生改革

目前,中国的大学通过全国性的入学考试招收本科生。这是招收新生的一条有效且公平的途径,但是学生是根据他们的考试成绩来选择大学和专业,而不是根据他们的兴趣。过去 10 年,在教育部的领导下,一些大学进行了各式各样的招生改革。为了给整个国家如此众多的考生平等的机会,所有形式的改革都是围绕着入学考试来进行的,但是这仅仅是招生评估中最后分数的一部分而已。

与本科生招生不同,研究生的招生是基于对所有考生基础课的评分以及招生单位自主命题的专业课的分数。博士生入学考试的科目则完全由招生单位所决定,不同的学校有不同的考试方式。除了通过考试的方式入学,一些优秀本科生还可以免试攻读硕士和博士学位,不过这类学生的数量由教育部决定(不同的学校有不同的比例)。

学生的学费和住宿费由政府价格主管部门严格控制。中国的学费非常低,公立大学的学生每年学费是 5 000 人民币(约合 800 美元),住宿费是 1 200 元人民币(约合 200 美元)。

为了保证中国各民族学生享有同等的受教育的权利,教育部要求公立大学,尤其是高水平的大学,招收一定数量的少数民族学生,对这类学生入学条件有特殊规定并在各种费用上有特殊优惠政策,从而帮助这些学生完成学业,毕业后更好地服务社会。

自主性的教育管理

大学的教育管理是非常自主的。绝大多数的课程都是由学校自己决定,同时提交教育部,由教育部的专家根据市场需要进行审核。在大学各种课程是由学校决定的。同时,教师的聘任,普通经费的使用,科学研究以及社会服务也都是由学校自己决定。一般来说,中国的大学有高度的自主性,例如包括是否需要新建校区或是要投入多少资金。通过新建校区,高校自然会有更大的区域,也能为未来发展提供更好的环境,但对于一些大学和学院来说,这种发展模式要承担相当大的债务风险。

结论

关于未来中国发展,特别是在高等教育领域有个共识,就是遵循教育的成功发展,同时专注于提高其质量。为了达到这个目标,整个中国的高等教育体系正在探索提高教育质量的途径。

中国政府和一些中国高校正在努力争取国际认可和发展世界一流的高校。大学宪章已经被制定,从而更好地管理更大的自主性和更好地完成"去行政化"。行政改革也是提高大学竞争力的一条途径。中国高水平的大学都在争夺优秀的高中毕业生,然而其他一些国家的高水平大学也在中国市场招收学生,从而使得对优秀学生的争夺战更加激烈。

国际化也是能让中国大学实现突破并提高自身竞争力的办法。通过与其他国家的大学合作,更多的学生有机会加入交换生项目,同时更多教师能够与其他国家的老师合作研究项目。同时，中国高校能吸引更多的其他国家的高水平大学老师来中国大学工作。更多高水平的国际学生被招入中国高校，从而营造一个更国际化的校园环境。

目前，中国大学距离国际认可的高水平大学还有一定的差距。正如中国老话所说："革命尚未成功，同志仍需努力"，但我们确信，随着国际社会的密切关注和帮助，中国的高等教育将发展得更快更好。

政府间怪现象之高等教育：省政府的角色、联邦政府的参与及政府间合作

J. Peter Meekison

阿尔伯塔大学终身教授

之所以我把这篇文章的题目定为"政府间怪现象之高等教育"是因为在加拿大高等教育属于一个奇怪的社会政策层面，唯独在这个层面上联邦政府和省政府之间几乎不存在任何对话。我在阿尔伯塔省省政府"联邦和两级政府关系部"工作的十年间，除了1976年针对"现行项目财政拨款"这唯一一次对话，我想不起联邦政府和省政府在高等教育方面还有什么其他的合作值得一提。尽管两级政府之间交流匮乏，联邦政府却在保障高等教育经费方面起着举足轻重的作用。这篇文章主要分成三个部分：省政府的角色、联邦政府的参与以及政府间合作。

在谈省政府和联邦政府这两级政府各自的职责之前，有必要先解释一下加拿大宪法就教育问题所规定的框架。1867年宪法第九十三条规定省政府对教育拥有绝对的司法权。1982年修订后的宪法第四十条（虽然成效还有待检验）规定："如果发生了根据第三十八条第一款制定以下修正案的情况，即将原归属省政府的有关教育或者其他文化事项的立法权转交至议会，加拿大应当对不适用此修正案的省份提供合理的补偿"。宪法条款这里提到的教育和文化之间的关系非常重要。我们在接下来的内容里也会看到，这种关联也有助于解释魁北克省为何会强烈反对联邦政府对教育层面的干预。正如彼得·霍格所指出的，之所以增加这一条款正是"为了让修订后的内容更好地迎合魁北克省的想法"。

省政府的角色

各省分管高等教育的政府部门名称和职责不尽相同。例如,安大略省有"职业培训、学院和大学部",阿尔伯塔省的叫"高等教育和技术部"。魁北克省和纽芬兰省一直只单设一个"教育部"。新斯科舍省设有"劳工和高等教育部",而卑诗省以前一直叫"高等教育和劳工市场发展部",今年才改名叫"高等教育部"。

不过就高等教育的结构和监管而言,各省之间还是有很大可比性的。例如,卑诗省有两个重要的高等教育法案:《大学法案》和《学位和机构法案》。这两个法案规定了大学和学院的管理结构,也对高等教育机构贷款能力设限,要求财务预算的收支平衡,即不能有赤字,等等。相比大学而言,学院和机构的自治权要小一些。2008 年,卑诗省宣布将五所"大学性质的学院"改为特定的教学型大学。这样一来,这五所大学之后就得遵守《大学法案》了,只不过比起研究型大学,它们校理事会的学术职责要小一些。这也是造成卑诗省大学之间等级分化的原因之一。

省政府对高校管理的一个重要方面就是学费。省政府决定每年学费能不能涨,能涨多少。省里也有权力要求大学和学院对国际学生收取更高的学费。卑诗省就要求对本科的(并不针对研究生)国际学生收取更高的学费,因为本科学生入学竞争更大。魁北克省规定大学需向加拿大其他省份的学生收取外省学生学费。虽然学费省内省外两种标准的做法在美国很普遍,在加拿大却仅此一省。

省政府还负责新学位的审批,并已设立对高校学科专业的质量保障和监管机制。例如,卑诗省已设立"学位质量评估董事会",阿尔伯塔省也设立"阿尔伯塔校园质量理事会"。海洋三省(新斯科舍、纽芬兰和爱德华王子岛)联合成立了"海洋三省高等教育委员会"。政府对高校质量监管的一个重要职责就是对各省的大学和学院以及在其他省的分校实行严格的管制。

然而,虽然加拿大大学和学院协会(The Association of Universities and Colleges of

Canada,简称 AUCC)曾经被看做评审代理机构,加拿大并没有统一的高校监管评审组织。近来,加拿大教育部长理事会(The Council of Ministers of Education Canada,简称 CMEC)也专门针对这一问题进行了研讨。2007 年,CMEC 公布了一个报告,标题为"关于加拿大教育学位质量保障的部长声明"。不过,CEMC 官方网站也对此做了特殊说明,提醒读者:"每个省和地区都有自己的高等教育机构体系和质量保障机制。然而,因为缺乏全国统一的标准,这既给国内高校之间的学生交流和转学手续,也给他国了解加拿大教育和机构带来了困难。"

省/地区间合作

就教育问题,省政府层面上有两个最终的合作机制:一是前面提到的教育部长理事会(CMEC),二是联邦理事会(The Council of the Federation,简称 COF)。后者是省长年会(The Annual Premiers' Conference,简称 APC)的后续升级机构;前者成立于 1967 年,是目前加拿大历史最久的省际政府间合作组织。

CEMC 堪称加拿大联邦体制下一个独特的政府间组织。2003 年联邦理事会成立以前,CEMC 一直是全加唯一一个在政策领域通过协议备忘录管理并配有专职秘书、有明确宗旨和详细预算的省际/地区间结构组织。当然,其他省际/地区间就政策问题的讨论平台也存在,不过都没有像 CEMC 这样的正式组织结构。

正如 CEMC 官网上所写的,"加拿大联邦政府没有设立教育部,也没有全国统一的教育体系"。而理事会把"为全国性的教育组织和联邦政府构建协商和合作的平台"视为己任。这里的全国性教育组织包括前面提到的加拿大大学和学院协会(AUCC)和加拿大社区大学协会(The Association of Community Colleges of Canada,简称 ACCC)。然而,进一步审视就会发现 CMEC 和联邦政府之间的联系还是很有限的。它只负责管理加拿大官方语言项目,协助联邦政府履行国际协议规定的义务(大多数情况下只是指协助教育方面的国际会议)。

虽然 CMEC 在要求联邦政府增加经费拨款时很积极，但是理事会成员并没有意向和联邦政府进行任何高等教育策略方面的对话。以理事会 2007 年联邦预算制定前夕写给联邦政府人力资源发展部部长蒙特·索伯格的信函内容为例，信中只提到"各省和地区积极寻求和联邦政府合作，共同开发公民的全部潜能和确保加拿大公民能享有经济繁荣"。

信中又接着写道："各省亟须和联邦政府建立真正的财务合作伙伴关系，联邦政府应该给高等教育提供充足、稳定、持续、定期、无条件的经费，以便各省和地区履行宪法职责。这里所谓的"合作伙伴关系"似乎并非真正意义上的合作。即便如此，联邦政府在 2007 预算中，在国家社会拨款项目（The Canada Social Transfer，简称 CST）方面高等教育这一项还是增加了 8 亿加元的预算。

联邦理事会（COF）

COF 成立于 2003 年 12 月，是由省长年会升级后的一个更为制度化的机构。它成立的目标之一就是"在有关加拿大公民的重大问题方面行使领导职责，改善联邦—省—地区间的关系"。

COF 在 2005 年 8 月举行了会议，"技能、培训和高等教育"是会议议程之一。这次会议是为 2006 年 2 月举办的 COF 高等教育"峰会"（由安大略省省长 Dalton McGuinty 和魁北克省省长 Jean Charest 共同主持）做准备。省长们也邀请了"总理在 11 月份进行会谈，希望能在全加教育和培训策略以及国家社会拨款项目联邦拨款数额达上成一致"。他们建议的 11 月会谈由于和 2006 年 1 月 23 日联邦大选的时间冲突并未得以实现。此次联邦大选上台的又是少数党政府，并且还是保守党。

2006 年 2 月 COF 主题为"为明日竞逐"的峰会在渥太华召开。大会手册讨论包括"关键合作伙伴关系"这一议题，该议题涉及两个方面的内容：一是合作，二是共同的职责。一方面，手册强调宪法赋予各省和地区在教育各层面上的绝对权力；另一方面，手册也对联邦政府"为各省和地区提供财政转移拨款以及在科研和学生事务方面给予支持"表示了感谢。

联邦政府对劳工市场培训做出的支持也得到了认可,尤其是"对就业保险、贸易和商务给予的经济和财政政策方面的支持"。

"关键合作伙伴关系"这一议题还把联邦政府定义为一个"在高等教育和技能培训方面的关键合作伙伴"。不过,该议题也提醒参会代表联邦政府在 1995 至 1996 年度曾削减过高等教育的拨款经费。结尾部分的总结可谓点睛之笔,明确指出"推动教育繁荣最重要的策略是加强联邦—省—地区之间以及利益相关人之间的密切合作"。最后,议题又重申了 2005 年提出举行联邦和省/地区间对话的提议。

2005 年 5 月 COF 成立了"财政不平衡顾问小组",我本人也是顾问之一。顾问小组于同年八月 COF 年会召开之前正式启动,并在次年 COF 二月峰会和联邦政府预算公布之际向 COF 提交了一份题为"不可调和的调和"的报告。然而,不幸的是媒体对这个报告的关注点仅仅集中在顾问小组建议消除省际差异、实现教育均衡这个方面,对报告里包括对高等教育的建议等其他内容避而不谈。

在报告里"联邦政府财政盈余的使用"这一章,顾问小组详细记录了自联邦政府财政转赤字为盈余以来针对教育所采取的各种新策略。例如,成立了加拿大首席研究员协会、加拿大创新基金以及千禧奖学金基金等等。顾问小组最后得出了如下结论:

> 联邦政府已正确认识到教育对提高全球经济下生产力和竞争力所具有的重要作用。过去几年,联邦政府在研发、创新以及增强科研基础建设等方面也投入了很大财力。这种教育投入反映了联邦政府对国家经济发展健康的总体责任感。我们认为这种财力投入是极其需要的、重要的,应该作为联邦对各省高等教育财政转移拨款的补充,而并非其替代。

顾问小组还建议联邦政府增加社会专项转移拨款(CST)和医疗专项转移拨款(CHT)的人均额度,将新增的拨款"投入 CST 以缓解高等教育和社会援助等项目上的纵向财政收支不平衡"。因为如果增加的转移拨款要在社会专项(CST)和医疗专项(CHT)这两者之间分摊,往往"大部分的新增经费都投入了健康医疗方面,高等教育和社会援助方面却捉襟见肘"。这个建议的目的是为了让这两个方面的经费增幅更均衡。此外,鉴于联邦政府已经承诺截至 2013—2014 财政年度确保 CHT 方面 6% 的固定涨幅,报告还建议联邦政府"在同一时期能确保 CST 方面 4.5% 的估计涨幅"。

2006 年 COF 年会上,根据峰会讨论结果以及各省高等教育部、劳工部和财政部部长之前的分析结果,参会的省长公布了一份策略书。这里的"策略"强调了五个重点:扩大教育的覆盖面;提升教育质量;增强技术劳工人才培养;积极发展新世纪所需的工作技能;以及进一步拓宽科研和创新。结尾部分,我们的策略书表明"各省省长目前会积极向联邦政府寻求合作,"并再次暗示"联邦—省/地区"间的合作是当前极其需要的趋势。遗憾的是 2006 年 COF 峰会最后并没有实现"联邦—省"之间的对话。

2011 年 7 月,COF 温哥华年会又宣布了一个新策略。与会省长签署了由加拿大教育部长理事会(CMEC)和各省移民局起草的教育国际营销行动方案。这个行动方案的目标包括:增加来加留学的国际留学生数量;增加加拿大对国际留学生市场的占有份额;增加在海外留学加国学生的数量;以及鼓励国际学生在完成学业后移民加拿大。

这一策略的成功与否在很大程度上也取决于联邦政府,因为"这个行动方案所侧重的策略都需要省、地区和联邦政府间的互相合作"。其中,联邦政府外事、贸易和发展部以及加拿大联邦移民局的作用尤为重要。正如方案中"角色和职责"部分所表述的,"利益各方长期抱怨缺乏统一协调的行动对教育营销产生的阻碍作用。鉴于目前仍缺乏统一、明确的长远行动计划,各方希望联邦政府能在这一方面发挥更大的领导作用"。

为此 2011 年 6 月联邦财政预算额外拨了一千万加元,专门用于一项为期两年旨在"加强加拿大作为留学和开展世界水平科研的目的国"的教育国际战略。该预算报告还建议成立一个指导委员会,以便"及时向财政和国际贸易部报告工作……并对该战略提出意见,调动各方积极完成工作"。而同年 3 月份的财政预算中也提出了类似的建议,6 月份的这次预算报告只不过是在老调重弹。针对联邦政府提出的建议,教育行动方案认为:"预算并没有表明联邦—省/地区在执行教育国际战略上合作的必要性,也没有提到省及地区政府是否能以及如何参与这一战略。"

"加拿大教育国际战略"的指导委员会在 2012 年 8 月 14 日提交了一份题为"国际教育：加拿大未来繁荣的关键驱动力"的报告，当中给出了 14 项建议。可惜的是指导委员会成员中并没有任何省政府官员，虽然报告第三章开篇就指出了省政府对教育拥有一贯的司法权，并且"认为它们（各省政府）是联邦政府在发展这一战略时的关键合作伙伴。"

指导委员会的报告接着回顾了它和与加拿大教育部长理事会（CMEC）以及各省（高等）教育部之间的讨论和咨询。谈及 2011 年 6 月各省联合行动方案时，该报告表示"我们建议的战略从根本上说和 CMEC 行动方案的原则和目标是一致的"。不过，指导委员会对合作这种口头上的认识并不等于实际上的合作。虽然指导委员会提出的目标非常好，但是它并没有把握机会和省政府建立合作关系，因此未能在联邦政府和省政府中间发挥更好的协调作用。"

联邦政府的参与

早在上世纪初期起，甚至在经济大萧条时期和二战时期，联邦政府在职业技能培训方面都在采取很多不同的策略。在 1940 年，洛威尔·希罗斯皇家委员会在一份谈自治领（等同于现在的联邦政府）—省之间关系的报告中就曾简短地（共三页）提到了教育问题。在承认省政府对教育拥有绝对司法权的同时，委员会补充道，"和社会服务的范畴一样，1867 年以来教育这一概念以意想不到的速度在扩大"。他们还强调了"大学在加拿大全民生活中的重要性"。尽管委员会"不愿做此提议"，他们还是表达了他们的看法，认为"各省甚至可能会欢迎自治领给大学提供一些经费"。1945 年"重建会议"上联邦政府提出的绿皮书中也包括职业技能训练这一专题。

联邦政府近年来的财政支持主要是通过执行其财政支出的大权。过去的 62 年间，联邦在这方面采取过很多不同的形式。除此之外，个人所得税系统也给学生和家庭提供了获得联邦援助的又一渠道。这包括教育和教科书税累计金额、学费税累计金额、学生经济援助以及注册教育储蓄计划等等。此外，还包括国际学生招生、移民（包括对移民条件的认证）以及履行对原著民的条约义务等其他政策方面的策略。

从1951年到2011年这60年间，联邦给各省的高等教育财政转移拨款的项目主要经历了五个阶段。第一个新项目是在国家艺术、文学和科学皇家委员会（即梅塞委员会，The Massey Commission）1951年报告的建议下，联邦政府正式实行对大学直接拨款。到了1967年，联邦政府不再对大学直接拨款，取而代之的是更传统的50:50经费平摊，将50%的配对经费直接拨款给省政府。

10年后，鉴于省政府对经费平摊做法的批判，联邦政府决定终止这个项目。紧接着，他们又推出了专门针对公共医疗和高等教育的"现行项目财政拨款"项目（Established Program Financing，简称EPF）。而到1995年，国家财政开始出现赤字。为此，联邦政府又终止了EPF项目，启用了一个全新的拨款项目，这就是加拿大医疗和社会转移拨款（CHST）。2004年，CHST被分成了两块：加拿大医疗转移支付拨款（CHT）和加拿大社会转移支付拨款（CST）。下文我们会看到，联邦政府这一系列的举措导致了联邦—省之间的几个重大矛盾。

梅塞委员会

这里，最为人所知的矛盾恐怕就是在联邦政府和魁北克政府在梅塞委员会所提建议上，尤其是在联邦对大学直接经费拨款这一建议上，所产生的分歧。这一分歧产生的部分原因是二战之后省—联邦间财务关系上长期存在的纠纷。另一方面也因为随着梅塞委员开始介入魁北克省的文化事务，魁北克政府对梅塞委员会的成立表示不满。

梅塞委员会1951年的报告提交两年后，魁北克省当时的省长毛希斯·杜普勒斯（Maurice Duplessis）成立了宪法问题皇家调查委员会（即德汉布雷委员会，Tremblay Commission）。虽然魁北克在第一年接受了联邦对大学的直接拨款，1953年魁北克拒绝再接受直接拨款并警告魁北克省高校，如果他们接受联邦直接拨款，省政府就会对他们的经费做出相应下调。1959 年省长杜普勒斯逝世不久,魁北克省和联邦通过了一项税收分摊调整协议,最终解决了这一分歧。

梅塞报告最突出的一点在于它就高等教育提出的很多主要问题在 60 年后的今天仍然没有过时。梅塞委员会非常关注联邦系统的实际问题。

委员会成员这样问到:

"在现行的联邦结构和在保证多元化的前提下,如何才能对高等教育提供持续的经济援助? 在这些问题上我们听到了很多不同的观点。公众的反应也反映出对这一问题重要性的认可,以及其背后更深层的假定,即承认联邦政府在这一领域应承担一定的责任。"

高等教育委员会成员这样写到:

"调查的早期阶段我们以为加拿大的高校远不在我们调查范围之内,因此不应该包括在本调查中。然而,随着调查的进一步开展,我们发现想要忽视加拿大高校在我们原定研究课题方面中起到的作用是不可能的……"

他们承认大学是省属机构但也认为,"它们远不仅如此。"对委员会而言,大学不仅对所属当地社区意义重大,对国家也起着重要作用。委员会坚信"我们的调查不仅完全没有侵犯省政府的权利,反而是在帮助省政府,为其建议合作的渠道。"

委员会的建议对高等教育体系产生了重要、深远的影响。例如,"在咨询过政府和各省高校之后",他们建议对大学直接拨款。他们相信"给加拿大的年轻人提供奖学金是符合公众利益的,因此也是一种国家职责。"因此他们提议成立全国性的毕业生、研究生及本科生奖学金,希望人文、社科和法学院系都能获得相应的份额。这项提议促成了加拿大委员会奖学金项目的成立,而成立加拿大委员会也是他们的最后一项提议。

他们针对本科生奖学金的讨论还对学生经济援助做了专门调查。他们表示,"四省政府(安大略省、新斯科舍省、萨斯喀彻温省和纽芬兰省)向我们表示了希望得到联邦为本科生提供直接援助的愿望。"

此外,针对 1942 年的职业技能培训法案给学生提供的援助,委员会建议:"应该拓宽职业技能培训方案的范畴,这当然要遵从先和当地省政府商量并取得其合作意愿的惯例。"他们建议成立由三方(联邦政府、省政府以及大学)共同组成的"大学培训顾问委员会"。这项提议依据了隶属劳工部的联邦—省顾问委员会在学生援助上的经验以及隶属老兵事务部的老兵大学训练顾问委员会的经验。

德汉布雷委员会对梅塞委员会提供的报告持非常不同的看法。德汉布雷委员会着手分析的核心问题是文化问题。"我们这里所涉及的是文化问题和在加拿大特定社会和政治前提下的多元文化问题。这也是加拿大联邦制度的根本问题。"他们还强调省自治的重要性,批判被他们描述为以"权力集中的中央政府"为特点的"新联邦制"。下面两段内容很清楚地反映了他们的立场。

"对于任何联邦的一项干预,只要涉及与法语人口的国家生活紧密相关的领域,比如:给大学拨款,魁北克都会紧张地关注着。"

"联邦政府不仅认为其对某些教育领域的干预有理有据,而且认为既然大学把这些服务定性为国家大业,那么联邦对它们进行援助就是职责所在,并且联邦所提供的援助必须要以直接财政援助的方式。"

正如学者杜普勒所指出,"在加拿大教育的职责一直是省自治的重要标识,是文化分管原则的根本所在。"

费用分摊和现行项目财政拨款

鉴于魁北克省省政府在联邦对大学提供直接拨款这个问题上的强烈反应,联邦政府在教育这一政策领域之后的措施变得更为谨慎。这也是为何联邦和省政府双方在高等教育的讨论上都比较被动的原因之一。前面也提到过,1966 年联邦和省政府在高等教育经费上弃用了以前的直接拨款,并启用了费用分摊这一新做法。这一项变动是在加拿大大学和学院协会(AUCC)公布布莱登报告(The Bladen Report)之后不久双方协商决定的,报告呼吁联邦给大学增加经费。双方的这次协商其实只是双方就财政计划修改方案总协商下的一个分议题,因为正如理查德·西蒙所记录的,那个时期两级政府在财政联邦制和税收转移支付上曾有重要的策略合作。

1976 年 6 月，第一届"第一部长会议"（First Ministers Conference，简称 FMC）上当时的总理皮埃尔·特鲁多公布了一个完全不同于费用分摊方案的全新策略，即"现行项目财政拨款"（Established Program Financing，有时也简称 FPF）。这里的"现行项目"包括住院护理、医疗护理以及高等教育，都被归为联邦目标已经实现因此无需财政拨款之外其他形式辅助的成熟项目。这个计划突出了联邦和省政府在这些方面持续合作的必要性，从启动之初就明确表示联邦政府会持续通过税收转移支付拨款和现金拨款相结合的方式来承担这些项目的一部分费用，并且每年的涨幅也可协商。

然而，这个策略还强调了一个原则，即"就医疗和高等教育领域关乎国家的政策发展和研讨上"联邦需要保持参与。就高等教育而言，联邦政府认为建立持续的部长级联邦—政府对话，从政府的角度来看会成为实现两级政府在这一领域共同目标的关键平台。加拿大政府认为关于两级政府共同利益，双方对话的范畴应该考虑广泛的议题内容，例如：高等教育覆盖问题；现有的高等教育资源在什么程度上能在全国范围内得到更实际、更理想的合理化；教育中的双语问题；如何恰当引入有助于了解加拿大本国知识的学术课程等。

随后的联邦—政府协商主要集中在财政问题，启动部长论坛的提议并未得到讨论。这里需要指出的是这也是当时魁北克省政府换届选举前举办的最后"第一部长会议"（FMC）。几个月后，在 1976 年 11 月新当选的魁北克人党执政的魁北克政府第一次作为代表参加了FMC 会议。尽管魁北克新政府对会议的讨论产生了明显影响，鉴于前期协商已取得的进展，参会政府最终在"现行项目财政计划"（EPF）上达成了一致。

虽然"加拿大经济统一和发展前景皇家委员会"（The Royal Commission on the Economic Union and Development Prospects for Canada，也称 Macdonald Comission，麦当劳委员会）主要因为在加拿大—美国自由贸易协议（The Canada-United States Free Trade Agreement，简称 FTA）形成前期所起的作用而为人所知，它把高等教育纳入审查范畴也应该不足为奇。在 1985 年的报告中，麦当劳委员会认为尽管高等教育属于省政府司法权力范畴，但是职业技能培训教育的司法权应该由两级政府共有。

麦当劳委员会的报告和之前的梅塞报告所见略同,认为:

> "就这一问题,参加讨论的大多数人都相信高等教育需要国家发挥作用,因此,联邦政府应该参与进来。虽然讨论中有人反对联邦的干预管理,但这并没有完全排除联邦的参与,而是坚持联邦的职责应该仅限于无条件地支持。"

委员会对当时两级政府在高等教育方面零对话的情况持极度批判态度。然而,我们相信联邦和省政府展开一系列高等教育方面的讨论是尤为重要的。长期以来,两级政府一直在逃避重新讨论高等教育机构以及项目的经费和结构这一至关重要、急需解决的问题。

委员会指出了联邦和省政府在这方面应进行协商的四个方面的内容:教育的覆盖、经费的等级、教育系统的质量以及教育的适应性和应变性。但是,联邦—政府间的会议并没有因此得到展开。这也许是因为当时的焦点都放在了针对美加关系的《自由贸易协议》和针对宪法修改的米奇湖条约(The Meech Lake Accord),也许是因为两级政府根本没有协商对话的愿望。尽管如此,联邦—省对话的必要性仍然一直反复在被提及。

加拿大医疗和社会转移支付拨款

联邦财政预算常常被视为重大政策改革的途径之一。原因之一是预算制定过程的保密性,比如说:读到国家能源项目(1980 年),给加拿大补助计划的经费加以上限(1990),加拿大医疗和社会转移支付拨款(即 CHST,1995 年),加拿大首席研究员项目(2000 年),取消加拿大千禧年奖学金基金(2008 年)以及启动加拿大就业基金(2013 年)等。

1995 年财政预算中,联邦政府宣布同时终止"现行项目财政计划"和"加拿大补助计划"(The Canada Assistance Plan,简称 CAP),并由 CHST 经费来取代。之所以采用这一新政策,原因很简单:加拿大政府必须要缩减开支以缓解财政赤字状况的恶化,而缩减给省政府的转移支付拨款就是解决这个问题的对策之一。当时 CHST 计划在 1997 至 1998 财政年度开始实行,相比 1995 至 1996 年度而言,届时联邦对各省的现金转移支付拨款会缩减 60 亿加元。

省政府对这个决定深感诧异,不用说,对此也非常批判。这是联邦—省关系上的一次重大退步,严重影响了两级政府间的信任。因为在此之前,联邦—省在财政事务上的协议都是通过协商来决定的,而不是通过哪个预算文件单方面决定的。尽管 1995 年之前,曾有财政预算通过限制转移支付拨款增幅来单方面修订文件,比如说 1983 年财政预算中曾对 EPF"现行项目财政拨款"中高等教育部分做出了增加反通胀增幅限额的决定,但这之前的决定都没有 1995 年这次的影响深远、意义重大。

对于联邦政府 1995 年预算中宣布严重缩减转移支付拨款,各省和地区在省长年会(APC)和联邦理事会(COF)上都表示了强烈指责。此后,他们一直要求联邦恢复并增加转移支付规模,以应对成本的上涨。2005 年安大略省省长鲍勃·雷主持的雷报告(Rae Report)"学习的领导者"中也谈到了这一点。

2006 年 5 月 2 日公布的新预算中,新当选的保守党政府提到了"财政收支平衡"问题并保证在 2007 年预算中对此做出处理。2006 年联邦预算公布几天后,联邦政府又公布了"均衡化及地区经费模式专家小组"提交的报告,即奥布里安报告(O'Brien Report)。这份报告导致了联邦—省之间的重大分歧。鉴于联邦政府已经看到纽芬兰、萨斯喀彻温和安大略几省的强烈反应,当时讨论高等教育的联邦理事会(COF)显得不合时机。因此,2006 年的 COF 会议上各省和地区并未进行有效地讨论,而是避开分歧不谈,采取等待观望的态度。不过,在 2006 年 11 月公布的经济规划报告"优势加拿大"中,联邦政府倒是在很大程度上对 COF 会议的意见书做出了反馈。"优势加拿大"中提到的政策和 COF 的重点存在高度一致。

2007 年预算确实向加拿大社会转移支付拨款下高等教育部分增加了 8 亿加元经费,并且保证在 2013—2014 年度前每年再增加 3%。从下面这段话,我们能看出这次预算是联邦针对 COF 财政收支失衡报告顾问小组以及 2006 年 COF 策略书"为明日竞逐"做出的应对。

"联邦政府人力资源和社会发展部将和各省、地区共同确定重点优先处理领域,以实现上述目标。加拿大政府支持联邦理事会对此所做的努力。

加拿大公民想知道政府正在怎么支持教育,以及重大的教育投资正在取得什么样的结果,例如:有多少人在完成学业? 高等教育能带来什么好处? 加拿大政府致力于和各省、地区、大学、学院、学生以及雇主携手强化其对加拿大公民的职责,及时公布相关政策的结果报告,让公民更方便地看到。"

然而,由于教育事务方面仍然缺乏讨论的平台,联邦预算制定过程也成了制定相关政策的默认方式,尽管这种方式未必会产生最好的决定。不幸的是两级政府间的对话已经由政府会议和协商转变为 COF 会议、政策声明以及财政预算文件这些受局限的间接渠道。这不像在合作,而更像是政治乒乓游戏。

接着,2008 年财政预算宣布停止"加拿大千禧年奖学金基金",认为该项目"严重侵犯了省教育司法权"。2009 年财政预算又终止了"加拿大学习委员会"。

最近的例子是 2011 年财政部部长金·弗拉赫提在财政部长会上宣布的未来医疗经费问题。这里需要提醒的是加拿大医疗转移支付拨款(CHT)和社会转移支付拨款(CST)协议期限为十年,截止到 2014 年。省政府对此措手不及。2012 年 7 月 COF 会议结束时,当时的魁北克省省长庄社理(Jean Charest)认为"我们现在处在一个联邦政府单边主义时期……"。正如财政部官网上所写,"CHT 和 CST 会在 2024 年重新审核。"接下来的十年内,这两个政策有很大可能会被迫终止。

更近的一个例子是 2013 年财政预算宣布的重大新政策——"加拿大就业基金"项目,重点是技能培训。"加拿大就业基金"是"2013 经济行动方案"的核心内容。它规定为确保每个加拿大公民能受到相关热门行业的必要技能培训,政府最高补贴 5 000 加元,同时省/地区和雇主也分别给予等额的配对补贴。也就是说给每个人的最高补贴会高达 15 000 加元,这将会改变加拿大公民接受技能培训的方式。预计到项目完成时,每年将会帮助近130 000 加拿大人在相关机构接受技能培训,这些机构包括社区大学、职业学院以及贸易协会培训中心等。"就业"项目具体规划还需等明年和省、地区进一步协商,并咨询雇主协会、教育机构以及劳工组织等利益相关机构。

但是这个新项目让省、地区感到出其不意,因为原有的"劳工市场协议"也即将到期,正在讨论2014—2015年度要不要再后续,此时公布这个"就业"项目并不利于讨论协商。2007年财政预算中联邦政府承诺在六年内为"劳工市场协议"提供30亿加元经费。尽管联邦会继续在最后一年提供5亿加元经费,但是却提议将其中的3亿转到"加拿大就业基金"。这意味着省政府和雇主也要对此分别提供配对经费。此外,联邦政府还宣布要"按类似原则和各省、地区重新协商'劳工市场协议'"。

2007年预算公布不久,多伦多大学莫厄特中心(The Mowat Centre)和卡列顿社会政策研究所(The Caledon Institute of Social Policy)曾发表文章,对"加拿大就业基金"进行了严厉批判,认为这是一个失败的公共政策。文章作者写到,"我们进一步解读'加拿大就业基金'政策后发现这很明显是一个存在缺陷的提议,应该在执行以前就废除掉。"他们还建议"联邦政府应该和省、区政府共同合作,制定出符合人力资本需求的正确全国战略。"

不出所料,2013年7月的COF会议对"加拿大就业基金"也持严厉批判态度。安大略省省长、COF大会主席凯思林.韦恩向媒体表示:"我们都在呼吁举办联邦、省、地区间部长会议来讨论这些重大问题,因为我们认为这个新项目的规划不会起到任何作用"。各省和地区也指责联邦不仅侵犯了其司法权而且还未经协商单方面进行决定。他们也希望有选择不参与"就业"项目的权利。然而,预算中提到的协商具体会怎么进行现在还不清楚。虽然COF(联邦理事会)呼吁举行部长会议,也有人建议联邦政府寻求双边协议。这两种提议都有可能被采纳。

关于"加拿大就业基金"我想谈最后一点,那就是我们能清楚地看到这里的讨论涉及宪法的两部分内容。第一是第九十三条,规定省政府对教育拥有绝对的司法权。第一条是1940年对第九十一条的修订,规定联邦政府对失业保险的司法权。作为"权利之首"这不仅仅包括失业保险。虽然职业技能培训明确地包括教育和对职业学院等特定机构的使用,它同时也涉及失业问题。这两个"权力之首"之间存在明显的制衡关系。

在拟定1992年宪法修改"夏洛特镇协议"(The Charlottetown Accord)的协商过程中,在职责和义务方面进行了不少修订,其中包括一个新条款九十三 B,"劳工市场发展和培训"。这个修订条款目的是明确制衡的因素和机制。不过由于"协议"没有获得全国公投通过,这项旨在分流权利的修订条款也就不了了之了。于是,这方面的协商问题又回到了传统的两级政府关系范畴。

两级政府

想要理解两级政府在高等教育上的关系就必须要先了解这一法律政策的几个特点。在技能训练这个问题上,我认为这里的司法权界限是比较模糊的。

我们想到的是第一个界限就是教育(包括高等教育)属于省政府的绝对司法权力。但是,认识到这一点之后通常还会加一点,那就是这一政策领域属于国家维度,关乎国家利益。这在洛威尔·希罗斯报告、梅塞报告、特鲁多 EPF 提案、麦当劳报告以及后来的 1997 年上议院高等教育报告中都反复强调提醒了。然而,自采纳梅塞委员会报告建议,联邦第一次直接提供经费以来,已经过了六十年的发展,虽然要改变格局不是不可能,但的确会很困难。虽然无论是从政治上、社会上、还是经济上来说,这都不合理,但是却没有人呼吁政府对这一领域的参与。

联邦和省政府需要形成共识这一点从来不乏被人提议。前面也提到,这也是麦当劳委员会的明确立场。政治经济智库加拿大政策研究网络(Canadian Policy Research Networks,简称 CPRN)2005 的一项研究中,肯恩·斯诺登总结道:

> "联邦和省政府在高等教育领域上职责'重复'不利于教育覆盖和质量的投资最优化,因此必须采取措施明确划分两者各自的角色。想要建立和维持扩大教育覆盖和优化高等教育环境(以保持和其他省、其他国家的竞争力)的能力需要在一系列领域进行投资,例如:科研基础建设、核心基础建设、本科教育、研究生教育、国际学生教育、资助科研以及学生资助等。省、联邦政府一定能找到合适的方式争取区分出各自的经费资助义务,确保学生获得更好的教育,改善教育环境质量,力争和世界最佳其他高等教育

媲美。"

多伦多公众政策智库豪恩机构(The C. D. Howe Institute)也持相似看法,认为:"如果联邦一省政府能有协调一致的行动,高等教育这一领域必定会获益匪浅。不过,让人奇怪的是却鲜有这一方面的研究。两级政府都表示了发展人力和知识资本的意愿,然而,双方却没有一致联合起来。"

这篇文章的作者还加了一个脚注,表示 COF 所做的努力是向正确的方向迈出了一步。他还指出"要把这种想法变成真正有意义的合作行动需要(双方)的巨大努力和政治意愿"。

前面提到的 2006 年 COF"峰会"提案很清楚地表明省政府当时很想和联邦政府在高等教育方面进行协商。不过,只要执政的是魁北克人党政府,这样的对话就不太可能会实现。

在我看来,联邦对高等教育的明显抵触情绪是因为历史上和魁北克省在这一问题的争端长期感到不安而留下来的后遗症。特恩布雷委员会在题为"根本问题"一个小章节里的确"从理论上"提出了国家分裂这个问题。然而,他们也指出在他们收到的报告中并无一提及这一点。但是,自从这个问题被写进报告以来,魁北克分别在 1980 年和 1995 年对此进行了两次公投,后来的一次公投因极小票数差未得到通过。所以从某方面来讲,联邦只好采取"不惹是非,相安无事"的方式。

在我看来的第二点是联邦行政体制运作上的重大变化。自从 1992 年宪法修订未获通过以来,联邦政府就没有什么兴趣来召开被马丁·派皮隆和理查德·西蒙恩称为"最薄弱的联系"的"第一部长会议"(FMC)了。这里也有例外的情况,比如说在 2000 年、2003 年和 2004 年曾分别举行了讨论医疗问题的 FMC 会议(正是在 2003 年的 FMC 会议上第一部长们同意将 CHST 分成 CHT 和 CST)。

2008 年两级政府会谈以来,哈珀总理还没有表示和省、地区最高领导人会面的意愿。2012 年 7 月 COF 会议结束时曾邀请他参加同年 11 月的 COF 会议,共同讨论世界经济问题。哈珀总理拒绝了这一邀请。

我观察到的第三点是在两级政府间对话缺失的情况下,过去的几年中已经演化出一个我称之为"代理"或者"替代"的新形式。加拿大大学和学院协会（AUCC）和加拿大社区大学协会（ACCC）很好地代表了全加所有大学和学院。虽然大学和学院都必须要遵守各自所在省份的法律法规，它们彼此之间也要相互竞争（国内和国际）生源、联邦经费以及《麦克林》上的排名等等。这些全国性组织能有效地游说联邦政府，争取它们的共同利益。这些组织的成员都毕业于相关院校，其中各院校的代表通常都是校长或者同等级别。

除此以外，还有本科生和研究生学生组织以及加拿大大学教师协会（The Canadian Association of University Teachers，简称 CAUT）。每个组织都会在需要的时候会受邀向议会，比如说向下议院财政常务委员会，提交报告或者参加财政部财政预算制定咨询圆桌讨论。1997 年上议院对高等教育的回顾很明显是得到了这些组织的协助。

2010 年 AUCC 主席保罗·戴维森向上议院社会事务、科学和技术委员会做的报告就是一个此类合作的好例子。他强调了大学对推动加拿大经济的重要意义。他还提到了 CST，并表示"我们对这一经费的稳定性表示感谢，在该政策到期之前也很希望能和联邦政府讨论未来的经费需求"。他认为教育开支都是一种"投资"。

另一个例子是 2012 年 ACCC 向财政常务委员会就 2013 年财政预算所做的报告。他们督促联邦政府"采取措施来解决雇主们所面临的高级技能人才严重短缺的问题"。2013 年财政预算很明显地对 ACCC 的提议做出了反馈。

近年来，校长们通过类似这样的报告和其他方式有效地说服了联邦政府增加高等教育经费，特别是科研经费。省政府和加拿大教育部长委员会（CMEC）对此应该也很清楚。不过，在一点上赫曼·巴克维斯表示："虽然高等教育体系和机构都属于各省的绝对司法权管辖，对渥太华对高等教育的这种介入各省省政府（包括魁北克省）很大程度上都没有反对。"这里之所以"没有反对"是因为长期以来两级政府间一直缺失对话和协商吗？还是因为各省其实在默默地欢迎财政援助，即便这个财政援助不在 CST 之内？或者，还是因为太关注医疗方面的讨论，暂时顾不上这方面？不管答案是什么，高等教育方面有显著的联邦参与已经是事实，并且这一事实改变的可能性很小。

鉴于 CST 在 2013—2014 年度即将到期，这也给两级政府提供了商讨共同目标和财政问题的契机。2011年财政部长会议上,弗拉赫提部长宣布的通知让两级政府错失了对话的机会,这种单边主义行为使得政府间对话成为泡影。

不过,国际教育的扩张给两级政府对话带来了又一契机。上文提到,CMEC和联邦政府在间隔几周内相继都宣布了在这一政策领域的新动向。两者都提出要吸引更多的国际学生来加拿大留学,同时也为加拿大本国学生到海外学习提供更多机会。考虑到这些新动向的范畴之广,不仅包括高等教育还包括小学、初中以及ESL(英语作为第二语言)语言课程等,某种程度上的政府间共识和合作必不可少。尽管在这方面顾问小组也咨询了CMEC和省政府,但主要关注却还仅仅是联邦政府的职责。这又错失了另一个对话的机会。

两级政府需要讨论的还有另外一个问题,那就是欧洲高等教育改革计划实行的"博洛尼亚进程"及其对加拿大高等教育的影响。AUCC一直在关注欧洲教育发展的动态,并指出这对加拿大大学可能会产生三个方面的影响。一是国际学生招生上将面临更大的竞争。二是三年制本科项目会增加,并相应地对研究生招生产生影响。三是本国学生海外学习和联合学位的机会会增多。这些都会影响到加拿大的大学以及联邦和COF教育国际化战略,因为世界上招收国际学生的不只加拿大一个国家。

那么,如果联邦—省/地区间还存在一种合理的教育对话机制的话,这种机制应该是怎样的呢? 最简单的对话机制应该是每年召集CMEC高等教育部长和HRSDC部长等"恰当的"联邦部门部长洽谈。洽谈双方共同决定会议洽谈内容并主持会议。同时也可以参考代理财务部长模式来成立代理部长工作小组。

还有一种可能是通过"劳工市场部长论坛"(The Forum of Labour Market Ministers,简称FLMM)。该论坛于1983年成立,旨在促进劳工市场问题上跨司法管辖范围间的合作。考虑到近年新增的"加拿大就业基金"项目,FLMM的范围和构成可能需要再扩大。这个机构也可能实现"加拿大就业基金"上有待开展的洽谈。

鉴于种种因素导致了各方明显不愿举办高等教育联邦-省之间的洽谈,建立一个专门讨论科研、创新、知识传递、劳工流动性以及劳工供求等问题的政府间对话平台是另一种对话途径。这里的职责不仅和FLMM而且还和工业部和经济发展部有着很多相通之处。而且,这样一来还能避开教育一词,巧妙地避免司法权上的纠纷。

联邦政府单方面宣布启动"加拿大就业基金"项目也带来意想不到的好处。其一就是这很可能成为促成两级政府共同讨论高等教育问题(哪怕只是个别问题)的催化剂。如果有朝一日双方能真正会面洽谈,可能首先会重新审视 1992 年提出的《夏洛特镇劳工市场发展和培训协议》吧,因为这份协议反映了一系列问题和顾虑,是耗费很多时日后的珍贵成果。

结论

长期以来两级政府一直在回避关于上述问题的讨论和对话,这一点已经越来越清楚。然而,就近年 CHST 政策出台以来联邦公布的财政预算来看,联邦和省/地区在高等教育这一政策领域存在明显的依赖性(或者,愿意说"重复性"也可以)。现实是想要应对种种预算文件、议会委员会提交材料以及政策报告中强调的调整,联邦和省/地区政府就必须打破沉默,坐在一起共同讨论从 CST 的未来规划到教育覆盖面、基础建设维护延时、科研和国际项目的作用等一系列问题。今天,高等教育体制已是经济发展的一个重要组成部分。想要成功实现各自的目标,两级政府需要全面综合双方的认识、经验和视角进行对话。

展望未来

我们努力的方向在哪里：建设成功国际大学的主要评价指标

Carl G. Amrhein

主编：加拿大阿尔伯塔大学教务长与学术副校长；加拿大会议局特别执行顾问

本书的各个章节涵盖了几个国家的大学教育历史和现状。本书的最初目的是希望探讨国际化在大学发展过程中的角色，尤其是加拿大的大学体系在国际化方面的表现。我们所关注的重点是大型的、公立的、综合性大学。尽管我们关注的重点是国家体系的国际化（在几个地方还涉及全球化），但在我们的讨论过程中还出现了其他一些重要的主题。通过这些不同的主题，我们可见公立大学内部运行的复杂性。作为复杂组织一部分的国际化，很难和其他问题分开来谈。

除了本书包括的所有文章，本章的内容还得益于 2012 年 10 月到 2013 年 9 月间进行的50 余次访谈。这些访谈在几个国家进行，包括中国、新西兰、澳大利亚、德国和加拿大。访谈的对象包括以下人群。

1. 不同种类高等院校的教授、职员、学生和管理者。这些院校包括大学、学院、职业技术学院、德国的应用技术大学（Universities of Applied Sciences），还有研究机构。

2. 国家部委领导、大使馆官员及特派专员。

3. 支持高等教育的非营利的组织领袖。

4. 企业界领袖。

5. 国家议会负责资助高等教育的议员。

似乎所有的大学都面临一个共同的挑战，那就是如何创造更多的资金来源（还有对大学收支平衡的管理）。在大学的收入来源方面，各个国家不尽相同，如政府支持和社会支持的不同比例、学费所占的比例（算是一个非政府的来源）、本国学生和国际学生的学费差异等等。似乎本书中涉及的每个国家都正在面临，或者刚刚进行过对大学资助方面的讨论。

1. 英国的布朗报告(the Brown report)。

2. 美国各州 2009 年经济危机后大学资助方面面临的挑战。

3. 澳大利亚大学在多年扩招之后政府对资助的突然消减。

4. 德国科学理事会(German Science Council)最近讨论发展挑战的报告，以及刚刚过去的国家大选之后的讨论。

以上各国的讨论只是全球范围内对高等教育发展讨论的一部分，这些讨论涉及高等教育的价值以及对高等教育投入的力度。这一讨论的背景是各国人口比例的变化、债务的增加和支持老龄人口费用的增高。

在几个国家，大学本科教育的价值被怀疑，大学的作用被重新审视。一天之内(2013 年 9 月 7 日)，加拿大的两大国家级报纸(*The Globe and Mail* 和 *the National Post*)上出现四处对大学学位价值的讨论，此外还有三本新书的书评（包括哈佛大学前校长 Derek Bok 的《美国高等教育》一书）。对高等教育评论的文章如此之多，它们已经成为一个新的文学体裁，被叫做"教育启示"。

没有一个国家的高等教育体系能够免于压力。即使中国政府对国际级的大学投入大幅增加，但这些大学还是要面对大量退休人员的退休金支出，大学楼宇和校园扩建时的银行贷款，还有政府对大学的其他要求。政府投入的增长十分可观，但大学运行费用的增长速度更快。

尽管政府对大学的投入在缩减，但从本书的各个章节我们可以看到，各国政府都认识到大学在国家发展中的地位，认识到大学在实现国家发展重点过程中的作用。那么，这对矛盾是如何产生的呢？其中一个原因是对高等教育负责的政府层级。在很多国家，负责高等教育投入的是地方政府，如各州或各省的政府，中央政府的职责则是经济的增长和移民政策。还有，地方政府一般负责投资大学的教学工作，而中央政府负责投入大学的科研。我们下面将具体谈一谈这方面的问题。

1. 中央政府的角色。几乎在任何国家，中央政府对大学的存在和发展都起到至关重要的作用，除了加拿大。即使在加拿大，联邦政府对大学也有十分重要的影响。Meekison在文章中提到加拿大联邦政府对大学施加影响的不同方式，如对高等教育发展的持续讨论、对科研投入重心的调整、对学生的资助、税收政策，还有更有意思的是，各个省份对联邦政府作用的限制。

在对教育的管理方面，加拿大的情况的确很特殊，尽管在宪法的规定上看，澳大利亚和德国同加拿大一样对中央政府的职责作了类似的限制。然而，一个共同的趋势是，各国政府的中央部委都开始参与高校的发展，已推动国家重要发展目标的实现。方式包括鼓励国际学生移民的政策，还有对"配套"资金政策的使用。

2. 信息技术对高等教育的影响。信息技术可以说是影响大学运行的方方面面。最近几年出了很多关于慕课（Massive Online Open Course）的文章。慕课可以说是技术在教学中使用的方式之一。也有人把慕课看作减少教学成本的方式。从课堂教学的零技术应用（即教授在教课前的传统讲座）到全部网上授课（没有教授和学生的见面时间），混合教学也许是最佳的选择。在混合教学中，网上的慕课课程可以取代一些大型的课堂讲座，同时可以补充不同类型的课堂动手学习机会，保证同学之间以及学生和教授的交流。混合教学也可以创造更多机会让科研融入课堂教学。

技术对科研的影响也无处不在。我们有大量管理科研数据的软件（从远程收集和存储科研信息到数据信息的捕捉，再到更高的测量能力）。在过去几十年里，技术推动了很多新的科研领域，如数据挖掘和模式识别。数字信息技术对科研影响的方式我们不胜枚举。廉价的计算能力提高了很多不同科研项目的进行速度。数字环境也可以克服物理距离的限制，让远程科研团队的合作得以实现，例如，加拿大和中国的研究合作非常普遍。科研团队的网上交流不但方便，而且节省了国际旅行的费用（尽管网上交流不能完全取代面对面的交流，而是对面对面交流的补充）。

在大学的运行方面，社交媒体的使用帮助大学跟踪影响其声誉和运作的事件。互联网让大学和世界范围内的朋友与校友保持关系。各种数字播报技术把校园发生的事情及时传送到世界各地,从而使大学的活动成为过去、现在与未来学生生活的一部分。

3. 大学在国家移民政策中的角色。在很多西方国家,二战后婴儿潮的一代现在正处于退休的年龄,他们的孩子也都从大学毕业。这对西方国家的经济造成了很大挑战。政府面临着两重压力,一是需要支持婴儿潮退休后的生活费用,同时又面临工作人口的减少。很多新的经济体,如中国、巴西和印度,都没有西方婴儿潮式的人口发展模式。他们在努力发展国家经济,其中一个重要方式是派学生出国接受教育,并期望他们回国为国家发展做贡献。

对一些西方国家来讲,政府和大学的合作是毋庸置疑的,即这些政府需要人才,而大学可以吸收到人才。很多国家政府把大学看作吸引国外优秀人才到本国工作的天然载体。然而,这些留学生的来源国政府希望这些年轻人回国工作,而且西方大学也一直不喜欢充当政府的移民代理。这种矛盾让大学国际部门的工作人员处于非常尴尬的地位,在国家的需要和国际化的理想中无所适从。

4. 大学在国家经济政策中的角色。和移民政策类似,政府不断地期望大学把公共支持的科研转变成可行的商业活动。政府的部长们不断敦促大学关注国家经济发展的需求,尤其是劳动力市场的需求,并把大学发展和国家经济发展的重点协调一致。针对这些压力,大学通常需要出来解释科研成果商业化所需要的周期,同时大学还要求企业界在科研商业转化方面起到更大作用。在加拿大,很多报告显示,科研商业转化的薄弱环节通常是企业界,而不是大学①。这是一个敏感的话题。一个广为接受的事实是,加拿大私营企业在研发方面的投入低于与加拿大竞争的其他国家。

在大学的专业设置方面,也有同样的讨论。我们经常能够读到关于人才市场需求和大学招收培养人才专业的不匹配。一些人觉得应该调整大学的专业配置,还有的人觉得需要提供创业方面的大学课程。一些人提出要增加实习机会和国际经历,还有的人每个专业都

---

① The Conference Board of Canada, *The State of Firm-Level Innovation in Canada*, 2. Council of Canadian Academies, *Innovation and Business Strategy*, 59.

应该和工作经历相联系。这些激烈的讨论迫使大学重新思考支持本科教学的一些基本的教育理念。

5. 大学在国家政府思维中的中心地位。在二战之前,政府一般把大学看作是重要的社会精英机构。中学的教育,再加上一点职业教育或学徒经历,足以保证国家经济发展的人才需求,这些人也能够进入社会的中产阶层。在西方,商业的创新经常出自企业的实验室。在美国,主要企业,如西屋电气、通用电气、通用汽车、福特、美国电话电报、美国钢铁,曾经支持一轮又一轮的技术创新。每个西方经济体都有一系列创新企业支持。在二战期间,政府开始转向大学,希望通过大学的创新来满足战争的需要。一些大学,如麻省理工,快速增长并在战后成为美国的科研中心(战前的麻省理工只是一个服务地方的小型理工学校)。在战后,公共支持的大学教育快速增长,大学科研与国防的合作也快速扩张。而在冷战结束后,大学则被看作支持经济发展的创新来源。这一趋势在 1980 年拜杜法案(专利与商标法修订案)之后进一步加强,因为该法案明确了政府投资科研项目的知识产权所有问题。这一法案以不同的方式被整个西方世界采纳。

随着社会对高层次人才的需求不断增长,政府开始期待大学来满足这一需求。到 20 世纪末,由于国际的竞争,企业的利润空间减少了,因此,企业对研发和员工培训的投入也开始减少了。与此同时,政府和企业都希望大学来承担起这一任务。这一任务从企业到大学的转移经常是在悄无声息中发生的。在一些国家,如加拿大,这个转移已经完成,而且不可扭转。很多企业都认为他们都不应该投入职工的培训,因为接受培训后的员工很可能会另谋高就。在另一些国家,如德国,这个转移还没有完全完成,很多大型公司依然花钱培训员工,而一些中小企业也和大学合作做员工培训。

对于国际学生来说,高等教育和科研能力培训的投入问题变得更加复杂,因为这些学生有可能在获得培训后回国。随着国际学生数量的增长,关于谁来承担他们的教育费用,是否让他们参与科研项目等问题,讨论越来越激烈。参加讨论的不但是企业界,还有政府。有的时候还会涉及国家安全问题,让大学的领导非常为难,一方面他们需要应对政府关于国家安全的担心,另一方面他们要保护教师、职工和学生的自主权和学术自由,无论他们的国籍是哪里。

6. 学生需求的变化，即更多的动手机会，更多实践学习，和更多的教学与科研的结合。在很多国家，人们一生要换几次工作。与此形成鲜明对比的是，他们的父辈，尤其是祖父辈，在1945年之后工作非常稳定。有人甚至提醒现在的大学生，他们一生的收入很可能低于他们的父辈们，尽管他们的父辈们没有上过大学。与此相伴的却是社会劳动力的短缺，很多人不理解为什么两者会共存。但无论如何，大学生已经开始担心自己就业的前景。很多社会和人文学科的学生希望未来自己创办公司，因此他们希望在大学期间得到有关创业方面的培训。越来越多的学生（尽管比例还比较小）从传统的本科大学毕业后又继续进修一些会计、营销和交际的课程。有人认为，这标志着大学教育的失败。还有人认为，这个趋势体现学生的自主性，是健康的，但这无疑要加长学生从毕业到进入全职工作的时间。

为了满足学生的需要，很多大学不得不开设新的专业。这些新专业往往比传统的专业费用要高，因为它们没有传统专业那么多的大课。与此同时，国际学生越来越多，他们交的学费高于本国学生，但是国际学生和他们家长对大学有额外的要求（如开设英语口语和写作技能课）。导致的结果是，大学办学的费用升高，财政压力加大。

7. 各国的竞争与大学排名。这是大学面临的又一个挑战。除了社会捐赠，大学增长收入的一个来源就是学生学费的增长。而学费收入增长的主体是国际学生。在国际学生的录取方面，各国竞争激烈，各显其能。曾经有媒体曝光，有的学校为了吸引国际学生，把国际学生宿舍建得非常豪华。为了能更多吸引学生，很多大学不是向专门化发展，而是向综合性发展，比如，澳大利亚的政府要求大学提供更广泛的专业。跟澳大利亚政府相比，其他国家政府不是直接干预，而是把建设特别专业的权利赋予不同大学。

在这样激烈竞争的环境下，大学的国际排名被更多大学重视。大学的国际排名用少数几个变量来衡量所有大学，如大学的科研产出、教授的资质、学生的特点、大学的名声等，而且这些变量所占的比重并不平均。大学的特色在这样的排名中被泯灭。大学的一些优势可能被它的劣势在排名中取消，相反也是同理。其他国家和机构在选择公派留学生的目的学校时，经常依据他们的排名情况，从而也加剧了大学对自身排名情况的重视程度。

对于大学国际排名的争论在一直进行。一个普遍的观点是,国际排名不利于各国大学体系的特色发展,不利于大学办学的创新和对风险的承担,使大学的发展模式趋同。然而,国际排名对大学的发展又十分重要,因为很多政府会依据排名信息来分配"绩效资助"。结果是,大学的排名体系得到了加强。大学需要国际学生,以及国际学生带来的学费收益。政府对国际学生的投入常常局限于在国际排名中"表现突出"的大学。大学为了成功,就不得不关注排名,并通过调整内部政策提高自己的排名。而政府一般不会干预大学内部的运作,从而也不能阻止大学对排名提高的追求。

大学的国际排名的初衷是为了宣传大学,而不是提高大学的教学质量,但实际上,大学排名对大学的策略制定却起到了非常大的影响。如果我们觉得不同国家的大学体系应该为学生提供特色的专业设置,那么排名有百害而无一益。有人建议应该建立一个对学生的学习更有益的排名,但反对的声音十分强烈。还有人建议改变排名的计算方法,更加关注学生的学业表现,但针对如何衡量学业表现,又无定论。

8. 国家政府和大学的合作。由于国际学生和国家关系对国家发展的重要性,很多国家政府和主要的大学在推动国家发展方面形成了重要的合作关系。这似乎是国际范围内的一个趋势。澳大利亚在政府和大学合作的方面是一个突出的例子。加拿大在土地面积、人口数量、历史、经济、宪法结构,以及大学体系方面与澳大利亚十分相似,然而加拿大在联邦政府和大学合作方面却十分缺失。高等教育的国际竞争越来越激烈,而各国对国际学生的需求不断增长,在这一背景下,政府对高等教育产业的参与应该不可避免。国家政府和主要大学的合作或是国家繁荣的重要条件。澳大利亚政府似乎对这一点十分认同。其他几个国家也在这一点上做了很多工作。例如,法国政府创办了精英工程学院和精英公共管理学院,德国支持自己的国际交流服务机构,还有大学之外的研究机构网络(马克斯·普朗克科学发展协会,德国亥姆霍兹协会研究中心,德国工研院,戈特弗里德威廉莱布尼兹科学联盟),中国有国家留学基金委。在从国际范围内获得人才方面,那些政府和大学合作不是十分紧密的国家将处于劣势。

对于政府和大学的合作问题,我们刚刚的讨论把它作为国家经济战略的一部分。这里其实还有一个社会公平的问题。本书涉及的国家都在高等教育参与率方面设定了高的标准。社会上层和中层子女参与高等教育的比例已经非常高,社会公平的目标应该是提高社会低收入阶层子女的高等教育入学率。社会公平的实现需要资本的投入。提高低收入阶层子女的入学率,不能仅仅依靠学费政策和学费补助的调整,更应该依靠政府和大学的合作。

结论

我们能从这一系列的挑战和压力中得到什么结论?我们努力的方向到底在哪里?高等教育机构,尤其是大学,在 15 或 30 年后会是什么样子?

1. 每个国家将只有少数几个大学能够成为世界"顶级大学"。对大学的资助将继续和大学的排名挂钩,如"世界前 150 名"。如果有新的大学进入,必然有其他大学被挤出。一个国家的政府需要制定具体国家政策来保证至少有一个本国的大学进入世界"顶级大学"之列。这应该成为国家发展战略的一部分。然而,无论有没有政府的介入,国际型大学的起落发展会继续。一些国家政府会主动参与控制这一过程,而其他政府会继续保持观望的态度。

2. 目前国际范围内的学生流动方向具有可变性。我们以上的讨论没有涉及特定国家政府的主动政策调整,而这些主动政策调整会影响学生出国的人数。比如,中国的顶端大学正在推动英语课程。目前的英语课程在研究生阶段已经初见成效,在未来会在本科阶段取得更大成功。英语课程的建设能让中共从全球获得最好的学术人员去中国工作。与此同时,由于计划生育政策,中国的大学适龄人口急剧减少。总的来说,在未来几十年,来自中国的留学生会不断减少。

关于印度,首先,他们未来的人口会继续增长,同时他们的课程已经是英文的。印度的大学学院网络发展迅速,从而在未来可能会衍生出几个精英的综合性大学。如果这样的话,印度也会成为国际学生流向的目的地,与此同时,从印度出来的国际学生将减少。从目前来看,印度籍的国际学生还不是很多,因此还有很多增长的空间。但最终,印度将不再是大的留学生输出国,而会转变成留学生目的地。

整个西方社会国家与日本的人口都在减少,因此,这些国家的大学会面对招生的困难。除非他们找到新的国际学生来源,比如从非洲和南美,这些大学都将面临规模缩小的危险。中国学生减少之后,巴西和印度的学生会在很长一段时间内保持这些大学的招生规模。但是,巴西和印度也在提高他们高等教育的数量和质量。在未来,一所国际型的大学必须制定中长期发展策略。

首先,一所大学必须制定短期、中期和长期的国际策略重点区域。在短期内,中国可能是重点。中期的策略需要考虑巴西和印度,而长期策略可能要考虑越南。

其次,中国、巴西和印度都在提高本国高等教育的规模和质量,因此,来自这些国家的国际学生最终会减少。这里"最终"可能意味着未来的几十年。然而,很多今天成功的国际策略是几十年之前就开始的。比如德国学术交流服务(the Deutscher Akademischer Austauschdienst,或者 DAAD)最早在 1925 年成立。除了长期策略,未来成功的国际大学会突出特色专业发展,让几个特色专业领先世界其他大学。有了这些特色优势,政府和其他机构会看到学生到这些大学学习的价值,即能在他们的特色专业领域了解国际最高水平。特色专业的建设应该从现在开始。

3. 教授在各国之间的流动方向也出现变化。由于我们上面提到的原因,即英语课程的增加和教授英语授课能力的增强,国际范围内教授的流动性增加。一所大学科研资助水平的微小波动都会导致一部分教授的流动。另外,科研压力的增加,很多教授看到同时受聘于几所大学的价值。同时供职在两所大学可以让教授获得更多的科研设施,更多的科研资金,更多的同事,还有(最重要的)更多的学生和博士后工作人员。由于信息技术的使用,一个教授可以同时和两个在不同地方的团队保持联系(如印度与加拿大)。这样的双聘制度可能对教授的工作更有力,但管理的调整就会加大。目前有些大学已经开始允许他们的教授被双聘或多聘。

4. 随着大学试图在世界范围内确立自己的品牌,很多新的办学形式会出现。现有的例子包括英国华威大学与澳大利亚莫纳什大学的合作(一个新的办学实体),纽约大学与中国的华东师范大学合作的上海校区,还有最近宣布的清华大学在伦敦的校区(清华是中国前9大学中前两位)。所有这些新的国际办学形式还是初始阶段,最终会不会成功,我们还不得而知。但是他们不同于传统的海外校区,如卡塔尔的大学城。这些新的办学形式对政府的监管构成新的挑战。比如,政府如何管理一所本地大学的海外分校?政府的质量监管机构(如澳大利亚的高等教育质量标准机构)监管海外办学的质量?

5. 20世纪七八十年代西方政府对大学的高投入一去不复返了。现在的政府面临着老龄化的社会,还有国际范围内对人才、资源和工作机会的竞争。在所有西方国家和日本,二战后出生的婴儿潮进入老龄,而现在新生儿出生率又非常低。人口增长的低迷是这些政府面临的重大问题。公共债务,收入的减少,还有私人和公共领域退休金的赤字让政府疲于应付。政府在未来很长一段时间内很难提高对大学的投入。大学能否在学费的征收上获得更大自由又很难说。美国大学生的学生贷款压力的增加会影响学费问题的讨论。成功的国际大学需要实现大学收入的多元化,也需要控制大学运行的成本。大学对成本的控制也许会不可避免地要改变传统的教授制度。教授可能不但要做好教学、科研与社会服务,还有要为大学的创收贡献力量。

6. 学生希望获得在几所不同大学学习的机会,或者在一个国家之内,或者在不同国家。如今,每个国家的经济都和世界其他经济体紧密相连。最好的工作岗位通常都有国际的部分,或者需要驻外,或者和国外的客户打交道。国际型的大学需要通过各种办法满足学生的这一方面需要,如不同种类的联合培养协议。现在已经有很多这样项目的好的范例。全世界范围内,很多大学都在试图创造这些机会。如果大学在内部结构上阻止这些项目的开展,那么这些大学就会丧失由此带来的创新机会。

7. 如今,学生可以通过技术手段获得很多以往只能在传统课堂上获得的内容,因此在大学校园内进行的活动就必须更关注学生的学习体验。如果课程内容的学习不再受物理地点的限制,那么如何提高学生教室外的学习体验将成为大学吸引学生的关键。混合使用各种教学手段将是提高学生学习体验的重中之重。交互式学习、体验式学习、参与科研、参与创业、企业实习、半工半读等机会将会是大学吸引学生的重要方面。国际学习的经历也是其中重要的一部分。在校期间的出国学习和实践机会对学生国际能力的培养十分重要，会让他们在就业市场更受欢迎。

总之，高等教育的发展在世界范围内面临着复杂的形势。那些审时度势并能做出灵活和快速反应的大学将在竞争中取胜。我们的行动必须敏捷果断，没有时间做长篇大论式的讨论。学生和教授的流动速度极快。大学校园的物理意义在淡化，大学的好坏将取决于学生的总体学习体验。不是所有的大学都可以成为国际型大学。很多大学都会有改革的举措，但不是每所大学都会成功。或许，每个国家仅仅会有少数几所大学成为国际型大学，而其他的大学会成为这些少数的国际型大学的人才提供者。在一些国家，这已经是现实。在未来，这种趋势在更多国家得以加强。

这一对未来大学的预测在实现形式上可能不一而同，但这一预测的条件基础已经在很多国家形成。哪些大学能够进入世界顶尖大学的行列将取决于大学学术领导、教授与行政干部们的智慧和政策的灵活性。

参考文献

Chiose，Simona. Vying for top marks in the 'educational apocalypse' category. News release，Toronto：The Globe and Mail，September 6，2013. http://www. theglobeandmail. com/arts/books-and-media/book-reviews/vying-for-top-marks-in-the-educational-apocalypse-category/article14170875 (accessed September 23，2013).

Council of Canadian Academies. Innovation and Business Strategy：Why Canada Falls Short. Ottawa：Council of Canadian Academies，2009. http://www. scienceadvice. ca/uploads/eng/assessments％20and％20publications％20and％20news％20releases/inno/(2009-06-11)％20innovation％20report. pdf (accessed September 23，2013).

Deutscher Akademischer Austausch Dienst. Brief Description. https://www. daad. de/portrait/wer-wir-sind/kurzportrait/08940. en. html (accessed September 23，2013).

The Conference Board of Canada. The State of Firm-Level Innovation in Canada. Ottawa：CBoC，2013 http://www. conferenceboard. ca/temp/aab40bc6-112a-4dbc-82e0-3c1f9a63bd5c/14-046_firmlevelinnovation_cbi. pdf (accessed September 23，2013).

感谢

　　特别感谢阿尔伯塔大学的校长、副校监 Indira Samarasekera 博士。是她鼓励我利用行政休假的时间来研究世界各国的高等教育体系。也感谢她把我和我的研究题目介绍给世界范围内的很多人。

　　我还要感谢加拿大咨议局的 Michael Bloom 博士和 Diana MacKay 女士。感谢他们的支持、建议，以及我们之间在渥太华的深入讨论。

主编

本书作者

Carl G. Amrhein，加拿大阿尔伯塔大学（加拿大爱德蒙顿市）教务长与学术副校长；加拿大会议局（加拿大渥太华市）特别执行顾问

Britta Baron，加拿大阿尔伯塔大学副教务长与协理副校长（国际）

Gilles Breton，加拿大渥太华大学公共与国际事务研究生院教授

Carlos H. de Brito Cruz，巴西圣保罗州立坎皮纳斯大学（Unicamp）"Gleb Wataghin"物理学院教授

Gwilym Croucher，澳大利亚墨尔本大学高等教育政策研究室

Paul Davidson，加拿大大学与学院协会（AUCC）（加拿大渥太华市）主席

John Aubrey Douglass，美国加利福尼亚大学伯克利分校高等教育研究中心，公共政策与高等教育高级研究员；C. Judson King 与 Irwin Feller，加利福尼亚大学伯克利分校教授

David H. Farrar，加拿大英属哥伦比亚大学（温哥华市）教务长与学术副校长

Josef Goldberger，清华大学，外语系，德语教研室讲师

Wilhelm Krull，大众汽车基金会（德国汉诺威）秘书长

Maode Lai，中国药科大学（中国南京）校长

Daniel W. Lang，多伦多大学理论与政策系教授

J. Peter Meekison，阿尔伯塔大学（加拿大爱德蒙顿市）终身教授

Jürgen Mlynek，德国亥姆霍兹联合会研究中心（柏林）总裁

Renato H. L. Pedrosa，巴西圣保罗州立坎皮纳斯大学（Unicamp）科技政策系与地球科学学院副教授

Jayanti S. Ravi，印度古吉拉特邦高等教育局长；印度知识联盟最高行政长官

Allan Rock,加拿大渥太华大学校长；副校监

Gerhard Sagerer,德国比勒费尔德大学校长

Pekka Sinervo,加拿大高级研究所（CIFAR, Canadian Institute for Advanced Research）高
　级副总裁,多伦多大学教授

Margaret Sheil,澳大利亚墨尔本大学教务长

Denis Therien,加拿大高级研究所副总裁,麦吉尔大学（蒙特利尔市）教授

Nigel Thrift,英国华威大学副校监与校长

Xinyu Yang,中国国家留学基金委副书记

Qiang Zha,加拿大约克大学教育学院副教授

Authors

Carl G. Amrhein,

Editor, Provost and Vice-President (Academic),

University of Alberta, Edmonton, Canada and Special Executive Advisor,

The Conference Board of Canada, Ottawa, Canada

Britta Baron,

Editor, Vice-Provost and Associate Vice-President

(International), University of Alberta, Edmonton, Canada

Gilles Breton,

Professor, Graduate School of Public and International Affairs,

Universitg of Ottawa, Canada

Carlos H. de Brito Cruz,

Professor, Institute of Physics "Gleb Wataghin", University of Campinas—Unicamp, São

Paulo, Brazil

Gwilym Croucher,

Higher education policy analyst at the University of Melbourne, Australia

Paul Davidson,

President AUCC—Association of Universities
and Colleges of Canada, Ottawa, Canada

John Aubrey Douglass,

Senior Research Fellow-Public Policy and Higher Education,
Center for Studies in Higher Education, C. Judson King and Irwin Feller,
Professors at UC Berkeley, United States

David H. Farrar,

Provost and Vice-President Academic,
The University of British Columbia, Vancouver, Canada

Josef Goldberger,

Lecturer, Department of Foreign Languages and Literature, German Teaching and
Research Office, Tsinghua University, Beijing, China

Wilhelm Krull,

Secretary General, Volkswagen Foundation, Hannover, Germany

Maode Lai,

President, China Pharmaceutical University, Nanjing, China

Daniel W. Lang,

Professor, Department of Theory and Policy Studies,

University of Toronto, Canada

J. Peter Meekison,

Professor-Emeritus, University of Alberta, Edmonton, Canada

Jürgen Mlynek,

President, Helmholtz Association of German

Research Centers, Berlin, Germany

Renato H. L. Pedrosa,

Associate Professor, Department of Science and Technology Policy,

Institute of Geosciences, University of Campinas—Unicamp, São Paulo, Brazil

Jayanti S. Ravi,

Commissioner Higher Education and CEO, Knowledge Consortium

of Gujarat, India

Allan Rock,

President and Vice-Chancellor, University of Ottawa, Canada

Gerhard Sagerer,

Rector, Bielefeld University, Germany

Pekka Sinervo,

Senior Vice-President Research CIFAR (Canadian Institute for Advanced Research) and

University of Toronto, Canada

Margaret Sheil,

Provost at the University of Melbourne, Australia

Denis Therien,

Vice-President CIFAR(Canadian Institute for Advanced Research)
and McGill University, Montréal, Canada

Nigel Thrift,

Vice-Chancellor and President, University of Warwick, Coventry,
United Kingdom

Xinyu Yang,

Deputy Secretary-General, China Scholarship Council, Beijing, China

QJiang Zha,

Associate Professor, Faculty of Education, York University, Toronto, Canada

图书在版编目(CIP)数据

建设成功的国际型大学:政府与大学关系在世界范围内的变化/(加拿大)卡尔主编;黄岑,柳伟译. 一上海:华东师范大学出版社,2015.12
ISBN 978 - 7 - 5675 - 4552 - 6

Ⅰ.①建… Ⅱ.①卡…②黄…③柳… Ⅲ.①高等教育—对比研究—世界 Ⅳ.①G649.1

中国版本图书馆 CIP 数据核字(2016)第 011646 号

建设成功的国际型大学
政府与大学关系在世界范围内的变化

主　　编　Carl G. Amrhein　Britta Baron
主　　译　黄 岑　柳 伟
责任编辑　金 勇
责任校对　赖芳斌
装帧设计　崔 楚

出版发行　华东师范大学出版社
社　　址　上海市中山北路 3663 号　邮编 200062
网　　址　www.ecnupress.com.cn
电　　话　021 - 60821666　行政传真 021 - 62572105
客服电话　021 - 62865537　门市(邮购)电话 021 - 62869887
地　　址　上海市中山北路 3663 号华东师范大学校内先锋路口
网　　店　http://hdsdcbs.tmall.com

印 刷 者　常熟高专印刷有限公司
开　　本　787×1092　16 开
印　　张　19.5
字　　数　283 千字
版　　次　2016 年 5 月第一版
印　　次　2016 年 5 月第一次
印　　数　2100
书　　号　ISBN 978 - 7 - 5675 - 4552 - 6/G · 8954
定　　价　39.00 元

出 版 人　王 焰

(如发现本版图书有印订质量问题,请寄回本社客服中心调换或电话 021 - 62865537 联系)